板書で見る 理科

全単元・全時間の授業のすべて

中学校 2 年

山口晃弘・中島誠一・大西琢也・
岡田 仁・青木久美子 編著

東洋館
出版社

まえがき

　本書は、中学校3年間で学習する全時間を、1時間ごとに区切って流れを明らかにしている。

　編集にあたっては、新しい学習指導要領の改訂の意図に沿うことを前提にしつつ、以下の点に配慮した。

> ・1時間2ページ構成で、具体的な学習指導の流れを4コマで示す。また、その際、授業者や生徒の台詞を付け加える。
> ・板書例やワークシート例を示し、理科の見方や考え方、主体的・対話的で深い学びに関わる生徒の活動を盛り込む。
> ・学習のまとまりごとに指導計画と1時間ごとの本時案を載せる。本時案の評価は、記録に残す評価と指導に生かす評価に区別して示す。

　使っている教材は教科書に掲載されている標準的なものである。料理に例えれば、「豪華なパーティ向けの特別な食材を使ったごちそう」の対極にあるような「栄養のバランスに配慮した家庭向けの日常食」である。経験の少ない教員でもできるようなものばかり選んでいる。指導計画を作る際に必ず役立つ。

　さて、学校はコロナ禍にある。ほとんどの学校は、令和2年3月から約3か月間、臨時休業と外出自粛を求められるという困難な状況を経験し、その後、事態の収束が見通せない中、授業を続けている。「学び」を止めるわけにはいかない以上、感染拡大を防止しつつ、観察・実験や話し合いなど、人と人とのつながりを維持する取り組みを工夫している。その中で、令和3年度以降の理科授業では、生徒の手元に一人一台の情報端末がある。

　一人一台の情報端末は、授業の進め方、本書で言えば板書やワークシートの在り方を大きく変える可能性をはらんでいる。旧来型の「板書された内容を一文字も間違えずにノートにうつす」といった知識注入型の授業は遠くにかすんでしまう。すでに、教員も児童生徒も新たな学習の可能性に気付き始めている。本書は必ずしも一人一台の情報端末を前提とした授業を紹介しているわけではない。しかし、本書で授業や流れの方向性や評価の方法をつかめば、一人一台の情報端末が有効に働く。本書を使うことで、生徒が「理科の見方・考え方」を自在に働かせて、主体的・対話的で深い学びを実現し、科学的に探究するために必要な資質・能力を身に付けられることを望んでいる。

　本書が、すでに教壇に立っている先生方はもちろん、授業の支援や指導助手の役割を担う方々や、これから教師を目指している方々にとって、理科の授業力向上の役に立てば、幸いである。

令和3年2月

編集者代表　山口晃弘

本書活用のポイント―単元構想ページ―

　本書は、各学年の全単元・全時間について、単元全体の構想と各時間の板書のイメージを中心とした本時案を紹介しています。各単元の冒頭にある単元構想ページの活用のポイントは次のとおりです。

単元名

　単元の並び方は、平成29年告示の学習指導要領に記載されている順番で示しています。実際に授業を行う順番は、各学校のカリキュラム・マネジメントに基づいて工夫してください。

単元の目標

　単元の目標は、平成29年告示の学習指導要領から抜粋しています。各単元で身に付けさせたい資質・能力の全体像を押さえておきましょう。

評価規準

　ここでは、指導要録などの記録に残すための評価を取り上げています。本書では、記録に残すための評価は色付きの太字で統一しています。本時案の評価も、本ページの評価規準とあわせて確認することで、より単元全体を意識した授業づくりができるようになります。

第1分野 (6)(ア)

4 水溶液とイオン （17時間扱い）

単元の目標

　様々な水溶液に適切な電圧をかけ、水溶液の電気伝導性や電極に生成する物質を調べる観察、実験や酸とアルカリの性質を調べる観察、実験及び中和反応の観察、実験を行い、その結果を分析して解釈し、イオンの存在やその生成や原子の成り立ちに関係することを理解させるとともに、酸とアルカリの特性や中和反応をイオンのモデルと関連付けて理解させる。

評価規準

知識・技能	思考・判断・表現	主体的に学習に取り組む態度
化学変化をイオンのモデルと関連付けながら、原子の成り立ちとイオン、酸・アルカリ、中和と塩についての基本的な概念や原理・法則などを理解しているとともに、科学的に探究するために必要な観察、実験などに関する基本操作や記録などの基本的な技能を身に付けている。	水溶液とイオンについて、見通しをもって観察、実験などを行い、イオンと関連付けてその結果を分析して解釈し、化学変化における規則性や関係性を見いだして表現しているとともに、探究の過程を振り返るなど、科学的に探究している。	水溶液とイオンに関する事物・現象に進んで関わり、見通しをもったり振り返ったりするなど、科学的に探究しようとしている。

既習事項とのつながり

(1)中学校2年：「化学変化と原子・分子」では、物質は原子や分子からできていることを学習している。原子の内部の構造については、第3学年で初めて学習する。

(2)中学校2年：「電流とその利用」では、電流が電子の移動に関連していることを学習している。原子の成り立ちとイオンを学習する際は、第2学年で学んだ電子と関連付けるようにする。

指導のポイント

　ここではまず、原子が＋の電荷をもった陽子と－の電荷をもった電子からできており、電気的中性が保たれていること、電子の授受によって電気を帯びることなど、イオンの概念を形成させることが重要である。こうした基本的な概念の理解が、酸、アルカリと中和、金属のイオンへのなりやすさのちがい、電池の基本的な仕組みの学習において、大変重要になる。

(1)本単元で働かせる見方・考え方

　第1学年の微視的な粒子、第2学年の原子、分子を経て、ここでは、初めて学ぶイオンの概念を定着させることが求められる。その上で、事象を微視的にとらえ、性質を比較したり、イオンの数と液性の関係を検討したりすることが大切である。イオンのモデルは「化学変化と電池」の学習を見通し、汎用的なものを提示したい。

水溶液とイオン
078

既習事項とのつながり

　小学校で既に学習している内容や、中学校の別の単元で学習する内容を関連事項として示しています。つながりを意識しながら指導することで、より系統性のある学びを実現することができます。

ここでは、各単元の指導のポイントを示しています。

(1)本単元で働かせる「見方・考え方」
では、領域ごとに例示されている「見方」、学年ごとに例示されている「考え方」を踏まえて、本単元では主にどのような見方・考え方を働かせると、資質・能力を育成することができるのかということを解説しています。

(2)本単元における「主体的・対話的で深い学び」 では、本単元の授業において、「主体的な学び」「対話的な学び」「深い学び」を実現するために、授業においておさえるべきポイントを示しています。

---

(2)本単元における主体的・対話的で深い学び

　酸、アルカリの正体は何か、酸性の水溶液とアルカリ性の水溶液を混合したらどうなるか、といった課題はイオンのモデルを活用して話し合う場面を設定しやすい。ホワイトボードや自作のイオンのモデルを活用すれば、対話を通して考えを練り上げる機会を設定することができる。また、課題解決への見通しをもたせることで、観察、実験にのぞむ姿勢はより主体的になることが期待される。

指導計画（全17時間）

㋐ 原子の成り立ちとイオン（7時間）

時	主な学習活動	評価規準
1	比較 実験「様々な水溶液の電気伝導性を調べる」	(知)
2	電解質と非電解質とが何であるかを理解する。	(知)
3	実験「塩酸に電流を流す実験（電気分解）を行う」	(思)
4	電気をもった粒子（イオン）が存在することを理解する。	知
5	原子の基本的な構造を理解する。	知
6	陽イオンと陰イオンについて理解し、記号を用いて表す。	知
7	電解質が水溶液中でどのように電離するかを理解する。	知

㋑ 酸・アルカリ（5時間）

時	主な学習活動	評価規準
8	実験「酸・アルカリの性質を調べる」	(思)
9	実験「身の回りの水溶液の性質を調べる」	(思)
10	酸・アルカリそれぞれに共通する性質を理解する。	知
11	実験「酸・アルカリの性質を決めているもの（電気泳動）」	思
12	振り返り 微視的 酸、アルカリの性質を決めているものを理解する。	(知) 態

㋒ 中和と塩（5時間）

時	主な学習活動	評価規準
13	対話的な学び 微視的 酸・アルカリを混ぜるとどうなるかの予想する。	(思)
14	実験「塩酸と水酸化ナトリウム水溶液の中和」	思
15	対話的な学び 微視的 実験のまとめ・中和の定義	知
16	実験「硫酸と水酸化バリウム水溶液の中和」	(思)
17	対話的な学び 微視的 中和について、イオンのモデルを用いて考察する。	思

　単元の目標や評価規準、指導のポイントなどを押さえた上で、授業をどのように展開していくのかという大枠をここで押さえます。

　また、それぞれの学習活動に対応する評価を右欄に示しています。ここでは、「評価規準」に挙げた記録に残すための評価に加え、本時案では必ずしも記録には残さないが指導に生かす評価も（　）付きで示しています。本時案での詳細かつ具体的な評価の記述とあわせて確認することで、指導と評価の一体化を意識することが大切です。

アイコン一覧

　本書では、特にその活動において重視したい「見方・考え方」「探究の過程」などを、アイコンとして示しています。以下は、その例です。

「見方」　量的　関係的　質的　実体的　共通性　多様性　時間的　空間的　など

「考え方」　比較　関係付け　条件制御　など

「探究の過程」　自然事象に対する気付き　課題の設定　検証計画の立案　振り返り　など

「対話的な学び」　対話的な学び

本書活用のポイント─本時案ページ─

　単元の各時間の授業案は、板書のイメージを中心に、目標や評価、授業の流れなどを合わせて見開きで構成しています。各単元の本時案ページの活用のポイントは次のとおりです。

本時のねらい

　ここでは、単元構想ページとは異なり、各時間の内容により即したねらいを示しています。

本時の評価

　ここでは、各時間における評価について示しています。単元構想ページにある指導計画に示された評価と対応しています。各時間の内容に即した形で示していますので、具体的な評価のポイントを確認することができます。なお、以下の2種類に分類されます。

○ **思などと示された評価**

　指導要録などの記録に残すための評価を表しています。

○ **（思）などと示された評価**

　必ずしも記録に残さないけれど、指導に生かす評価を表しています。以降の指導に反映するための教師の見取りとして大切な視点です。

第①時

硝酸銀水溶液と銅の反応

課題　硝酸銀水溶液と銅の反応の仕組みを理解しよう。

（本時のねらい）
・化学変化をイオンのモデルと関連付けながら、金属と金属イオンを含む水溶液の反応についての基本的な概念を理解することができる。

（本時の評価）
・硝酸銀水溶液と銅の化学変化を、イオンのモデルと関連付けながらワークシートに記述している。（知）

（準備するもの）　　　　　　付録
・2%AgNO₃水溶液
・試験管
・細い銅線の束
・糸・つまようじ
・イオンのモデル
・保護眼鏡
・CuSO₄水溶液
・銀板

方法

※廃液は排水口に流さない。

（授業の流れ）▷▷▷

1 実験を行い、結果を整理する　〈15分〉

これは何でしょう？

銅線の束ですか？

実験
・銅線の束と硝酸銀水溶液を紹介し、これらを混ぜたらどうなるか問いかける。
・実験方法を説明し、班ごとに実験を行う。
・反応前後の物質の変化に着目させる。
・水溶液が無色から青色になったこと、銅線に銀色の金属が析出したこと、銅線がボロボロになったことを確認する。

2 考察をする　〈10分〉

どうして水溶液が青色になったのだろう？

銅イオンを含む水溶液は、青色透明になります

・反応前後の変化に着目して、班ごとに考察する。
・硫酸銅水溶液を提示し、銅イオンが存在する水溶液は、青色透明であることを紹介する。
・水溶液が無色から青色になったことから、銅イオンができたことを確認する。
・銅原子の集まりである銅線が銅イオンに、銀イオンが銀原子の集まりである銀樹になったことを押さえたい。

硝酸銀水溶液と銅の反応
116

準備するもの

　ここでは、観察、実験に必要なもの、板書づくりに必要なもののうち、主な準備物を示しています。なお、縮小版のワークシートが掲載されている場合は、本時に対応したワークシートデータのダウンロードも可能です。右のQRコードあるいはURLから、本書に掲載されたワークシートをまとめてダウンロードし、授業にお役立てください。

https://www.toyokan-publishing.jp/bansyo_rika21/bansyo_rika_tyu2.zip

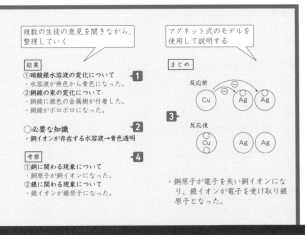

複数の生徒の意見を聞きながら、整理していく

マグネット式のモデルを使用して説明する

【結果】
①硝酸銀水溶液の変化について **1**
・水溶液が無色から青色になった。
②銅線の束の変化について
・銅線に銀色の金属樹が付着した。
・銅線がボロボロになった。

○必要な知識 **2**
・銅イオンが存在する水溶液→青色透明

【考察】 **4**
①銅に関わる現象について
・銅原子が銅イオンになった。
②銀に関わる現象について
・銀イオンが銀原子になった。

【まとめ】

反応前
Cu ⊖⊖→ Ag Ag

3

反応後
Cu　Ag　Ag

・銅原子が電子を失い銅イオンになり、銀イオンが電子を受け取り銀原子となった。

3 イオンのモデルを使って説明する 〈15分〉

どうすれば、銅原子が銅イオンになるだろう？

銅原子は電子がなくなると銅イオンになるね

〈微視的〉
・電子の授受に着目させ、イオンのモデルを用いて班ごとに考えさせる。
・銅原子は電子を失うことで銅イオンになること、銀イオンはその電子を受け取ることで、銀原子になることを確認する。
・生徒の進捗状況を気にかけ、支援が必要な班には金属原子は電子を失うことで金属イオンになること、その反対の反応もあることを助言する。

4 授業のまとめをする 〈10分〉

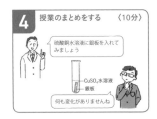

硫酸銅水溶液に銀板を入れてみましょう

CuSO₄水溶液
銀板

何も変化がありませんね

・硝酸銀水溶液と銅の反応では、銅原子が銅イオンになる際に失った電子を、銀イオンが受け取り銀原子となる反応が起こっていた。
・金属原子と金属イオン間では、電子の授受が起こる。
・授業のまとめとして、銀と硫酸銅水溶液の反応を見せ、銀よりも銅の方がイオンになりやすいことを見いださせたい。

本時の板書例

　子供たちの学びを活性化させ、授業の成果を視覚的に確認するための板書例を示しています。学習活動に関する項立てだけでなく、子供の発言例なども示すことで、板書全体の構成をつかみやすくなっています。

　板書に示されている **1 2** などの色付きの数字は、「授業の流れ」の各展開と対応しています。どのタイミングで何を提示していくのかを確認し、板書を効果的に活用することを心掛けましょう。

　色付きの吹き出しは、板書をする際の留意点です。これによって、教師がどのようなねらいをもって、板書をしているかを読み取ることができます。留意点を参考にすることで、ねらいを明確にした板書をつくることができるようになります。

　これらの要素をしっかりと把握することで、授業展開と一体となった板書をつくり上げることができます。

授業の流れ

　ここでは、1時間の授業をどのように展開していくのかについて示しています。

　各展開例について、主な学習活動とともに目安となる時間を示しています。導入に時間を割きすぎたり、主となる学習活動に時間を取れなかったりすることを避けるために、時間配分もしっかりと確認しておきましょう。

　指導計画に記載されたアイコンは、授業の流れにも示されています。この展開例を参考に、各学級の実態に合わせてアレンジを加え、より効果的な授業展開を図ることが大切です。

板書で見る全単元・全時間の授業のすべて
理科 中学校 2 年
もくじ

資質・能力の育成を目指した 理科の授業づくり

1 理科の目標

　2017（平成29）年告示の学習指導要領では、理科の目標が大きく変更になった。

　これは、学習指導要領の編成の過程で、各教科等の資質・能力の在り方を踏まえながらも教科横断的に議論が進んだためである。そのため、各教科等の教育目標や内容が、教科横断的に変更になった。どの教科でも、各教科等を学ぶ本質的な意義の中核をなすのが「見方・考え方」であり、教科等の教育と社会をつなぐものとされた。そこでは、「見方・考え方」が資質・能力を育成する過程で働く、物事を捉える視点や考え方として、全教科等を通して整理された。

　新・旧の学習指導要領から、理科の目標を抜粋して示し、下線の部分を以下に説明する。

<table>
<tr>
<th>旧学習指導要領
「理科の目標」</th>
<th>新学習指導要領　2017（H29.3）
「理科の目標」</th>
</tr>
<tr>
<td>自然の事物・現象に進んでかかわり、目的意識をもって観察、実験などを行い、科学的に探究する能力の基礎と態度を育てるとともに自然の事物・現象についての理解を深め、<u>科学的な見方や考え方</u>を養う。</td>
<td>自然の事物・現象に関わり、<u>理科の見方・考え方</u>を働かせ、見通しをもって観察、実験を行うことなどを通して、自然の事物・現象を科学的に探究するために必要な<u>資質・能力を次のとおり育成することを目指す。</u>
①自然の事物・現象についての<u>理解</u>を深め、科学的に探究するために必要な観察、実験などに関する基本的な<u>技能</u>を身に付けるようにする。
②観察、実験などを行い、<u>科学的に探究する力</u>を養う。
③自然の事物・現象に進んで関わり、<u>科学的に探究しようとする態度</u>を養う。</td>
</tr>
</table>

　従来の理科の目標であった「科学的な見方や考え方」と、今回の理科の目標にある「理科の見方・考え方」には、その考え方に大きな違いがある。「科学的な見方や考え方」と「理科の見方・考え方」という言葉は似ているが、異なるものとして理解する必要がある。「理科の見方・考え方」は資質・能力を育成する過程で働く、物事を捉える視点や考え方として、全教科等を通して整理された。

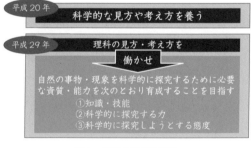

図1　理科の目標の変遷

　また、理科では、「資質・能力」をより具体的に「理解・技能」「科学的に探究する力」「科学的に探究しようとする態度」と示したのも新しいことである。

2 理科で育成する資質・能力

　それでは、理科で求められる資質・能力とは何だろうか。2016（平成28）年12月21日の中教審答申で示された「理科において育成を目指す資質・能力の整理」が端的で分かりやすい。

　どのような資質・能力が育成されるか、三つの柱に基づく資質・能力が例示されている。

●知識・技能
・自然事象に対する概念や原理・法則の基本的な理解
・科学的探究についての基本的な理解
・探究のために必要な観察・実験等の基本的な技能（安全への配慮、器具などの操作、測定の方法、データの記録・処理等）
●思考力・判断力・表現力等
・自然事象の中に問題を見いだして見通しをもって課題や仮説を設定する力
・計画を立て、観察・実験する力
・得られた結果を分析して解釈するなど、科学的に探究する力と科学的な根拠を基に表現する力
・探究の過程における妥当性を検討するなど総合的に振り返る力
●学びに向かう力・人間性等
・自然を敬い、自然事象に進んでかかわる態度
・粘り強く挑戦する態度
・日常生活との関連、科学することの面白さや有用性の気付き
・科学的根拠に基づき判断する態度
・小学校で身に付けた問題解決の力などを活用しようとする態度

　ここでは、課題の把握→課題の探究→課題の解決の順に、探究の過程の流れに沿って資質・能力を育成することが求められている。

3　理科の見方・考え方

　さて、「資質・能力を育成する」ために「働かせる」のが「見方・考え方」である。

　自然の事物・現象を、質的・量的な関係や時間的・空間的な関係などの科学的な視点で捉え、比較したり、関係付けたりするなどの科学的に探究する方法を用いて考えることである。

　例えば、比較することで問題を見いだしたり、既習の内容などと関係付けて根拠を示すことで課題の解決につなげたり、原因と結果の関係といった観点から探究の過程を振り返ったりすることなどが考えられる。そして、このような探究の過程全体を生徒が主体的に遂行できるようにすることを目指すとともに、生徒が常に知的好奇心をもって身の回りの自然の事物・現象に関わるようになることや、その中で得た気付きから課題を設定することができるようになることを重視すべきである。

　ここでいう「見方」とは、資質・能力を育成する過程で働く、物事を捉える理科ならではの「視点」と整理することができる。

　また、「考え方」とは、探究の過程を通じた学習活動の中で、比較したり、関係付けたりするなどの科学的に探究する方法を用いて、事象の中に何らかの関連性や規則性、因果関係等が見いだせるかなどについて考えることである。「見方」は視点で、「考え方」は「思考の枠組」と整理することができる。

　ただし「見方」及び「考え方」は、物事をどのように捉えたり考えたりしていくかという「視点」と「思考の枠組」のことで、資質・能力としての思考力や態度とは異なる。すなわち「理科の見方・考え方」を働かせながら、知識及び技能を習得したり、思考・判断・表現したりしていくものであると同時に、学習を通して「理科の見方・考え方」がより豊かで確かなものとなっていくと考えられる。

　なお、「見方・考え方」は、まず「見方」があって、次に「考え方」があるといった順序性はない。資質・能力を育成するために一体的に働かせるものと捉える。

4 学年ごとに重視する学習のプロセス

　平成29年版学習指導要領の解説では、探究の過程が右図のような模式図で示されている。これを料理のメニューに例えると、「フルコース」（あるいは「フルセット」でもよい）と言えるだろう。

　ひとまとまりの学習で、「自然事象に対する気付き」から「表現・伝達」までのすべての学習過程を行うことがフルコース（フルセット）である。また、「課題の設定」や「検証計画の立案」など、その中の一つの過程だけを行うことは「アラカルト」（あるいは「単品」でもよい）である。そう考えると、すべてのアラカルト（単品）が含まれているのがフルコース（フルセット）となる。

　一方、学年ごとに重視する学習過程も示されている。「2内容」には、ア、イの二つの項目があるが、そのうちのイに、その学年での重視する学習過程が含まれている。

　おおよそ次のような内容である。

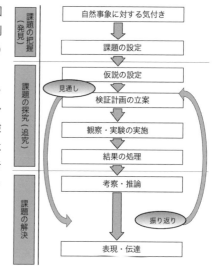

図2　重視すべき学習過程のイメージ

【第1学年】自然の事物・現象から課題を見いだすこと
【第2学年】見通しをもって解決する方法を立案すること
【第2学年】観察、実験などの結果を分析して解釈すること
【第3学年】探究の過程を振り返ること

　これは、探究の過程を学年順に追っていると考えると分かりやすい。第1学年では、学習過程で最初に行う「課題の把握」、第2学年ではその次に行う「課題の探究」、第3学年ではまとめに行う「課題の解決」というように、探究の過程を、便宜上、学年進行順に対応させている。

　実際の授業では、この順序にとらわれず指導計画を立ててよい。あまりこだわると、むしと、学習が進めにくくなるだろう。言うまでもないが、毎回の学習過程や実験をフルコース（フルセット）で行っていては授業時数が足りない。領域や学習内容、観察・実験ごとに、どの過程が適切なのか、重点とするアラカルト（単品）を絞り込むのが現実的である。

　1年間の学習が終了したら、すべてのアラカルト（単品）を一通り行っていて、結果的に生徒はフルコース（フルセット）を学習している、という指導計画になるだろう。

　ここで示されている学習過程が理科のすべての学習内容に当てはまるわけではなく、この順序ではないこともある。収集した多くのデータから考察を進めるときは、「検証計画の立案」「観察・実験の実施」ではなく、「資料収集計画の立案」「資料収集の実施」となる。

　また、観察、実験や観測の結果を考察する場合、はじめに仮説を立てるのは難しい。演繹的に進めるか、帰納的に進めるかでも流れが変わる。学習過程として、機械的に進めることのないよう留意したい。生徒の資質・能力が育成できるか、生徒の主体的・対話的で深い学びがいかに引き出せるかといった、生徒に寄り添った視点から設定したい。

　このように考えると、1年では問題を見いだすための「自然事象に対する気付き」や「課題の設定」、2年では解決方法の立案し結果を分析して解釈するための「検証計画の立案」や「結果の処理」というように、学年で重点的に行うアラカルト（単品）が提示されていると見ることもできる。

　なお、学年ごとの重点が示されているからといって、その学年でそれだけを行えばよいというのではない。1年間の学習で、すべてのアラカルト（単品）が行われるようにしたいところである。

また、３年では探究の過程を振り返る活動が提示されている。振り返りは、探究の過程全般で行うことになる。

5 主体的・対話的で深い学び

「主体的・対話的で深い学び」の実現は、授業改善の視点である。それ自体が授業の目的ではないことに留意したい。また、理科だけの授業改善ではなく、どの教科でも実現を目指す課題であることにも留意したい。

また、「主体的・対話的で深い学び」の実現は、新しい知識及び技能を既にもっている知識及び技能と結び付けながら社会の中で生きて働くものとして習得したり、思考力、判断力、表現力等を豊かなものとしたり、社会や世界にどのように関わるかの視座を形成したりするために重要なものである。

既に身に付けた資質・能力の三つの柱によって支えられた「見方・考え方」が習得・活用・探究という学びの過程の中で働くことを通じて、資質・能力がさらに伸ばされ、それによって「見方・考え方」がさらに豊かなものになる、という相互の関係にある。理科では、科学的に探究する学習活動を通して、「主体的・対話的で深い学び」の実現を図るという授業改善の視点を踏まえることが重要である。

そこで、指導計画等を作成する際には、内容や時間のまとまりを単元として見通し、理科で育成を目指す資質・能力及びその評価の観点との関係も十分に考慮したい。

「主体的・対話的で深い学び」について、その視点を整理しておく。

【主体的な学び】
・自然の事物・現象から問題を見いだし、見通しをもって課題や仮説の設定や観察・実験の計画を立案したりする学習となっているか。
・観察、実験の結果を分析・解釈して仮説の妥当性を検討したり、全体を振り返って改善策を考えたりしているか。
・得られた知識や技能を基に、次の課題を発見したり、新たな視点で自然の事物・現象を把握したりしているか。

【対話的な学び】
・課題の設定や検証計画の立案、観察、実験の結果の処理、考察・推論する場面などで、あらかじめ個人で考え、その後、意見交換したり、科学的な根拠に基づいて議論したりして、自分の考えをより妥当なものにする学習となっているか。

【深い学び】
・「理科の見方・考え方」を働かせながら探究の過程を通して学ぶことにより、理科で育成を目指す資質・能力を獲得するようになっているか。
・様々な知識がつながって、より科学的な概念を形成することに向かっているか。
・新たに獲得した資質・能力に基づいた「理科の見方・考え方」を、次の学習や日常生活などにおける問題発見・解決の場面で働かせているか。

さて、主体的・対話的で深い学びは、必ずしも１単位時間の授業の中で全てが実現されるものではない。

毎回の授業の改善という視点を超えて、単元や題材のまとまりの中で、指導内容のつながりを意識しながら重点化することが重要になってくる。

また、これらは、教師側の適切な指導があってこそできる。したがって、「活動あって学びなし」

という深まりを欠いた状況に陥らないようにしたい。

　そのためには、目標の明確化や学習の見通しの提示、学習成果の振り返りなど、一連の活動が系統性をもつように工夫する必要がある。特に「深い学び」の視点に関して、探究の過程の中で、より質の高い深い学びにつなげることが重要である。

　必要な知識・技能を教授しながら、それに加えて、生徒の思考を深めるために発言を促したり、気付いていない視点を提示したりするなど、学びに必要な指導の在り方を追究し、必要な学習環境を積極的に設定していくことが求められる。そうした中で、着実な習得の学習が展開されてこそ、主体的・能動的な活用・探究の学習を展開することができる。

6　絶対評価による3観点で示す学習評価

　2000（平成12）年の教育課程審議会の最終答申「児童生徒の学習と教育課程の実施状況の評価の在り方について」で相対評価から絶対評価へと転換することが示された。

　平成29年版学習指導要領では、資質・能力の三つの柱「知識及び技能」「思考力、判断力、表現力等」「学びに向かう力、人間性等」のうち、「学びに向かう力、人間性等」に含まれる感性や思いやり等については、観点別学習状況の評価になじまないことから評価の対象外とするため、「主体的に学習に取り組む態度」という言葉を使うことになっていることに留意したい。

図3　理科の評価の観点の変遷

　さらに、評価の観点がそれまでの4観点から3観点になることが明らかになった。

●知識・技能
・自然の事物・現象に対する概念や原理・法則の基本を理解し、知識を身に付けている。
・観察、実験などを行い、基本操作を習得するとともに、それらの過程や結果を的確に記録、整理し、自然の事物・現象を科学的に探究する技能の基礎を身に付けている。
●思考・判断・表現
・自然の事物・現象の中に問題を見いだし、見通しをもって課題や仮説を設定し、観察、実験などを行い、得られた結果を分析して解釈し、根拠を基に導き出した考えを表現している。
●主体的に学習に取り組む態度
・自然の事物・現象に進んで関わり、それらを科学的に探究しようとするとともに、探究の過程などを通して獲得した知識・技能や思考力・判断力・表現力を日常生活などに生かそうとしている。

　授業の評価には、段階がある。最初は生徒の学習状況を分析的に捉える「観点別学習状況の評価」であり、次に、これらを総括的に捉える「評定」である。まず「観点別学習状況の評価」を最初に出し、それをまとめて「評定」になる、という順序である。いずれも、学習指導要領に定める目標に準拠しているかを判断根拠とする。

　その際、学力の三つの柱である「学びに向かう力、人間性等」には、観点別評価や評定にはなじまず、「個人内評価」として見取る部分がある。「感性」「思いやり」がそれに当たる。生徒一人一人のよい点や可能性、進歩の状況などを積極的に評価し、「観点別学習状況の評価」や「評定」とは別に児童生徒に伝える。

　これらの生徒の学習状況の把握は、授業改善に直結しており、その意味で指導と評価は表裏一体である。学習評価は、教育課程や学習・指導方法の改善と一貫性をもった形で進め、教育活動の根幹で

あり「カリキュラム・マネジメント」の中核的な役割を担っている。

　さて、評価を機能的に捉えると、二つに分けられる。本書では区別して構成している。

　一つは「診断的評価」「形成的評価」である。指導前・指導中・指導後に随時実施するもので、生徒が身に付けている学力の程度などを評価し、指導計画の作成、修正・変更や補充的な指導に生かす。本書では、「指導に生かす評価」として、（　）付きで表記している。

　もう一つは「総括的評価」である。指導後に実施し、指導した内容について、生徒が身に付けた学力の程度を評価する。これは、通知表や指導要録に成績を付けたり、入試に用いる内申書の主な材料にしたりするが、指導の改善に生かすこともできる。本書では、「記録に残す評価」として、太字で表記している。

7　内容のまとまりごとの評価の実際

　単元の指導と評価の計画に基づき、評価方法を工夫して行い、観点ごとに総括した第3学年第2分野⑹「地球と宇宙」の「天体の動きと地球の自転・公転」9時間分の評価事例を示した。この表は、国立教育政策研究所が作成した参考資料「指導と評価の一体化のための学習評価・中学校理科」（2020）のp.55に掲載されている「事例1」である。なお、吹き出しは筆者が入れた。

> 数値ではなく、A・B・Cの3段階でざっくり評価する。

> 記録を残す評価を全くしない時間が、9時間中3時間ある。

時	学習活動	知	思	態	生徒の様子
1	天球を使って天体の位置を表す。	—			地球上の特定の場所における時刻や方位を読み取った。
2	太陽の日周運動の観察を行う。	—			太陽の動きを観察し、その結果を記録した。
3	観測記録から、太陽の一日の動き方の特徴を見いだす。	A			透明半球に付けられた点の記録から、太陽の動いた軌跡を結んだ。
4	星の一日の動きを透明半球にまとめる。		B		透明半球に、星の一日の動きを表した
5	相対的に星の動きと地球の自転とを関連付けて考え、地球の自転の向きを推論する。			A	星の日周運動を地球の自転と関連付けて、天球を使って説明した。
6	星座の年周運動のモデル実験から、星座の見え方が変わることを見いだす。				公転によって、季節ごとに地球での星座の見え方が変わることを説明した。
7	・シミュレーションで、天球上の星座や太陽の1年間の動き方を理解する。	B			代表的な星座の見える時期や時刻、方位について理解した。
8	季節ごとの地球への太陽の光の当たり方が変化することをモデル実験で調べる		B		季節ごとに太陽の光の当たり方が変化する原因を、モデル実験の結果から説明した。
9	昼夜の長さの変化を、地球儀を用いたモデル実験を通して探究する。			A	身に付けた知識及び技能を活用して探究し、新たな疑問をもった。
ペーパーテスト（定期考査等）		A	B		
単元の総括		A	B	A	

・「知識・技能」は、第3時で「技能」を、第7時とペーパーテストで「知識」を評価した。その結果、「ABA」となることから、総括して「A」とした。
・「思考・判断・表現」は、第4時と第8時とペーパーテストで評価し「BBB」となることから、総括して「B」とした。
・「主体的に学習に取り組む態度」は、「AA」となることから、総括して「A」とした。

> ペーパーテスト（定期テスト等）を学習のまとまりの評価機会の中に位置付ける。

> 態度の評価は学習の中・終盤にする。

　知識・技能の評価方法は、第3時は「透明半球上の記録の分析」、第7時は「ワークシートの記述の分析」、それに定期考査等のペーパーテストの解答である。

思考・判断・表現の評価方法は、第4時は「透明半球上の記録とワークシートの記述の分析」、第8時は、「ワークシートの記述の分析」である。

主体的に学習に取り組む態度の評価方法は、第3時は「ワークシートの記述と行動観察の記録の分析」、第9時は、「ワークシートの記述の分析の分析」である。

1時間の授業で行う評価は1観点のみである。また、第1・2・6時の3時間は、記録に残す評価は行わない。

○ この程度で十分	・数値ではなく、A・B・Cの3段階でざっくり評価している。 ・記録を残す評価をしない時間がある（学習に生かす評価は行う）。 ・ペーパーテスト（定期テスト等）を学習のまとまりの評価機会の中に位置付けている。 ・態度の評価は学習の中・終盤にする。
△ 改めた方がよい	・学習に生かす評価と記録に残す評価が区別されずにいる。 ・定期テスト等のペーパーテストでの評価に知識・技能や思考・判断・表現の総括的な評価を組み込んでいない。 ・1つの授業で複数の観点の評価を行っている。 ・毎時間、絶えず記録に残す評価をしている。

日常の評価活動は、この程度の回数、方法が望まれていると言えよう。

一人一人の学びに着目して評価をすることは、ある意味、教師の仕事が増える。しかし、多様な資質・能力を評価することが重視されるにしたがって、知識・技能だけではない資質・能力や態度も評価として見られるようになってきた。定期考査のようなペーパーテストだけでは限界があり、できるだけ多様な評価方法で生徒の学習の達成状況を把握した方がよい。その際、「指導に生かす評価」と「記録に残す評価」の区別を意識すると、評価にかける手間と時間を学習指導に傾けることができる。

例えば、1時間の授業で3観点すべてを評価する必要はない。個々の授業でどの観点に重点を置くかを明らかにし、単元を通して多様な観点について評価できればよい。

また、すべての評価資料を総括する必要はない。一般に個々の評価資料を集積したものを学期末や学年末の総括的な評価として活用するが、習得の過程では、あえて記録に残すことはせず、もっぱら指導に生かすことに重点を置く。学習のまとまりの終盤での習得したことが見込まれる場面では、記録に残すことに重点を置く。

実は、2000（平成13）年の観点別学習状況評価の導入直後は、評価を記録するため、本来の教科指導がおろそかになるという弊害を生んだ。あくまで指導に生かすために評価をするのであり、「評価のための評価」「評定をするための評価」にならないように注意したい。

評価の本来の目的は、通知表や高校入試の合否判定資料としての評定（いわゆる内申点）ではなく、教師の指導の改善、生徒の学習の改善である。内申点は合否に直結することから、生徒や保護者が評定に過敏になりがちである。その対応の意味においても、学校全体や他校との連携の中で、計画や評価ツールの作成を分担するなど、これまで以上に協働と共有を進めることが求められている。風通しのよい評価体制を教師間で作っていくことで、教師一人当たりの量的・時間的・精神的な負担の軽減につながる。評価方法の工夫改善が、働き方改革にもつながるだろう。

第2学年における授業づくりのポイント

平成29年版学習指導要領では、学年ごとに重視する学習過程が新たに示されている。

「2 内容」には、ア、イの二つの項目があるが、そのうちのイに、その学年で重視する学習過程が含まれている。第2学年では、

- ・見通しをもって解決する方法を立案すること
- ・観察、実験などの結果を分析して解釈すること

の二つである。

旧来の一斉授業で「課題の把握」をする学習活動には弱さがあった。課題を設定した後は、観察、実験の手順や内容を理解させるための教員の説明となって、そのまま実験に入ることが多い。小学校理科では児童に予想や仮説を立てさせる場面が多く見られる。小学校からのつながりとして中学校でも意識していきたい。短時間であっても、課題の設定の場面をつくっていきたい。

まず、「見通しをもって解決する方法を立案」で、生徒が具体的に行うのは、観察、実験の計画を立てることである。そこでは、解決すべき課題が明確であることが前提となる。その上で、

- ・課題を解決するための方針及び観察、実験の方向性を立てること
- ・その方針で調べていくと、このようになるだろうという仮説を立てること
- ・その方針で解決するため具体的な観察、実験を立案すること

といった活動が考えられる。

観察、実験の立案は、生徒の既習事項だけでは難しい場合がある。あらかじめ方法を限定し、ヒントを提示する。解決する課題の内容によって、立案の難易度は大きく変わる。実現性のある観察、実験計画を立案するには、課題を絞り込み、具体的な内容をもったものにする必要がある。

次に、「観察・実験などの結果を分析して解釈」は、前回の学習指導要領から使われている表現である。現場では「考察」と同意義に使われている。「結果」と区別し、さらに「感想」とも区別させることに留意してほしい。この部分を研究授業の指導案で、「分析することは…」「解釈することは…」というように、二つに分けて記述している例を見ることがあるが、「分析して解釈する」で一つである。このことにも留意したい。

なお、学年ごとの重点が示されているからといって、その学年でそれだけを行えばよいというのではない。1年間の学習で、探究の過程が一通り行われるようにしたい。

いずれにしても、学習過程として、機械的に進めることのないよう留意したい。生徒の資質・能力が育成できるか、生徒の主体的・対話的で深い学びがいかに引き出せるかといった、生徒に寄り添った視点から授業づくりを進めていきたい。

表 「思考力、判断力、表現力等」及び「学びに向かう力、人間性等」に関する学習指導要領の主な記載

資質・能力	第1分野	第2分野
思考力、判断力、表現力等	【第2学年】見通しをもって解決する方法を立案して観察、実験などを行い、その結果を分析して解釈し、規則性や関係性を見いだして表現すること。	
学びに向かう力、人間性等	物質やエネルギーに関する事物・現象に進んで関わり、科学的に探究しようとする態度を養う。	生命や地球に関わる事物・現象に進んで関わり、科学的に探究しようとする態度、生命を尊重し、自然環境の保全に寄与する態度を養う。

第1分野⑶　電流とその利用

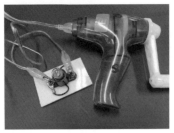
手回し発電機と豆電球

夜景

超伝導物質がピン留め効果で
浮いているところ

　本単元では、電流や磁界に関する現象を調べるための実験について考え、実験計画を検討し、実験結果を分析・解釈し、電気に関する規則性を見いだして表現することで、思考力、判断力、表現力等を育成することがねらいである。また、その際、電流と磁界に関する観察、実験の技能を身に付け、一番身近なエネルギーである電気エネルギーについての理解を深めることで、適切な電気の利用や省エネルギーに対する意識を高める態度の育成を目指す。

(ア)　電流　全18時間
⑦回路と電流・電圧　7 時間

次	時	主な学習活動	学習過程、見方・考え方、評価など
1	1	回路作成、回路を構成するもの	
	2	実験 豆電球の前後の電流を測定	課題の設定
2	3	実験 直列回路に流れる電流を測定	比較 定量的 記録 知
	4	実験 並列回路に流れる電流を測定	対話的な学び 比較 定量的 記録 思
3	5	実験 豆電球に働く電圧を測定	
	6	実験 直列回路にはたらく電圧を測定	
	7	実験 並列回路にはたらく電圧を測定	対話的な学び 比較 定量的 記録 知、思

⑦電流・電圧と抵抗　3 時間

次	時	主な学習活動	学習過程、見方・考え方、評価など
4	8	実験 電熱線の電圧・電流を測定	対話的な学び 比較 定量的
	9	熱線の電圧と電流の関係について	対話的な学び 比較 定量的 記録 知
	10	実験 電気抵抗と合成抵抗について	定量的

㋒電気とそのエネルギー　3時間

次	時	主な学習活動	学習過程、見方・考え方、評価など
5	11	電気エネルギーと電力の関係	（課題の設定）
	12	実験 水の温度から消費電力を測定	（定量的）
	13	熱量と消費電力の関係について	◀対話的な学び　（定量的）

㋓静電気と電流　5時間

次	時	主な学習活動	学習過程、見方・考え方、評価など
6	14	観察 静電気の性質を調べる	（課題の設定）　（比較）　記録 態
		観察 静電気の種類とはたらく力について	（振り返り）　◀対話的な学び
	15	観察 誘導コイルによる放電現象	
	16	電子線（陰極線）の性質	
7	17	観察 電子の性質について	（比較）　記録 知
	18	観察 放射線（霧箱）、放射線の性質について	記録 知

（イ）　電流と磁界　全9時間
㋐電流がつくる磁界　3時間

次	時	主な学習活動	学習過程、見方・考え方、評価など
1	1	観察 磁石による磁界	（関係的）
	2	観察 電磁石による磁界	（課題の設定）　（関連付け）　記録 態
	3	観察 電流による磁界	（課題の設定）　（関係的）

㋑磁界の中の電流が受ける力　3時間

次	時	主な学習活動	学習過程、見方・考え方、評価など
2	4	磁界の中の電流にはたらく力	（解決方法の立案）　◀対話的な学び　記録 思
		実験　コイルの電流が磁界から受ける力	（振り返り）　（規則性）　（関係性）　記録 思
			（振り返り）　◀対話的な学び　記録 知
	6	モーターの回転する仕組み	

㋒電磁誘導と発電　3時間

次	時	主な学習活動	学習過程、見方・考え方、評価など
3	7	実験 電磁誘導の性質を調べる	（課題の設定）　（解決方法の立案） 記録 思
	8	実験 発生する誘導電流を調べる	（条件制御）
4	9	直流と交流	記録 知

1 電流 （18時間扱い）

単元の目標

　回路の作成や電流計、電圧計、電源装置などの操作技能を身に付けさせ、電流に関する実験を行い、その結果を分析して解釈し、回路の電流や電圧の規則性を見いだし理解させる。また、電力の違いによって発生する熱や光などの量に違いがあること、静電気と電流は関係があることなどを観察、実験を通して理解させる。

評価規準

知識・技能	思考・判断・表現	主体的に学習に取り組む態度
電流に関する事物・現象を日常生活や社会と関連付けながら、回路と電流・電圧、電流・電圧と抵抗、電気とそのエネルギー、静電気と電流についての基本的な概念や原理・法則などを理解しているとともに、科学的に探究するために必要な観察、実験などに関する基本操作や記録などの基本的な技能を身に付けている。	電流に関する現象について、見通しをもって解決する方法を立案して観察、実験などを行い、その結果を分析して解釈し、電流と電圧、電流の働き、静電気の規則性や関係性を見いだして表現しているなど、科学的に探究している。	電流に関する事物・現象に進んで関わり、見通しをもったり振り返ったりするなど、科学的に探究しようとしている。

既習事項とのつながり

(1)小学校 3 年：電気を通すつなぎ方と通さないつなぎ方があることについて学習している。

(2)小学校 4 年：乾電池の数やつなぎ方を変えると豆電球の明るさやモーターの回り方が変わることについて学習している。

(3)小学校 6 年：電気は、光、音、熱、運動などに変換できること、手回し発電機などの実験を通して、電気はつくりだしたり蓄えたりすることができることについて学習している。

指導のポイント

　電流や電圧、抵抗などの物理量に関して、モデルを用いて概念形成を図る。実験結果を表やグラフなどを用いて分析、解釈し、回路の電流や電圧に関する規則性やオームの法則など、定量的な関係を見いだすよう指導する。

(1)本単元で働かせる見方・考え方

　「量的・関係的」な見方を働かせて「電流と電流が流れる回路」についての規則性や関係性を見いださせるような指導の工夫をする。また、見いだした規則性や関係性を使った電気の利用場面を学習していく。

(2)本単元における主体的・対話的で深い学び

　定量的な関係を見いだすため、電流と電圧、抵抗の関係などを明らかにするような実験計画を立てさせたい。仮説に対して、比較や条件制御など小学校で学習したことを活用して、検証活動を行い、探究の過程を振り返ることで、より主体的な活動にすることができるだろう。

指導計画 （全18時間）

㋐ 回路と電流・電圧（7時間）

時	主な学習活動	評価規準
1	回路を作成し、構成するものを知る。回路の電流の向きを調べる。	（知）（態）
2	課題の設定 実験 「豆電球（モーター）の前後の電流を測定する」	（知）
3	比較 定量的 実験 「直列回路の各点を流れる電流を測定する」	知（思）
4	比較 定量的 実験 「並列回路の各点を流れる電流を測定する」	（知）思
5	実験 「電圧計の使い方を学び、豆電球に働く電圧を測定する」	（知）
6	実験 「直列回路の各部分に働く電圧を測定する」	（知）（思）
7	実験 「並列回路の各部分に働く電圧を測定する」 ◀対話的な学び 比較 定量的	知、思

㋑ 電流・電圧と抵抗（3時間）

時	主な学習活動	評価規準
8	実験 「電熱線に加えた電圧を変えたときの電流を測定する」 ◀対話的な学び 比較 定量的 実験結果をグラフにまとめ、発表する。	（知）（思）
9	◀対話的な学び 比較 定量的 電熱線の電圧と電流の関係を見いだし、抵抗について知る。	知
10	定量的 実験 電気抵抗の性質を知り、抵抗のつなぎ方と合成抵抗について学習する。	（知）

㋒ 電気とそのエネルギー（3時間）

時	主な学習活動	評価規準
11	課題の設定 消費電力について知り、電気エネルギーと電力の関係を学習する。	（知）
12	定量的 実験 「水の温度変化を用いて消費電力を測定する」	（知）（思）
13	◀対話的な学び 定量的 熱量と消費電力の関係を見いだし、電力量について学習する。	（知）（態）

㋓ 静電気と電流（5時間）

時	主な学習活動	評価規準
14	課題の設定 比較 観察 「静電気を発生させる」	（知）態
15	振り返り ◀対話的な学び 「静電気の性質とその利用例」	（思）
16	観察 「静電気による放電現象」	（態）
17	比較 観察 「電子と電流」	知
18	観察 「放射線の性質とその利用例」	知

第①時

回路を構成するもの・電流の向き

○回路を構成するもの

①豆電球などと導線、電池を使って道具を作動させよう。

－極　　＋極

②豆電球のつくりをまとめよう。

フィラメント

電流の道筋をたどらせる

ソケット

導線

③次の豆電球の回路で、電流が流れる向きを矢印で示してみよう。

－極　　＋極

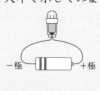

授業の流れ ▷▷▷

1 日常生活で電気を使うものを想起する　〈5分〉

私たちのまわりで、電気を使っている場所や場面はどんなところがあるでしょうか

・身の回りで電気を使用している場所を思い浮かべるように問いかけ、使っている道具と一緒に3つ以上書き出し、その後、班で話し合い、日常生活で電気を使っているものに気付かせる。
・様々な場面で電気を利用していることに気付かせ、日常生活や社会で電気というエネルギーを使う場面が多く、重要なエネルギーであることを認識させたい。

2 簡単な回路をつくり、気付いたことを発表する　〈20分〉

豆電球がついたり、モーターが回る回路ができればよいのですね

電池の向きでモーターの回り方が変わりました

・小学校3年で回路、4年で乾電池の直列つなぎ、並列つなぎについて学習していることを踏まえて指導する。
・モーターの回転など、電池の向きによって現象が変わる回路を入れる。

課題

回路を構成しているものは何だろうか。

方法

・豆電球が光ったり、モーターが回ったりする回路をつくる。 **2**

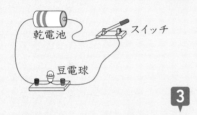

乾電池　　スイッチ

豆電球

3

「回路を構成するもの」は何だろうか。

・電池と導線がある。
　→電気を生み出すものと伝えるもの
・電気を使うもの（豆電球やモーター）がある。

> 生徒から出た表現を書き出す

実験から気づいたこと

・豆電球は電池の向きを変えても光る。
・LED（発光ダイオード）は電池の向きを変えると光らない。
・モーターは電池の向きを変えると回転の方向が変わる。

電流は流れる向きがある。 **4**

電池の＋極から－極へ向かう向きを電流の向きという。

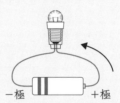

－極　　　　　　　＋極

---

3 回路を構成するものをまとめる 〈15分〉

> どの回路にも共通するものは何だろう

> どの回路も、電池と導線があります

> 種類は違うけど、電気を使う道具が必ずあるよ

・回路は、電気を生み出すもの（電源や電池）と電気を使うもの（豆電球やモーターなど）を、電気を伝えるもの（導線）で接続してできており、どこかが途切れると電流が流れないことを説明する。
・枝分かれせず、一本の道筋でつながった回路を直列回路、枝分かれした回路を並列回路と説明する。

4 電流の流れる向きを説明する 〈10分〉

> 電流は流れる向きがあります。電流の向きは、電池の＋極から－極へ向かう向きと決められています

> この回路の場合、電流の向きは図の矢印の向きですね

－極　　　＋極

・電池の＋極から－極へ向かう向きを電流の向きということを説明する。
・実物の回路を基に、電流の流れる向きを示し、途切れずに電池の＋極から－極へ流れていることを確認するとよい。
・いくつかの回路を提示し、電流の向きを考える。

第②時

電流計の使い方・回路図のかき方

本時のねらい

・回路を流れる電流を測定するために電流計の使い方を学習し、豆電球の前後の各点を流れる電流を測定することができる。
・電気用図記号を学習し、回路を、記号を用いて表すことができる。

本時の評価

・豆電球（モーター）を使った回路をつくり、装置の前後の各点を流れる電流を測定している。（知）
・回路を、電気用図記号を使って表している。（知）

準備するもの

付録

・豆電球・モーター
・導線・電池・電池ホルダ
・スイッチ・電流計
・ワークシート

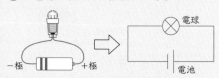

電流計をつかって電流を測定しよう。 **1**

①電気用図記号

電池（電源装置）　電球　スイッチ　電流計　電圧計　電気抵抗

②豆電球1個の回路をかこう。

－極　　＋極　　　　　　　　⊗電球

　　　　　　　　　　　　　　　　電池

③豆電球の回路で、豆電球の前後を流れる電流を測定するにはどう接続すればよいだろうか。（回路図）**2**

・電流の流れる道筋に電流計を置くように接続する。（直列接続）
・連続して流れるようにする。

授業の流れ ▷▷▷

1 電気用図記号を学習し、回路から回路図をかく 〈10分〉

回路が複雑になると、絵をかくのは難しいので、記号を使って表します

記号だけじゃなく、かき方を理解する必要があるな

・電池で豆電球1個を光らせるような回路を示し、回路図をかく。
・電気用図記号を学習する。
・回路の絵や実物を見て、同じ順番になるように個々の記号を並べて間を導線でつなげるように指導する。
・回路図の角を角張らせたり、角の部分に記号を入れないことを例を使って説明する。

2 回路に流れる電流を測定する方法を考える 〈10分〉

小学校で使った検流計ではダメなのかな？

確かに、大きく振れることもあるしね

電流の大きさを測定する装置として、電流計を使い、回路に直列につなぎます

・小学校で使っているのは検流計であることに注意する。検流計では、電流が流れているか、その向きを知ることができる。
・電流計は、回路に直列につなぐことを確認する。小学校では、電池の直列つなぎと並列つなぎを学習している。

課題

豆電球を光らせた電流は
どうなるだろうか。

3

電流は、豆電球を流れた後、
どうなるだろうか。

・豆電球を光らせたので、減る。
・変わらない。
・増える。

豆電球を流れたとき、電流の値がど
うなっているか、どのように調べた
らよいだろうか。

・電流の値を測定すればよい。
・豆電球をつないだときと、つないで
いないときで比べる。
・豆電球の前の電流と後の電流を測定
して比べる。

4

電流の道筋をたどらせる

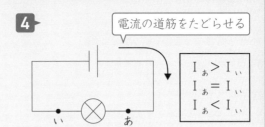

$I_{あ} > I_{い}$
$I_{あ} = I_{い}$
$I_{あ} < I_{い}$

A点を測定するときは

電池→電流計
　　　→豆電球
　　　→電池（戻る）

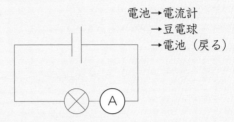

ひとつながりになるようにつなぐ。

---

3 電流が豆電球を流れると
どうなるか話し合う　〈10分〉

豆電球を電流が流れる
と、電流の値はどうなる
だろう？

豆電球が光ったんだから、
電流は減るんじゃないかな

一極まで流れているんだから、
変わらないんじゃないかな

課題の設定

・電気を使うもの（豆電球やモーターなど）と学習
しているため、電流が小さくなると考える生徒が
いるので、確認させたい。
・豆電球の前後で電流を測定すればよいことを確認
する。

4 豆電球の前後の電流を測定し、
結果をまとめる　〈20分〉

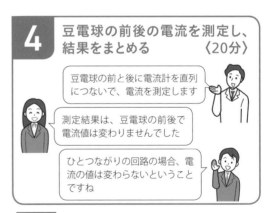

豆電球の前と後に電流計を直列
につないで、電流を測定します

測定結果は、豆電球の前後で
電流値は変わりませんでした

ひとつながりの回路の場合、電
流の値は変わらないということ
ですね

実験

・電源、装置とひとつながりになるような回路に
なっているかを確認させる。
・デジタル電流計が複数あれば、同時に測定して示
すこともできる。

第③時

直列回路の各点を流れる
電流の測定

（本時のねらい）

・直列回路の性質を知り、回路の各点を流れる
電流を測定することができる。

（本時の評価）

・直列回路をつくり、回路の各点を流れる電流
を測定している。知

・直列回路をつくり、回路を流れる電流を測定
する実験を行い、その結果をまとめている。
（思）

（準備するもの）

・豆電球
・導線
・電池
・電池ホルダ
・スイッチ
・電流計
・ワークシート

付録

○直列回路を流れる電流の
測定

①豆電球2個を直列につないだ回路の
回路図をかこう。

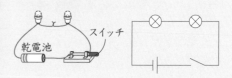

②回路の点に電流計をつなぐには。

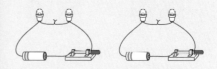

③実験結果

	あ点	い点	う点	え点
電流	48mA	48mA	48mA	48mA

（授業の流れ）▷▷▷

1 電池の直列つなぎ、並列つなぎ を復習する 〈10分〉

電池の直列つなぎと並列つなぎの違い
は、どのように説明できるだろう

直列つなぎは電池が続いていて、
並列つなぎは電池が並んでいます

豆電球でも、導線で続いたつながり
は直列つなぎ、枝分かれするような
つながりを並列つなぎといいます

・小学校4年で乾電池の直列つなぎ、並列つなぎに
ついて学習していることを踏まえて指導する。

・つなぎ方の特徴を言葉で表現できるようにする。

2 豆電球2個の直列回路を流れる 電流がどうなるかを考える 〈10分〉

豆電球が導線でつながってるのだから、同じ
電流が流れてるってことじゃないかな

前の実験では、豆
電球の前と後で同
じ電流値だった！

どこを測れば確かめられるか、
考えてみよう

・直列つなぎと並列つなぎの特徴を意識させるよう
な説明を心掛ける。

・回路をつくる経験が少ないので、実際に豆電球2
個を直接につないだ回路をつくって考えさせると
よい。

直列回路を流れる電流は
どうなっているだろうか。

電流計のつなぎ方

・回路に直列につなぐ

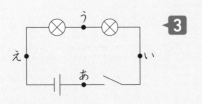

実験結果

	あ点	い点	う点	え点
1班	46mA	46mA	46mA	46mA
2班	48mA	48mA	48mA	48mA
3班	50mA	50mA	50mA	50mA
4班	43mA	43mA	43mA	43mA
…				

○ 各班の実験結果から、いえることは何
だろう。

・各点の電流の値が同じである。

---

3 直列回路のどこを測定するかを話し合う　〈10分〉

2個の豆電球を通る電流がどんな性質かを
調べたい。どこを測定すればいいだろうか

豆電球の間は絶対
に必要だよ

電池と豆電球A
の間は1か所だ
けでいいかな

豆電球Aの前と豆電球
Bの後は同じだよね

（比較）（定量的）

・つくった豆電球2個の直列回路を前に、どの点を
測定するのかを話し合わせる。電流計の接続の仕
方について机間指導で確認しておくとよい。

・測定する点を発表させ、装置の図または回路図を
使って測定点をクラス全体で共有しておく。

4 直列回路を流れる電流を測定し、記録する　〈20分〉

自分たちで測定が必要だと考え
た点の電流を測定してみよう

まとめ方も工夫しよう

電池と豆電球Aの間のあ点と、
豆電球AとBの間のう点は電流
値は同じになりました

実験

・実験結果のまとめ方を説明しておくとよい。表の
例をプリント等に書いておくと、次回以降のまと
め方の参考にもなる。

・読んだ数値の単位をそのまま記録させ、単位の変
換をしない方が混乱が少ない。

・結果を記入（入力）させ、記録を残す。黒板の場
合はデジカメ等で撮影しておくとよい。

第④時

並列回路の各点を流れる
電流の測定

（本時のねらい）
・並列回路の性質を知り、回路の各点を流れる
　電流を測定することができる。

（本時の評価）
・直列回路、並列回路の各点を流れる電流について、規則性を説明している。（知）
・並列回路をつくり、回路を流れる電流を測定する実験を行い、その結果をまとめている。
　思

（準備するもの）
・豆電球2個
　（抵抗値の違うもの）
・導線・電池・電池ホルダ
・スイッチ
・電流計
・ワークシート

付録

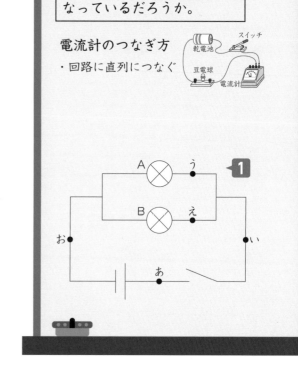

課題

並列回路を流れる電流はどうなっているだろうか。

電流計のつなぎ方
・回路に直列につなぐ

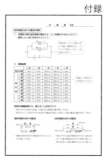

（授業の流れ）▷▷▷

**1　並列回路のどこを測定するかを
　　話し合う　　　　　　〈10分〉**

並列回路の特徴は枝分かれしていることだったよね。それを踏まえて、測定する点を考えよう

枝分かれする前と後は必要だよね

合流した後って測定する？

枝分かれした部分は、両方測定しないとね

・測定する点を発表させ、装置の図または回路図を
　使って測定点をクラス全体で共有しておく。

**2　並列回路を流れる電流を
　　測定し、記録する　　〈20分〉**

電池と枝分かれするまでの間の点は0.60A、豆電球Aの方に分かれた点は340mA、豆電球Bの方に分かれた点は260mAでした

実験

・読んだ数値の単位をそのまま記録させ、単位の変
　換をしない方が混乱が少ない。

2

実験結果

	あ点	い点	う点	え点	お点
1班	0.60A	0.60A	340mA	260mA	0.60A
2班	0.50A	0.50A	300mA	200mA	0.50A
3班	0.65A	0.65A	370mA	280mA	0.65A
4班	0.60A	0.60A	340mA	260mA	0.60A
…					

3

○ 各班の実験結果から、いえることは何だろうか。

枝分かれする前と合流した後の点の電流の値が
同じである。
枝分かれした点それぞれを流れる電流の合計と
合流した後の電流の値が同じである。

4

直列回路を流れる電流は…

回路の各点を流れる電流の大きさ
はどこでも同じである。

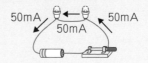

並列回路を流れる電流は…

枝分かれする前の電流の大きさは
枝分かれした後の電流の大きさの
和に等しく、
再び合流した後の電流の大きさに
も等しい。

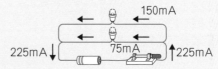

---

3 直列回路と並列回路を流れる
電流の性質を話し合う〈10分〉

直列回路の値は、どの
点もほとんど同じだね

枝分かれした豆電球
Aを流れる電流と豆
電球Bの値は違うね

表にしてみて、
気付くことはあ
るかな

（比較）（定量的）

・豆電球2個の直列回路と並列回路を電流の測定値
から、直列回路と並列回路を流れる電流の性質を
考えられるようにする。表だけでなく、回路図に
かき込むようにするとよい。

・細かな数値の違いを気にする場合があるので、あ
らかじめ注意しておくとよい。

4 直列回路と並列回路を流れる
電流の規則性をまとめる〈20分〉

直列回路では、回路のどの点で
も電流の値が同じになります

並列回路では、枝分かれした部
分の合計と、枝分かれ前、合流
した後の電流の値が同じです

・図にかき込んで表したり、式で表したり、言葉で
表したりと、様々な方法で説明するとよい。

・ホワイトボード等を使って説明させる活動を入れ
てもよい

第⑤時

電圧計の使い方・
豆電球の電圧の測定

本時のねらい

・電圧計の使い方を学習し、豆電球を使った回路の各点間に働く電圧を測定することができる。

本時の評価

・豆電球を使った回路をつくり、電圧を測定する実験を行い、その結果をまとめている。（知）

準備するもの

・豆電球
・導線
・電池
・電池ホルダ
・スイッチ
・電流計

付録

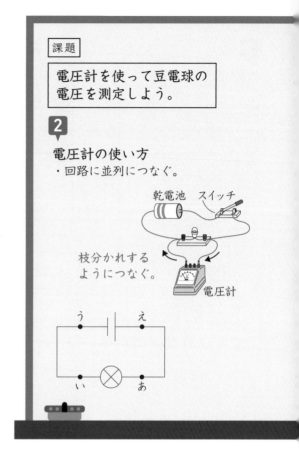

課題

電圧計を使って豆電球の電圧を測定しよう。

2

電圧計の使い方
・回路に並列につなぐ。

乾電池　スイッチ

枝分かれするようにつなぐ。

電圧計

う　　　え

い　　　あ

授業の流れ ▷▷▷

1 電池1個の場合と2個を直列にした場合、何が違うのかを確認する 〈5分〉

電池1個と電池2個を直列につないだとき、豆電球はどちらが明るいかな?

その場合、何が違うんだろうか

2個直列につないだ方です

電池には1.5Vなどと書かれているところがあります。これは電流を流そうとする働きの強さを表しています。電圧といいます

2 電圧計の使い方を学習する 〈10分〉

電圧計は、枝分かれするようにつなぎます。こういうつなぎ方を何と言いますか?

並列つなぎです

並列つなぎなので、あ点とい点で豆電球をまたぐようにつなぐと豆電球に働く電圧を測定できます

・小学校4年で、乾電池2個の直列つなぎと並列つなぎの実験を行っている。
・明るさの違いが何に起因するのかは、経験からは導き出すことは難しいので、電池の表示から説明する。

・枝分かれするところと、元に合流するところを意識し、測定したいところをまたぐ形につなぐことを意識するように説明する。
・先に電圧計に導線を接続して手を伸ばした形にし、クリップを回路につながせるとよい。

3

実験結果

	あい間	うえ間
1班	1.40V	1.40V
2班	1.50V	1.50V
3班	1.38V	1.38V
…		

○ 各班の実験結果から、いえることは何だろうか。

・導線だけの部分は、電圧が 0V である。
　（あえ間、いう間）
・あい間とうえ間の電圧の値が同じである。

4

回路にはたらく電圧は…

回路の豆電球にはたらく電圧の大きさと
電池の電圧は同じである。

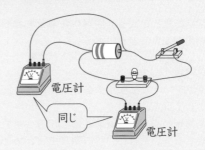

電圧計　同じ　電圧計

---

3 豆電球 1 個の回路に働く電圧を測定する　〈20分〉

では実際に電圧計を使ってみよう

あえ間みたいな導線だけのところも測定してみたい

針が動かない！何が間違っているの？

実験

・豆電球 1 個の回路の電圧を測定する。
・導線を整理して、指で回路をたどれるようにすると、つなぎ方の間違いに気付きやすい。
・電圧計を直列につないで針が動かないことがあるので、あらかじめ注意しておくとよい。
・一人一人が測定を行うように時間を設定する。その際、班員がアドバイスを行うか等は各学校の状況に応じて検討を行う。

4 回路に働く電圧をまとめる　〈10分〉

豆電球に働く電圧は、電池の電圧と同じでした

導線だけの部分を測定すると、針が振れなかったので 0 V だと思います

・実技課題として、接続や測定を時間内に行うような活動を取り入れてもよい。
・ホワイトボード等を使って説明させる活動を入れてもよい。

第⑥時

直列回路の各部分に
働く電圧の測定

本時のねらい
・直列回路の性質を知り、回路の各部分に働く
　電圧を測定することができる。

本時の評価
・直列回路をつくり、回路の各部分に働く電圧
　を測定している。（知）
・直列回路をつくり、回路の各部分に働く電圧
　を測定する実験を行い、その結果をまとめて
　いる。（思）

準備するもの
付録
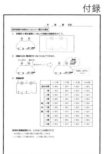
・豆電球(抵抗値の違うもの)
・導線
・電池
・電池ホルダ
・スイッチ
・電圧計
・ワークシート

○直列回路の各部分に
　はたらく電圧の測定

①豆電球2個を直列につないだ
　回路の回路図をかこう。

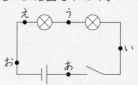

②回路の点に電圧計をつなぐ。

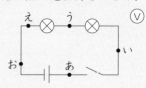

③実験結果

	いう間	うえ間	いえ間	あお間
電圧	0.98V	1.92V	2.90V	2.90V

授業の流れ ▷▷▷

1 電圧計の接続の仕方を
　　復習する　　　　　〈5分〉

電圧計は、回路に対して並列つなぎに
します。枝分かれするところと元に合
流するところを意識しましょう

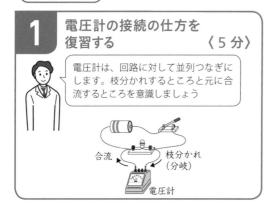

合流　　　枝分かれ
　　　　　（分岐）
電圧計

・分岐と合流の考え方は、回路図のような簡便にし
　た図では理解していても、実際に配線するときに
　分からなくなってしまう生徒が多いので、机上に
　配線図と同じように配置させるとよい。
・向かい合わせに座った4人掛けの班座席では、見
　る方向で差が出るので、黒板の方向をプリントの
　上に合わせるなど、指導するとよい。

2 直列回路に働く電圧のどこを
　　測定するか話し合う　〈10分〉

豆電球1個をはさんだところと、
2個のところは違うのか確かめたい

測りたいところを
またぐようにつな
げばいいんだよね

何もない導線のところも測っていいかな

・通過する点で測る電流に対して、測る場所をまた
　ぐ形で測定する電圧は、生徒にとって理解しづら
　い。特徴を何度も確認しながら、測定する場所を
　考えるように指導する。
・測定する点を発表させ、装置の図または回路図を
　使って測定点をクラス全体で共有しておく。

課題

並列回路の各部分に
はたらく電圧を測定しよう。

電圧計のつなぎ方 **1**

・回路に並列につなぐ。

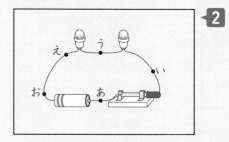
2

実験結果 **3**

	いう間	うえ間	いえ間	あお間
1班	0.98V	1.92V	2.90V	2.90V
2班	1.00V	1.95V	2.95V	2.95V
3班	0.95V	1.97V	2.92V	2.92V
4班	0.98V	1.92V	2.90V	2.90V
…				

4

○ 各班の実験結果から、いえることは何だろうか。

あお間といえ間が等しい。
いう間とうえ間の和がいえ間と等しい。

---

3 直列回路に働く電圧を測定し、記録する 〈25分〉

電圧計を回路に対して直列つなぎにすると、回路に電流が流れなくなります

混乱してわからなくなったら、電圧計をつないでいない豆電球2個の直列回路に戻って、電圧計をつなぐ場所を確認しよう

実験

・電流の測定より混乱しやすい。導線を伸ばして、配線のつながりが分かりやすい状況を保ったり、位置関係の把握がしやすい状況を保ったりするように指導する。
・結果を黒板の表に記入させたり、表計算ソフトに入力させたりして、記録に残す。

4 測定結果を発表させ、全体で共有する 〈10分〉

あお間は、いえ間と同じになっているよ

あい間も測ってみた方がいいのかなぁ

・導線の部分だけ測ってみると、電圧計の針が動かず、間違いや故障と考えてしまうので、そのまま0Vとして記録するように指示する。ネガティブな結果に対する反応についてはあらかじめ指導することが難しいため、自分の測定を信頼して記録するような指導をしていく。

第⑦時

並列回路の各点に働く電圧の測定

本時のねらい
・並列回路の性質を知り、回路の各点間に働く電圧を測定することができる。

本時の評価
・直列回路、並列回路の各点間に働く電圧について、規則性を説明している。知
・並列回路をつくり、回路の各点間に働く電圧を測定する実験を行い、その結果をまとめている。思

準備するもの
付録
・豆電球(抵抗値の違うもの)
・導線
・電池
・電池ホルダ
・スイッチ
・電流計
・ワークシート

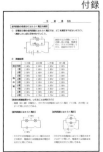

課題

並列回路の各部分にはたらく電圧を測定しよう。

① 豆電球2つ(並列)

え　う
か　お
き　あ　い
く

授業の流れ ▷▷▷

1 並列回路のどこを測定するかを話し合う　〈10分〉

並列回路の特徴は枝分かれしていることだったよね。それを踏まえて、測定する点を考えよう

うとおの間を測定するとどうなるのかな

枝分かれしたそれぞれは測定しよう

・測定する点を発表させ、装置の図または回路図を使って測定点をクラス全体で共有しておく。

2 豆電球2個の並列回路に働く電圧を測定し、記録する〈20分〉

うえ間とおか間とあく間が3Vでした

実験
・結果を黒板の表に記入させたり、表計算ソフトに入力させたりして、記録に残す。

2

実験結果

	うえ間	おか間	いき間	あく間
1班	2.90V	2.90V	2.90V	2.90V
2班	2.85V	2.85V	2.80V	2.85V
3班	2.80V	2.80V	2.80V	2.80V
4班	2.90V	2.90V	2.90V	2.90V
…				

3

○ 各班の実験結果から、
いえることは何だろうか。

電源（あく間）の電圧と、それぞれの豆電球にはたらく電圧（うえ間、おか間）はすべて同じ大きさである。

直列回路にはたらく電圧は… **4**

それぞれの豆電球にはたらく電圧の大きさの和が、電源または回路全体の電圧の大きさと同じである。

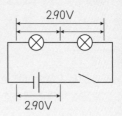

並列回路にはたらく電圧は…

それぞれの豆電球にはたらく電圧の大きさはすべて同じで、電源または回路全体の電源の大きさと同じである。

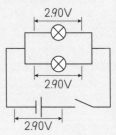

---

3 直列回路と並列回路に働く
電圧の性質を話し合う〈10分〉

直列回路と並列回路に働く電圧にどのような特徴があるか、考えてみよう

直列回路の値は、それぞれの場所で違うね

枝分かれしたそれぞれの豆電球に働く電圧は同じ値だね

表にしてみて、気付くことはあるかな

対話的な学び　比較　定量的

・各班の測定結果の一覧を表示し、数値を基に話し合えるようにするとよい。
・ホワイトボード等を活用し、図や文章を用いたまとめを行うように指導すると、理解の進まない生徒も分かりやすくなる。

4 直列回路と並列回路に働く
電圧の規則性をまとめる〈10分〉

並列回路では、どの豆電球間も電源の電圧も同じ値になります

直列回路では、それぞれの豆電球の部分の合計と、電源の電圧の値が同じです

回路に働く電圧には、回路によって特徴があるね。どの部分をはかっているのか、意識しながら考えるようにしよう

・ホワイトボード等を用いて、図を使って説明させる活動を入れてもよい。

第⑧時

電熱線（抵抗）に加えた電圧を変えたときの電流を測定する

本時のねらい
・電熱線に加わる電圧と電流を測定する実験を行い、電圧と電流の関係を見いだすことができる。

本時の評価
・金属線に加わる電圧と電流を測定する実験を、見通しをもって行い、その結果を分析し、電流と電圧、電流の働きを見いだして表現している。（思）
・金属線に加わる電圧と電流を測定する実験を行い、電圧と電流の関係を見いだしている。（知）

準備するもの
・電熱線または抵抗（2種類）
・導線・電源装置・電圧計
・電流計・スイッチ
・ワークシート

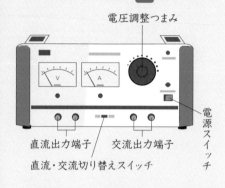

課題

電熱線（抵抗）に加えた電圧を変えたときの電流を測定しよう。

〈電源装置の使い方〉 **1**

電圧調整つまみ

直流出力端子　交流出力端子

直流・交流切り替えスイッチ

電源スイッチ

・電源スイッチが切れていて、電圧調整つまみが0の位置にあることを確認してから、コンセントにつなぐ。

授業の流れ ▷▷▷

1 電源装置の使い方を学習する　〈5分〉

今度の実験では、電池よりも細かく操作したい。そこで、電源装置を使います

ダイアルを目いっぱい回したりしちゃダメだよ！

電池だと何倍とかしかできないけど、これだと細かく調節できるんだね

・実際に電源装置を使いつつ、ステップを踏んで使い方を学んでいくとよい。
・注意事項を説明しながら進め、逸脱した行為に対して生徒同士で注意し合うようにする。

2 電圧を変えたときの電流を測定する方法を検討する　〈20分〉

電池を増やすと電圧はどうなるかな？

電圧は大きくなります

電流が大きくなると、豆電球の明るさはどうなる？

変化するもの、させるものを考えて、関係を調べる方法を考えよう

明るくなりました

・変化させるもの（独立変数）とするもの（従属変数）を意識させ、電源と抵抗をつないだ回路について、電流と電圧の関係を調べる方法を考えさせる。

実験結果

電熱線（抵抗）A

	0V	1V	2V	3V	4V	5V
1班	0mA	51mA	106mA	160mA	213mA	267mA
2班	0mA	50mA	100mA	150mA	190mA	250mA
…						

電熱線（抵抗）B

	0V	1V	2V	3V	4V	5V
1班	0mA	230mA	440mA	680mA	890mA	1100mA
2班	0mA	220mA	400mA	600mA	800mA	1000mA
…						

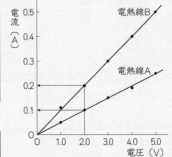

同じ電圧のとき、電熱線 B は電熱線 A に比べて 2 倍電流が流れる。

○ 各班の実験結果から、いえることは何だろうか。

電圧が大きくなると、流れる電流も大きくなる。

電圧が 0V だと、電気が流れないから電流も 0A になる。

---

3 電圧を加えて電流を測定する実験を行う 〈20分〉

電熱線（抵抗）に働く電圧と流れる電流を測定する。それぞれのつなぎ方を確認しよう

電圧計と電流計をつながない回路をつくってから始めよう

電圧を変化させて、その結果変化した電流を測定するんだよね

回路をつなぎ直すときは、電源を切ろう

実験 〔 定量的 〕

・電圧は電圧計の数値を使い、電源装置の目盛りを利用しないように注意し、加える最大電圧は指示する。

・ホワイトボード等を活用し、データの整理を行う。

---

4 実験結果をグラフにまとめ、発表する 〈5分〉

電圧が大きくなると、流れる電流も大きくなりました

それでは不正確です。電圧が 2 倍になると、電流もほぼ 2 倍になったので、比例していると思います

2 つの電熱線では、グラフの傾きが違います。同じ電圧だと、流れやすさに差があります

対話的な学び 〔 比較 〕

・表計算ソフト等を用いたり、グラフ化を自動化させ、話し合いを導入してもよい。

・折れ線グラフにしてしまう生徒がいるので、十分注意して指導を行う。

第⑨時

電熱線の電圧と電流の関係を見いだす

本時のねらい

・電熱線に加わる電圧と電流を測定する実験の結果を基に、電圧と電流の関係を見いだすことができる。
・金属線には電気抵抗があることを理解することができる。

本時の評価

・実験結果を基に、電圧と電流の関係を説明している。知
・金属線の電気抵抗について説明している。知

付録

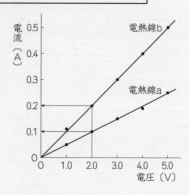

課題

電熱線の電圧と電流の関係を見いだそう。 **1**

電流〔A〕／電圧〔V〕のグラフ（電熱線a、電熱線b）

2
・電熱線を流れる電流は、電圧に比例している
・電熱線の種類によって、電流が流れやすいものと流れにくいものがある。

授業の流れ ▷▷▷

1 前時の結果を基に、電圧と電流の関係について発表する〈15分〉

電圧が2倍になると、電流もほぼ2倍になったので、電圧と電流は比例しています

異なる電熱線では、比例の関係は同じだったけど、グラフの傾きが違います

グラフの傾きは、電流の流れやすさと関係があると思います

・グラフから読み取れることを、自分の言葉を用いて表現できるように指導する。
・考えるときの視点の例を示し、次からの活動でも使えるような展開を心掛ける。

2 グラフから電流の流れやすさについて考え、話し合う〈10分〉

例えば、同じ電圧で比較すると、2本の電熱線では何が違うのか考えてみましょう

同じ大きさの電圧で比べると、電熱線bの電流の方が大きい

電熱線bは電流が流れやすくて、電熱線aは電流が流れにくいことになるね

対話的な学び 〔比較〕 〔定量的〕

・理科の中でグラフの読み取り方を指導する場面は少なく、育成が難しい部分であるので、読み取り方の指導を行いたい。
・横軸から値をたどったときにどんなことが言えるか、電熱線ごとに比較したり、見方の基本を説明しておくとよい。

3

数学では…
yがxに比例するとき、y＝ax

$$\frac{y}{x}＝一定の値＝比例定数 a$$

$$\frac{電圧}{電流}＝一定の値＝　抵抗$$

　オームの法則

　式変形

電圧＝抵抗 × 電流　　　　電流＝$\frac{電圧}{抵抗}$

4

---

 3 比例の関係に注目して、関係の式は
どのように表せるか考える　〈15分〉

電圧と電流の関係をグラフに表すと、原点を
通る直線で表せました。このような関係を覚
えてないかな？

比例の関係なのだから、数学の
比例の式が使えるはずだよ

どの部分の値を使っても、電圧÷電流を
計算すると、一定の値になるってことか

 4 オームの法則についてまとめる
　〈10分〉

回路を流れる電流の大きさは、電圧の大
きさに比例します
この関係をオームの法則といいます

電流の流れにくさを電気抵抗
または抵抗と呼びます

式変形をすれば、全部の式を覚
えておかなくても導けばいい

・数学で比例の関係については学習している。オー
ムの法則では、縦軸と横軸の関係が逆になってい
るので、指導に当たっては注意が必要だが、余計
な説明を入れるとより分かりにくい場合が多い。
・他教科や他分野の学習が生きる場面では、意識し
て指導に取り入れるとよい。

・電流の流れやすさと流れにくさは表裏の関係であ
り、理解した後であれば分かることでも、そこに
至るまでは丁寧に説明する。
・言葉で分かっていることと現象から理解できるこ
とには差がある。数字を使った例を挙げるなど、
スモールステップを踏んだ指導を行う。

第⑩時

電気抵抗の性質と合成抵抗

本時のねらい

・金属線には電気抵抗があることを理解し、物質によって電気抵抗の値は異なることを説明することができる。
・電気抵抗の値はつなぎ方によって異なり、直列つなぎと並列つなぎしたときの電気抵抗について、性質を基に計算することができる。

本時の評価

・電圧と電流の関係から電気抵抗について求めている。（知）
・電気抵抗の大小の物質について説明している（知）

準備するもの

付録

・抵抗2個・導線
・電源装置・スイッチ
・電流計・電圧計
・ワークシート

○抵抗のつなぎ方と合成抵抗。

$$\frac{電圧}{電流}=一定の値=抵抗（比例定数）$$

オームの法則

電流が流れやすい物質→導体
電流が流れにくい物質→不導体
　極めて　　　　　　　（絶縁体）
導体と不導体の中間の性質をもつ物質
　　　　　　　　　　→半導体

超低温にすると、電気抵抗が0になる現象→超伝導

授業の流れ ▷▷▷

1 前時のオームの法則から電気抵抗について復習する 〈10分〉

働く電圧と流れる電流の間には、比例関係がありましたね

電圧が同じでも、流れる電流が小さい方が電気抵抗は大きいことになります

・オームの法則では、計算問題も多いため、公式の暗記や使い方に意識がいきがちであるが、電気抵抗が大きくなると電流が流れにくくなると説明できるような指導を心掛ける。

2 抵抗2個の直列回路で、電圧と電流を測定する実験を行う 〈15分〉

電気抵抗を2個直列つなぎや並列つなぎにしたとき、全体の抵抗はどうなるか、調べてみよう

2つの抵抗を1個の大きな抵抗と考えてみると…

流れにくい部分が長くなっているので、合計すればいいのか

実験 定量的

・電気抵抗2個をまとめて考えるという部分について、理解しにくい生徒が多い。実験で個別に測定した部分と合わせて測定した部分を別の図にまとめて示すなど、工夫するとよい。
・抵抗する部分が長くなったという考え方については、触れる程度に留める。

課題
抵抗2個の回路はどうなるだろうか。

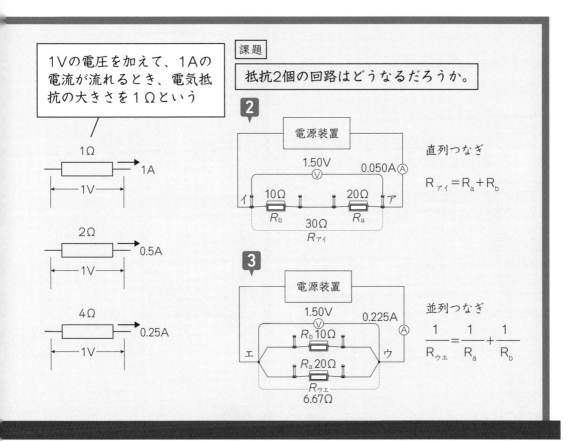

1Vの電圧を加えて、1Aの電流が流れるとき、電気抵抗の大きさを1Ωという

2 直列つなぎ
$R_{アイ} = R_a + R_b$

電源装置 1.50V 0.050A
イ 10Ω R_b 20Ω R_a ア
30Ω
$R_{アイ}$

3 並列つなぎ
$$\frac{1}{R_{ウエ}} = \frac{1}{R_a} + \frac{1}{R_b}$$

電源装置 1.50V 0.225A
エ R_b 10Ω R_a 20Ω ウ
$R_{ウエ}$ 6.67Ω

---

3 抵抗2個の並列回路で、電圧と電流を測定する実験を行う〈15分〉

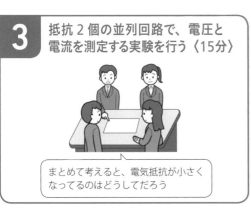

まとめて考えると、電気抵抗が小さくなってるのはどうしてだろう

実験 〔定量的〕

・並列つなぎの場合、理論的な部分の説明はなかなか理解されないため、それぞれの抵抗の大きさより、全体の方が小さいことを丁寧に確認する。

4 生活の中で電気抵抗が関係していることについて説明を聞く〈10分〉

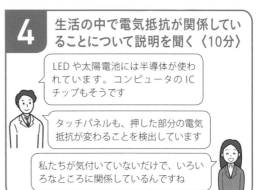

LEDや太陽電池には半導体が使われています。コンピュータのICチップもそうです

タッチパネルも、押した部分の電気抵抗が変わることを検出しています

私たちが気付いていないだけで、いろいろなところに関係しているんですね

・「ワンピース」（尾田栄一郎）の主人公ルフィはゴム人間という設定だが、戦いの相手が電気を使ってきても効かない描写がなされている。ゴムの電気抵抗が大きいため、電気が流れないわけだが、このように生徒が気付かないで目にしていることも多い。学習したことが社会の色々なところで使われていることを示したい。

第⑪時

電気エネルギーと
電力の関係

本時のねらい

・各種の電気器具から、電気が熱や光、音など
別のエネルギーが取り出されることを説明す
ることができる。
・電気器具の表示から消費電力を知り、電力に
ついて計算することができる。

本時の評価

・電気器具から熱や光などが取り出せることを
見いだしている。（知）
・電力の違いによって発生する熱や光などの量
に違いがあることを見いだしている。（知）

準備するもの

付録

・導線
・電源装置
・フォーク2本
・ソーセージ
・ワークシート

1 課題

電気を使ってどんなことが起
こせるのか調べよう。

電気を使って、
別のはたらきを
つくり出せる。

熱

電気ストーブ → 熱
テレビ → 光・音
扇風機 → 回転

光・音

回転（動き）

授業の流れ ▷▷▷

1 電気器具からどんなエネルギーが
取り出されているか考える〈10分〉

私たちの生活は電気器具であふれていますが、
電気のまま使っていません。どんなものにして
使っているのか、思い浮かべてみましょう

テレビは、光と音が出ている
から、2種類でいいのかな

電球は触ると熱いから、熱も出てるよ

課題の設定

・実際の電気器具は、様々なエネルギーに変換して
いたり、変換する過程でいくつかのエネルギーを
経由していることも多い。最後の部分を重視して
説明を行う。

2 電力について学習する〈15分〉

1秒当たりに使われる電気のエネルギーを
消費電力といいます

W（ワット）という単位を使って表します

1Vの電圧で1Aの電流が流れると
き、1Wの電力なのは分かりやすいけ
ど、VとAしか使っちゃダメなのかな

・電力の定義について、計算式を説明し、単位を揃
えることについては必ず説明する。
・電球の交換をすることも減ったので、電気器具と
してはドライヤーが身近である。自由に調べさせ
る活動をするときには、VAと書いてある電気器具
もあるので、事前に確認する。

2

1秒当たりに消費する電気エネルギーの大きさを電力という。

電力〔W〕 ＝ 電圧〔V〕 × 電流〔A〕

Vの電圧で1Aの電流が流れるとき、1秒当たりに使われる電力を1Wとする。

電力の単位　W（ワット）

3

電源装置
－　＋

・電流が流れると温かくなる。
・フォークの間の電流が流れる部分だけ温かくなる（外側は冷たいまま）。

---

3 ソーセージにフォークを刺して電流を流す演示実験を見る〈15分〉

ソーセージに直接電流を流してみると、どうなるだろう

フォークの内側だけ温かくなってる！　電流が流れたところだけ熱が出るんだね

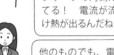

他のものでも、電流を流せば温かくなるのかな

・電気パンやサンマを使った実験でもよい。
・実験では、短絡（ショート）や通電中の接触に注意して行う。状況によっては班ごとに実験を行うと、強い印象を与えることができる。

4 発生した電力を測定する方法を考える〈10分〉

電力は1秒当たりのものです。では、ソーセージを温めるために使った電力を測定するにはどうしたらいいでしょうか

さすがにソーセージでは難しいので、水を温めて、温度を測定することにしましょう

電気を流せば流すほど、水の温度は上がるのかな？　でも電気ポットはいつも同じ温度だよね

・複数の似た言葉や内容が出てきて、理解のしにくい部分である。用語を使うより、その内容に即して話した方が分かりやすい場合もあるので、状況に応じて説明を行う。

第⑫時

消費電力と上昇温度の関係を見いだす

本時のねらい

・水の温度変化を用いて消費電力を測定する実験を行い、消費電力と上昇温度の関係を見いだすことができる。

本時の評価

・電力の違いによって発生する熱の量に違いがあることを見いだしている。（知）
・グラフなどを用いて実験結果を分析、解釈し、電力の働きを表現している。（思）

準備するもの

・導線付き電熱線
・発泡ポリスチレンのコップ
・温度計・電源装置
・導線・電圧計・電流形
・スタンド・ガラス棒
・時計
・ワークシート

付録

課題

消費電力と上昇温度の関係を調べよう。

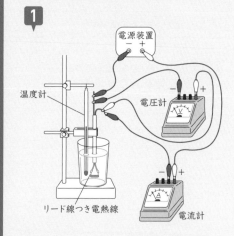

温度計　電源装置　電圧計　電流計　リード線つき電熱線

3.0V〜6.0V までの間で、電圧を分担して実験する

授業の流れ ▷▷▷

1 水の温度変化を用いて、消費電力を測定する実験の説明を聞く 〈10分〉

水温の上昇によって、消費された電力を測定する実験を行います

この実験は、班ごとに電圧を分担するので、各班で責任をもって実験に臨んでください

役割分担を確認しておこう

・配線図で示す方がよい。
・発生する熱量を、水の上昇温度を使って測定することを確認する。
・役割分担をあらかじめ決めておくように指導する。複数の電熱線を測定させる場合は、途中で交代させるとよい。

2 水の温度変化を用いて、消費電力を測定する実験を行う 〈15分〉

導線付き電熱線だけの回路をつくってから、電流計と電圧計をつなぐと間違いにくいですよ

測定するところがたくさんあるので、分担しておいてよかった

実験 （定量的）

・電熱線近くが加熱されるため、適度にかき回すように指示するが、かき回しすぎてもよくないので注意が必要。
・水の温度を細かく測定しないと、誤差が大きくなる。デジタル温度計を用意してもよい。

電流を流した時間と水の温度上昇の関係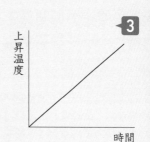

電圧3.0V　電流0.72A　電力2.2W

時間［分］	0	1	2	3	4	5
水の温度［℃］	13.8	14.0	14.3	14.7	15.0	15.3
水の上昇温度［℃］	0	0.2	0.5	0.9	1.2	1.5

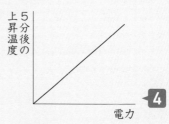

・発生する熱量は、電流を流した時間に比例する。

各班の電力の大きさと5分後の上昇温度の関係

	1班	2班	3班	4班
電圧［V］	3.0V	4.0V	5.0V	6.0V
電流［A］	0.72	1.00	1.23	1.49
電力［W］	2.2	4.0	6.2	8.9
5分後の 上昇温度［℃］	1.5	2.4	3.6	5.6

・発生する熱量は、電力に比例する。

---

3 測定結果をグラフにし、発表する 〈15分〉

同じ電力で電流を流すと、流した時間に比例して上昇温度が高くなります

全班の結果をまとめると、電力が大きいほど、5分後の上昇温度も高くなっています

・水温の上昇を測定することで、電熱線から発生した熱量を測定していることをあらためて確認する。
・水の撹拌など、様々な要素によって誤差が生じるため、まとめのときに注意する。

4 電力と熱量の関係についてまとめる 〈10分〉

実験で消費した電力と、発生した熱量の関係はどうまとめられるでしょうか

1つ目のグラフから、発生した熱量は、流した時間に比例していることが分かります

2つ目のグラフからは、電力が大きいほど発生した熱量が大きくなっています

・コップや空気中などへ逃げてしまう熱があるため、実験結果からいえることをまとめさせる。
・上昇温度が大きいほど電熱線から発生した熱量が大きいことを補足する。

第⑬時

熱量と消費電力の関係を見いだし、電力量について学習する

本時のねらい

・水の温度変化を用いて消費電力を測定する実験結果から、消費電力と上昇温度の関係を見いだし、電力量について説明することができる。

本時の評価

・電力と時間の違いによって発生する熱の量に違いがあり、電力量が異なることを見いだしている。（知）
・身近な電気器具の電力量や消費電力について調べ、自分の電気の使い方について考えている。（態）

準備するもの

・ワークシート

付録

課題

熱量と消費電力の関係はどうなっているだろうか。　1

上昇温度 / 時間

・発生する熱量は、電流を流した時間に比例する。

5分後の上昇温度 / 電力

・発生する熱量は、電力に比例する。

授業の流れ ▷▷▷

1 前時のまとめから、発生した熱量が電力と時間に比例していることを確認する〈10分〉

前回の実験で、発生した熱量は電力と電流を流した時間に比例することが分かりました

１Wの電力で電流を１秒間流すと、１Jの電気エネルギーを消費するので、１Jの熱が発生します

・発生する熱量と消費した電気エネルギーを混同して理解しにくい。実験としては熱量で確認したが、消費した電気エネルギーから説明する方が理解しやすいだろう。

2 電力量について学習し、電力量の単位について知る〈15分〉

電力量には、いくつかの単位があります。日常生活では、kWhを使うことが多いです

１kW（1000W）の電力で電気を１時間使うときの電力量が１kWhなんですね

1000Wのドライヤーを１時間使うとちょうど１kWhです

・いくつかの単位が同時に出てくるため、混乱を起こしやすい部分である。基本はジュールで考えるようにし、そこからの変換をしっかり学習させたい。

2

発生した熱量は、電力の大きさと流した時間に比例する。

> 電力量［J］＝電力［W］× 時間［秒］

電力量の単位　J（ジュール）
kWh（キロワット時）

1kWの電力で、電気を1時間使ったときの電力量を1kWhという。

1kWh＝1000W×3600秒
＝3600000J（360万J）　

4

1gの水を1℃上昇させるには、1calの熱が必要である。
1cal ＝ 約4.2Jと考える。

水が得た熱量

≠ 同じではない　→　逃げた熱がある

発生した熱量

3	電気器具の消費電力を調べ、1か月の電力量を計算する〈15分〉

教室や実験室にある電気器具では、どれくらいの電力量になるのだろう

テレビの消費電力が100Wでした。1日4時間で1ヶ月使い続けると12kWhの電力量です

省エネ対応のものにすると、消費電力が少なくなるわけですね

・事前に家庭の電気器具について調べてきてもよいし、学校内の器具を調べてもよい。身近な電気器具を調べることで、普段の生活で莫大なエネルギーを消費していること、その消費を減らす意識を醸成したい。

4	発生した熱量と水が得た熱量について検証する〈10分〉

実験を振り返ると、発生した熱量は660Jなのに、水の得た熱量は630Jで差がある。どうしてだろう

測り間違いがあったのではないでしょうか

フタをしてないから、熱が逃げたかもしれない

対話的な学び　**定量的**

・正解を求めるより、考え方の道筋を経験させることが大切である。3年のエネルギー保存の法則にも通じる考え方になる。
・時間があれば、逃げる熱を防ぐ手段を考えさせ、魔法瓶の水筒などの実例を考える時間をもつとよい。

第⑭時

静電気の発生

本時のねらい

・静電気に興味を持ち、物体同士に働く静電気力には2通りあることに気付くことができる。
・静電気が発生する理由と引力と斥力が働く条件について説明することができる。

本時の評価

・目的意識をもって実験を正確に行い、結果をまとめている。（知）
・静電気の性質について進んで調べようとしている。態

準備するもの

・塩化ビニルのパイプ
・マフラー（羊毛）・ポリスチレンのひも
・ティッシュ・ストロー2本
・洗濯ばさみ・糸・実験スタンド
・ワークシート

ワークシート　付録

年　組　番　氏名

○どんなときに静電気が観察できるか例を挙げてみよう。
冬にどこか触るとバチッとくる。
下敷きをこすると発生し髪の毛が引き寄せられる。
雷　　　　　　　　　　　　　など

○どうしてクラゲが浮くのだろうか？
・自分の考え
静電気が発生して浮く力が働くから。
塩化ビニルのパイプと電気クラゲの間に反発する力がはたらくから。

○課題
静電気を発生させたストローを観察し、引きつける力と反発する力はどんな条件で発生するのか調べよう。

○実験方法
①ストローとその紙袋をこすりあわせ洗濯ばさみで棒についた糸につるす。
②もう一本のストローも同じようにこすり合わせ①のストローに近づける。
③こすり合わせた紙袋をつるしたストローに近づける。

洗たくバサミ

○実験結果

近づけたもの	つるしたストローの様子
ストロー	つるしたストローから離れていった　→　斥力
紙袋	つるしたストローに近づいていった　→　引力

○実験結果

帯電した物どうしを近づけるとき

・同じ物質どうしでは反発する力がはたらく。

・違う物質どうしでは引きつけあう力がはたらく。

授業の流れ ▷▷▷

1 日常において静電気がどんなときに観察できるか考える　〈5分〉

どんなときに静電気を感じるかな？

2 電気クラゲを観察し、なぜ宙に浮くのかを考える　〈15分〉

どうしてクラゲが宙に浮くのかな？

静電気が発生するとくっつくだけじゃなく反発したりするのかも

`課題の設定`　`観察`

・導入では日常で静電気を感じる場面を思い出させる。冬場など乾燥した条件で衣服を脱ぐときにバチバチと音がしたり、髪の毛が逆立ったり、ドアノブを触ったときに放電して痛みを感じたりしたことを思い出させ、静電気が身近な現象であることを認識させたい。

・静電気が発生するとそこに力が発生し、引き付け合うだけでなく、反発してものが浮いたりすることに気付かせる。
・帯電した塩化ビニルを蛇口から垂らした流水に近付けると引き付けられ曲げられる。
・様々な現象を観察させ、静電気力には引力と斥力の2力があることに気付かせたい。

課題 静電気を発生させたストローを観察し、引きつける力と反発する力はどんな条件で発生するのか調べよう。

○ どんなときに静電気が観察できるか。 **1**
・冬にどこか触るとバチッとくる。
・下敷きをこすると発生する。

結果

近づけるもの	つるしたストローの様子	**4**
ストロー	離れていった→斥力
紙袋	近づいていった→引力

考察
帯電した物質どうしを近づけるとき
・同じ物質どうしでは反発し、
・違う物質どうしでは引きつけ合う。

3 帯電させたストローを使って
実験を行う 〈20分〉

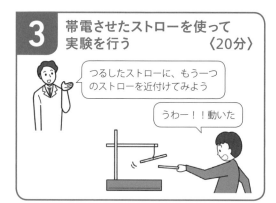

つるしたストローに、もう一つのストローを近付けてみよう

うわー！！動いた

4 結果についてまとめる 〈10分〉

どんなときに引き付ける力や反発する力が発生するかな？

同じもの同士だと離れて、違うもの同士だとくっついたよ

実験
①ストローとその紙袋をこすりあわせ、洗濯ばさみで棒についた糸につるす。
②もう一本のストローも同じようにこすり合わせ、①のストローに近付ける。
③こすり合わせた紙袋をつるしたストローに近付ける。班ごとに実験を行わせる。帯電していないストローで確かめる場合やストローとストローをこすり合わせた場合なども観察する。

比較
・結果を考察する際には素材の違いに注目させ、比較させる。
・同じもの同士が退け合い、違うもの同士が引き合う関係性に気付かせる。
・時間があれば他のものでも同様になるか、生徒に実験を計画させ、確かめる実験を行わせたい。

第14時
049

第⑮時

静電気の性質とその利用例

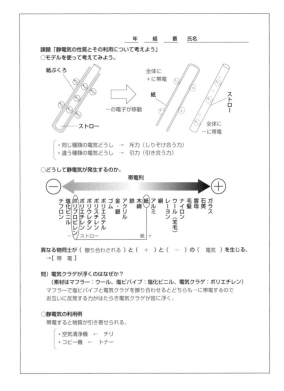

【本時のねらい】

・静電気が発生する理由や引力・斥力が起こる訳をモデルを使い説明することができる。

・身の回りで静電気を利用している例に興味を持ち、その原理を今までの学習と結びつけて理解することができる。

【本時の評価】

・静電気の発生と引力・斥力についてモデルを用いて説明している。（思）

【準備するもの】

・バンデグラフ

・紙片・ポリスチレンのひも

・帯電列の表

・タブレット端末やホワイトボード等

・空気清浄機やコピー機についての画像や映像

・ワークシート

【授業の流れ】▷▷▷

1　バンデグラフの構造と帯電列の表の説明を聞く　〈10分〉

どうして静電気が発生するのかな？

違う物体どうしをこすり合わせると静電気が発生したよな

・実験以外のものについてはどうなのか、例として帯電したバンデグラフに貼り付けたポリスチレンのひもなどが逆立つ様子を観察させる。

・バンデグラフもゴムとアクリルという異なる物体がこすれることによって帯電することを説明する。

・帯電列の表を紹介する。

2　粒子モデルを用いて考える　〈10分〉

異なる物質同士をこすり合わせると－の電子が移動してバランスが崩れ、物質が帯電するんだね

だからストローと紙で逆の力が働いたのか

【振り返り】

・学習したことを粒子モデルを用いてまとめる。原子内に電子が存在し、その移動によって静電気の帯電が起こることを押さえる。

・モデルが複雑になりすぎないよう、板書の図のような簡易モデルを使用する。

・また第⑰時の電流モデルにつながるように留意する。

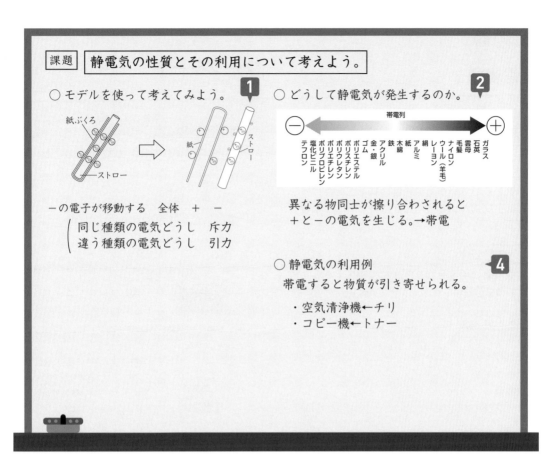

課題 静電気の性質とその利用について考えよう。

○ モデルを使って考えてみよう。　1

－の電子が移動する　全体　＋　－

　　　同じ種類の電気どうし　斥力
　　　違う種類の電気どうし　引力

○ どうして静電気が発生するのか。　2

異なる物同士が擦り合わされると
＋と－の電気を生じる。→帯電

○ 静電気の利用例　4
帯電すると物質が引き寄せられる。

　・空気清浄機←チリ
　・コピー機←トナー

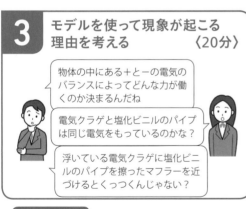

3 モデルを使って現象が起こる
理由を考える　　　〈20分〉

物体の中にある＋と－の電気の
バランスによってどんな力が働
くのか決まるんだね

電気クラゲと塩化ビニルのパイプ
は同じ電気をもっているのかな？

浮いている電気クラゲに塩化ビニ
ルのパイプを擦ったマフラーを近
づけるとくっつくんじゃない？

◁ 対話的な学び

・電気クラゲが浮いた理由を、帯電列の表を参考に
しながら説明する活動を取り入れる。
・実験の結果や学習した内容を活用して考え、タブ
レットやホワイトボード等にまとめさせることで
さらに理解を深めたい。
・時間に余裕があれば静電誘導についても補足する。

4 日常生活で役立っている例を
考える　　　〈10分〉

静電気はどん
な事に役立っ
ているのか見
てみよう

こんなところでも静電気
が役に立っているのか

・帯電したバンデグラフに物質が引き寄せられる様
子を観察させる。
・生活で役立っているものを考えさせる。例として
空気清浄機やコピー機の原理について映像などを
用いて説明する。
　NHK：大科学実験「静電気でお絵かき」ダイジェ
スト等

第⑯時

放電現象

本時のねらい

- たまった電気が放電する様子を観察・体験し電流が流れることを理解することができる。
- 空気を抜いていった放電管に高電圧をかけると真空放電が起こることを理解することができる。

本時の評価

- 放電現象に興味をもち、進んで調べようとしている。（態）

準備するもの

- 簡易ライデン瓶
- 蛍光灯4W
- 誘導コイル
- 放電管
- ワークシート

ワークシート　　付録

　　　　　　　　　年　　組　　番　氏名＿＿＿＿＿

課題「放電現象について調べてみよう」
○ライデン瓶にたまった電気を流そう。

[　放　電　]：たまった電気が流れ出したり、空間を移動する現象

・体験の感想

　手がビリッとした。

　一度放電したら、次は放電しなかった。

○静電気で（　蛍光灯　）を光らせよう。
観察結果

　放電が起こると同時に蛍光灯が光った。

　一瞬淡く光った。

○（誘導コイル）を使って放電を観察しよう。

・気づいたこと

　パチパチ連続して放電していた。

　雷みたいだった。

○（　放電管　）に電流を流すとどうなるか観察しよう。

[　真空放電　]：気圧を低くした空間に電流が流れる現象

・気づいたこと

　空気を抜いていくと、放電の様子や色が変わった。

　空気がうすくなるほど反応が見えなくなった。

授業の流れ ▷▷▷

1　静電気による放電を体験する　〈15分〉

静電気が帯電しているときにどんなことが起こるのか体験しよう

うわー！バチッとした

- 生徒みんなで手をつなぎ、簡易ライデン瓶に溜めた静電気を放電させる。手をつなぐ際、希望者全員が気持ちよく参加できるよう教員の入る位置を工夫するなど配慮する。
- 心臓に疾患等がないか配慮し、無理強いはしない。
- 各班ごとに簡易ライデン瓶を自作させてもよい。
- 放電後に再度触っても放電しないことも確認する。

2　蛍光灯管を観察する　〈15分〉

電気が流れるということは普通の電流と同じように蛍光灯を光らせたりできるのかな？

うわ、光った！

観察

- 静電気の放電を利用すると電流と同じように蛍光灯を点灯させることができることを確認する。
- バンデグラフでの実演を行う。
- 時間があれば、各班ごとに下敷きなどに帯電させ4W程度の蛍光灯を用いて実験させるとよい。
- 一瞬だけ光るなど電流との違いについて考えさせる。

課題 **放電現象について調べてみよう。**

○ ライデン瓶にたまった電気を流そう。

[放電]：たまった電気が流れ出したり、
空間を移動する現象

・ライデン瓶を触ったときの感想
手がビリッとした。
一度、放電したら次は放電しなかった。

○ 静電気で（蛍光灯）を光らせよう。

観察結果
放電が起こると同時に蛍光灯が光った。

○ （誘導コイル）を使って放電を観察しよう。

○ （放電管）に電流を流すとどう
なるか観察しよう。

[真空放電]：気圧を低くした空間に電流
が流れる現象

---

3 電圧の高い状態をつくるとどうなる
のか誘導コイルで観察する〈10分〉

誘導コイルを使って連続して
放電をしてみよう

凄いな‼ バチバチ
いっている
雷みたいです

・空気は通常電気を通さないが高電圧をかけること
で連続的に放電を観察できることを説明する（3
万Vで空気1cm）。
・放電部分に紙を挟むと紙に穴が空き、電子が通り
抜けた様子が観察できる。オゾンが発生し、特有
のにおいを発する。
・生徒には距離をとらせて観察させる。

4 放電管を観察する 〈10分〉

気圧を下げ空気を抜いて
いった場合、電気を流す
とどうなるのか見てみよ
う

不思議だな。気圧によって
色んな見え方になるんだな

（比較）

・放電を邪魔する空気を抜いていったときにどんな
ことが起こるのか放電管を用いて観察する。
・気圧を下げると、通常の雷のような放電ではなく、
真空放電を起こし発光する。
・気圧が下がるごとに電気が通りやすくなり、発光
は目立たなくなっていく。

第⑰時

電子と電流

本時のねらい

・クルックス管の観察を通して、電子の性質について理解することができる。
・電流の向きと電子の流れの関係について理解することができる。

本時の評価

・電子の性質について実験に基づいて理解している。知

準備するもの

・誘導コイル
・クルックス管（十字板、蛍光板）
・タブレット端末やホワイトボード等
・ワークシート

授業の流れ ▷▷▷

1 クルックス管について知る 〈10分〉

クルックス管を使えば導線の中を流れている電流を取り出し、その性質を調べることができるよ

電流の正体は何なんだろう

2 十字型の金属板の影を観察する 〈15分〉

電極を付け替えると影が現れたり、消えたりするので電子線は陰極から出ていると考えられるよ

比較　観察

・前時の放電管を振り返り、クルックス管を用いると導線の中にあるときには目に見ることのできない電流を取り出して実験を行うことができることを説明する。また実験によって様々な形があることを説明し紹介する。
・放射線が発生することを伝え、観察の際には短時間で距離をとって観察することを確認する。
・蛍光灯の原理についても触れる。

・クルックス管の中の金属板によってできた十字型の影を観察する。
・電子線は粒子が飛び出し直進することで影ができることを説明する。また－極と＋極を入れ替えると影ができないことを確認し、電子線は－極から出ていることを確認する。

課題 クルックス管の電子線をつかって
電流の正体を調べよう。

○ クルックス管を使って電流を
取り出し、その性質を調べる。 **1**

・実験結果 **2**

3

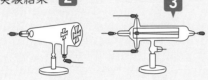
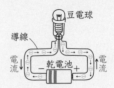

○ 電子線についてわかったこと。
・−極（陰極）から＋極（陽極）へ出る。
・−の電気をもっている。→電子

○ 電子の流れと電流の向き **4**

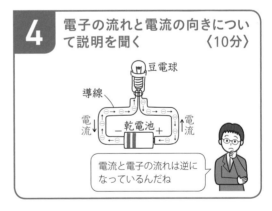

豆電球
導線
電流
乾電池
電流

[電子線]：クルックス管の陰極からで
る電子の流れ

電流
＋ → −
電子の流れ
− → ＋

---

3 電子線を観察する 〈15分〉

＋の電極板の方に曲がるので、
電子線は−の電気を帯びている
といえる

比較 観察

・蛍光板で電子線が通るところが光ることを観察させる。
・電子線が直進している様子を観察させる。電極板に電圧をかけると電子線が曲がることを示す。
・静電気で電荷と発生する力の関係を思い出させ、電子線の粒子が−の電気をもっていることを説明する。

4 電子の流れと電流の向きについて説明を聞く 〈10分〉

豆電球
導線
電流
乾電池 ＋
電流

電流と電子の流れは逆に
なっているんだね

・電流の向きと電子の流れが逆になってしまっていることについて説明する。
・電流の向きを決めた後、その正体が電子の流れであると分かった歴史的な経緯について触れるとよい。また、国によっては電流は−から＋に流れると教えている場合もある（スコットランドなど）。

第⑱時

放射線の性質とその利用例

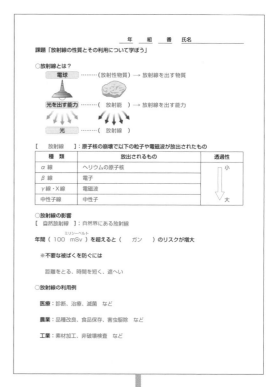

本時のねらい

・放射線とその性質や影響について理解することができる。
・実社会の中での放射線の利用について知ることができる。

本時の評価

・放射線の性質について理解している。知

準備するもの

・霧箱
・放射線副読本（文部科学省）
・プレゼンテーションソフトデータ
・ワークシート

授業の流れ ▷▷▷

1　放射線の説明を聞く　〈15分〉

・導入として生徒に放射線について知っていることを挙げさせる。その上で放射線と放射能の違いについて電球の例を用いて説明する。
・放射線の種類について説明を行い、透過性など性質についても触れる。
・本時は放射線副読本を利用し、プレゼンテーションソフトなどで画像や要点をまとめておくとスムーズに授業が進行できる。

2　霧箱を観察する　〈15分〉

観察

・霧箱を用いて演示実験として放射線の観察を行う。
・冷却剤などの準備が難しい場合は映像で代用する。
・時間に余裕がある場合は班実験として行ってもよい。

課題 放射線の性質とその利用について学ぼう。

○ 放射線とは？

電球　放射性物質　放射線を出す物質

光を出す能力　放射能　放射線を出す能力

光　放射線

放射線：原子核の崩壊で以下の粒子や電磁波が放出されたもの

[α線]：ヘリウムの原子核
[β線]：電子
[γ線・X線]：電磁波
[中性子線]：中性子

小 透過性

大

○ 放射線の影響 **3**

[自然放射線] 自然界にある放射線単位
　　　　　　　　ミリシーベルト

年間100mSvを超えるとガンのリスク
※不要な被ばくを防ぐには
　距離をとる、時間を短く、遮へい

○ 放射線の利用例 **4**

医療：診断、治療、滅菌など
農業：品種改良、食品保存、害虫駆除
　　　など
工業：素材加工、非破壊検査など

---

3 放射線の影響について説明を聞く　〈10分〉

自然界にも放射線が存在する。不要な放射線を浴びないことが大切だね

「距離をとる」「時間を短く」「遮へいする」ことが大切なんだね

4 放射線の利用例について学習する　〈10分〉

どんなことに役立っているかな

レントゲンなど医療分野以外でも役に立っているんだね

・自然界には元々自然放射線が存在すること、人体への影響が考えられる閾値（100mSv/年）が重要なことを伝え、人体への影響についても説明する。
・不要な被ばくをしないために、距離をとる、時間を短く、遮蔽するの3つが重要であることにも触れる。特に内部被曝を防ぐ重要性を伝える。

・放射線の利用例について、画像や映像を見ながら学習する。
・時間に余裕がある場合は、調べ学習としてレポートにまとめさせたり、発表を行ったりすることも考えられる。

第 1 分野 (3) (イ)

2 電流と磁界 （9 時間扱い）

単元の目標

　磁力の働く空間として磁界を取り上げ、磁界と磁力線との関係、電流の磁気作用に関する基本的な概念を観察、実験を通して理解させるとともに、電流が磁界との相互作用で受ける力や電磁誘導の現象などの観察、実験を行い、その結果を分析して解釈し、電流と磁界の関係性や規則性を見いだして理解させる。その際、電流と磁界に関する観察、実験の技能を身に付けさせる。

評価規準

知識・技能	思考・判断・表現	主体的に学習に取り組む態度
電流と磁界に関する事物・現象を日常生活や社会と関連付けながら、電流がつくる磁界、磁界中の電流が受ける力、電磁誘導と発電についての基本的な概念や原理・法則などを理解しているとともに、科学的に探究するために必要な観察、実験などに関する基本操作や記録などの基本的な技能を身に付けている。	電流と磁界に関する現象について、見通しをもって解決する方法を立案して観察、実験などを行い、その結果を分析して解釈し、電流と磁界の規則性や関係性を見いだして表現しているなど、科学的に探究している。	電流と磁界に関する事物・現象に進んで関わり、見通しをもったり振り返ったりするなど、科学的に探究しようとしている。

既習事項とのつながり

(1)小学校 5 年：電流の流れているコイルは鉄心を磁化する働きがあること、電磁石の強さは電流の大きさや導線の巻き数によって変わることを学習している。

指導のポイント

(1)**本単元で働かせる見方・考え方**

　本単元は、「エネルギー」を柱とする内容のうち、「電流と磁界」に関わる領域である。「規則性・関係性」の見方を働かせて「電流の磁気作用」に関する観察・実験を通しながら、「電流と磁界との相互作用」を見いださせたり、「電磁誘導」に関する観察・実験の結果を分析して解釈し、「電流と磁界の関係」の規則性や関係性を見いださせたりするような指導の工夫をする。

(2)**本単元における主体的・対話的で深い学び**

　磁力線やフレミング左手の法則のように、空間的な位置を見いだすことが大切である。その際、仮説に対して、比較や条件制御など小学校で学習したことを活用して、電流と磁界、力の関係などを明らかにするような実験計画を立てさせたい。検証活動を通して、探究の過程を振り返ることで、より主体的な活動にすることができるだろう。

指導計画 （全9時間）

⑦ 電流がつくる磁界 （3時間）

時	主な学習活動	評価規準
1	観察 「磁石のまわりの磁界の観察」 〔関係的〕 磁力線を学習する。	(知)
2	観察 「電磁石のまわりの磁力線による磁界の観察」 課題の設定 〔関係付け〕 磁界の性質を学習する。	(知) 態
3	観察 「電流による磁界」 課題の設定 〔関係的〕 電流による磁界の性質を学習する。	(思)

④ 磁界の中の電流が受ける力 （3時間）

時	主な学習活動	評価規準
4	解決方法の立案 ◀対話的な学び 磁界の中で電流を流すと力が発生することを知り、その性質について調べる実験の計画を話し合う。	(知) (思)
5	実験 「電流が流れているコイルが磁界から受ける力」 振り返り 〔規則性〕〔関係性〕	(知) 思
6	振り返り ◀対話的な学び モーターの回転する仕組みを学び、整流子のはたらきを知る。	知

⑦ 電磁誘導と発電 （3時間）

時	主な学習活動	評価規準
7	課題の設定 実験 検流計の使い方を学び、コイルや磁石を動かすことで電流が得られることを見いだす。 解決方法の立案 電磁誘導の性質を調べる実験の計画を話し合う。	(知) 思
8	〔条件制御〕 実験 「電磁誘導と発生する誘導電流を調べる」	(知)
9	直流と交流について学習する。	知

第①時

磁石のまわりの磁界の観察・磁力線

本時のねらい

・磁界を磁力線で表せることを理解できる。その際、磁界の強さと磁力線の密度の関係に気付くことができる。

本時の評価

・磁石には磁界が存在し、磁界を磁力線で表せることを理解するとともに、磁界を磁力線でかいている。（知）

準備するもの

・棒磁石
・白色トレイ
・セロハンテープ
・鉄粉※
・方位磁針

※鉄粉は小さな容器に入れ、ガーゼでふたをすると振りかけやすい。

磁石の力とはどのような力だろうか。 **1**

・N極とS極では引き合う力（引力）
・N極同士、S極同士では離れ合う力（斥力）　　　　　　磁力
・鉄をひきつける力
・離れていてもはたらく力

生徒の意見を板書する

磁力のはたらいている空間のことを磁界という **2**

磁界のようすは

・鉄粉
・方位磁針
　　を用いて調べられる。

授業の流れ ▷▷▷

1 磁石に関する復習をする 〈5分〉

磁石の力とはどのような力だったかな？

ひきつけ合ったり、離れ合ったりする力ね

離れていても働く力だね

・小学校3年「磁石の性質」、小学校5年「電磁石」、中学校1年「磁石の力」などを思い出させる。
・磁石は離れていても働く力があることに着目させて、磁界の様子を調べる動機付けをする。

2 磁界の説明と磁界の様子を調べる実験の計画 〈10分〉

磁界の様子を調べるには、磁石に反応するものを用いればよさそうですね

鉄は磁石に反応するね

方位磁針は磁石だったわね

・磁界について説明する。
・磁界の様子を調べるには、どうすればよいかを生徒と考えるとよい。磁界に反応する道具を用いればよいと気が付けば、方位磁針や鉄粉を用いようという発想が生まれる。

課題

棒磁石のまわりの磁界のようすはどのようになっているのだろうか。

〈実験から気づいたこと〉

・磁界は模様のように広がっている。
・磁界には向きがある。
・鉄粉が密なところと疎なところがある。

> 生徒の意見
> を板書する

磁界の向きを線で表したものを磁力線という。 4

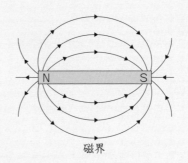

磁界

・磁界はN極からS極へ向かう。
・磁力線は枝分かれしない。
・磁力線が密の所は、疎のところに比べ磁力が強い。

---

3 磁界の様子を調べ、気付いたことを発表する 〈25分〉

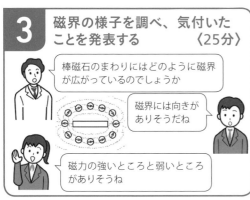

棒磁石のまわりにはどのように磁界が広がっているのでしょうか

磁界には向きがありそうだね

磁力の強いところと弱いところがありそうね

観察 （関係的）

・棒磁石のまわりにはどのように磁界が広がっているかを、グループごとに調べる。
・方位磁針の数に余裕があれば、各グループ5～10個ほど使わせる。
・磁界の広がりの様子を、方位磁針からわかる磁界の向きと、鉄粉をまいたときの磁界の模様から捉える。

4 磁界と磁力線についてまとめる 〈10分〉

棒磁石のまわりに広がる磁界を磁力線で表して、まとめてみましょう

磁界はN極からS極へ向かうね

磁力の強いところは磁力線が密になっているね

・磁力線について説明する。
・実験の結果を基に、棒磁石に広がる磁界を磁力線で表現させる。その際、数本の磁力線を書けばよいことを伝える。
・磁界の広がりの様子を、磁界の向き、磁界の模様、磁石に関する実体験と関連付けてまとめる。
・時間があれば、U字型磁石の磁界の広がりの様子も観察させる。

第②時

電磁石のまわりの磁力線による磁界の観察

本時のねらい
- 電磁石のまわりには棒磁石と同様の磁界が生じることを理解することができる。

本時の評価
- 電流を流した電磁石のまわりには棒磁石と同様の磁界が生まれることを理解している。(知)
- 電磁石のまわりの磁界について、棒磁石のまわりの磁界の様子と関連付けながら科学的に探究しようとしている。態

準備するもの
- 電磁石
- 乾電池
- 導線
- 白色トレイ
- セロハンテープ
- 鉄粉・方位磁針

〈電磁石に電流を流すと何がおこっただろうか。〉 **1**

- クリップを引き付けた。
- 磁石のようになった。
- 電流がなくなるとはたらきが消える。

> 生徒の意見を板書する

授業の流れ ▷▷▷

1 電磁石の働きを確認する 〈10分〉

> 電磁石をつくり、電流を流すとどのようなことが起こりますか

> クリップを引き付ける働きをもったね

> 方位磁針の針を動かすね

課題の設定
- 小学校5年「電磁石」、中学校1年「磁石の力」などを思い出させる。
- 電磁石に電流を流すと磁石と同様の働きをみせることに気付かせ、電磁石のまわりの磁界の様子を調べる動機付けをする。

2 電磁石のまわりの磁界を予想する 〈10分〉

> 電磁石のまわりには、どのように磁界が広がっているのでしょうか

> 電流が流れると棒磁石のように磁界ができると思う

> 棒磁石とは異なった磁界ができると思う

- クリップの付きやすさなど小学校の経験を基に、磁界の様子を予想させる。
- 予想をすることで観察の視点が明確になる。

課題

電磁石のまわりの磁界のようすはどのようになっているのだろうか。

2 **3**

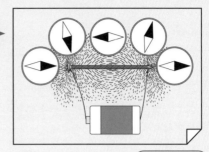

結果の写真を投影する

〈予想〉
・棒磁石のような磁界が広がる。
・棒磁石とは異なる磁界が広がる。
・クリップが付きやすいところに磁力線が集まる。
・電流が流れるときは磁界ができるが、電流が流れないときは磁界ができない。

生徒の意見を板書する

4 〈実験から気付いたこと〉
・電磁石の磁界は棒磁石と同じように広がる。
・電磁石には極が存在する。
・電流が流れないときは、磁界が存在しない。
・電流を入れかえると磁界の向きが逆になる。

生徒の意見を板書する

---

3 電磁石のまわりの磁界を観察する 〈15分〉

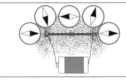

電磁石のまわりに鉄粉をまいたり、方位磁針を置いたりしよう

電流を流さないとき、磁界はどうなるのかな

観察
・電磁石のまわりにはどのように磁界が広がっているかを、グループごとに調べる。
・電流を流すときと流さないときをそれぞれ実験させる。
・電流の向きを入れかえたとき、磁界の向きがどのようになるかも実験させる。
・前時の実験方法を基に実験を行わせる。

4 磁界の様子について、気付いたことを共有し、まとめる 〈15分〉

棒磁石と似た磁界が発生していたね

電流が流れていないときには磁界はあらわれなかったね

関係付け
・電磁石のまわりの磁界の広がりの様子を、棒磁石のときと比較し、関係付けてまとめる。
・電流の有無と磁界のでき方を関係的に捉え、まとめる。

第③時

電流による磁界

本時のねらい
・電流を流したコイルのまわりにできる磁界の
　規則性を見いだすことができる。

本時の評価
・電流を流したコイルのまわりにできる磁界の
　規則性を見いだしている。（思）

準備するもの
・コイル
・電源装置
・抵抗器
・スイッチ
・導線・電流計
・鉄粉
・方位磁針
・板
・白い紙

〈コイルに電流を流し、
　方位磁針を近づけると
　どうなるだろうか〉 1

・方位磁針が反応した。
・コイルだけでも磁界をもつ。
・鉄心がないと磁力は弱くなる。

生徒の意見
を板書する

授業の流れ ▷▷▷

1 コイルに電流を流したときの
　　様子を確認する　　　〈10分〉

電磁石の鉄心を抜いてコイルだけに
して、電流を流してみましょう

方位磁針が
振れるね

コイルだけでも
磁界ができて
いるのかな？

課題の設定
・電磁石が方位磁針を動かす現象を見せた後、鉄心
　を抜き取り、コイルを方位磁針に近付ける。
・コイルに電流を流したときに方位磁針が反応する
　ようすを観察させ、コイルのまわりの磁界を調べ
　る動機付けをする。

2 コイルのまわりの磁界を
　　予想する　　　　　　〈10分〉

コイルのまわりには、どのように磁界
が広がっているのでしょうか

電磁石の磁
界のようす
と同じだと
思うよ

コイルの内部
の磁界はどの
ようになって
いるのかな

・棒磁石や電磁石の磁界の広がりを基に、コイルの
　まわりの磁界の様子を予想させる。
・コイルの内部の磁界にも着目させる。
・予想をすることで観察の視点が明確になる。

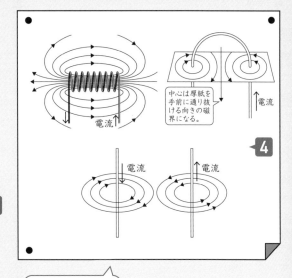

〈課題〉

コイルのまわりの磁界のようすはどのようになっているのだろうか。

〈予想〉**2**
・電磁石のような磁界が広がる。
・電磁石とは異なる磁界が広がる。
・コイルの内部はどのような磁界になるのだろう。

〈実験から気付いたこと〉**3**
・導線のまわりに円状の磁界ができる。
・電流の向きを変えると、磁界の向きが逆になる。

生徒の意見を板書する

説明の図を掲示するか投影する

中心は厚紙を手前に通り抜ける向きの磁界になる。

電流　電流　電流　電流

3 コイルのまわりの磁界を観察し、共有する 〈20分〉

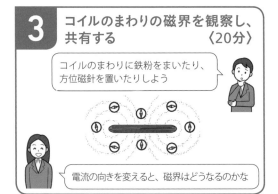

コイルのまわりに鉄粉をまいたり、方位磁針を置いたりしよう

電流の向きを変えると、磁界はどうなるのかな

観察　（関係的）

・コイルのまわりにはどのように磁界が広がっているかを、グループごとに調べる。
・電流の向きを逆にしたときも実験させる。
・コイルのまわりの磁界の様子を、棒磁石や電磁石のときと関連付けて発表させる。
・電流の向きと磁界のでき方を関係的に捉え、発表させる。

4 電流がつくる磁界について説明する 〈10分〉

電流

コイルの間隔を広げたり、コイルの巻き数を減らしたりして、導線1本に流れる電流がつくる磁界を考えてみましょう

・導線の間隔を広げたコイルについて、磁界の広がりを説明する。
・円形の導線を流れる電流がつくる磁界を説明する。
・まっすぐな一本の導線に流れる電流がつくる磁界をコイル全体がつくる磁界と関係付けながら説明する。

第④時

電流が流れているコイルが磁界から受ける力①

(本時のねらい)
・磁界の中で電流を流すと力が発生することを見いだし、その現象の規則性について調べる実験の計画を立案することができる。

(本時の評価)
・磁界中のコイルに電流を流すと力が働くことを見いだしている。(知)
・磁界の中で電流を流すと力が発生する現象について、見通しをもって解決する方法を立案している。(思)

(準備するもの)
・モーターやスピーカーの分解写真
・電源装置
・抵抗器
・スイッチ・導線
・電流計
・コイル・スタンド・U字型磁石

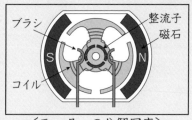

〈電気で動くものの構造にはどのような共通点があるのか。〉 **1** **2**

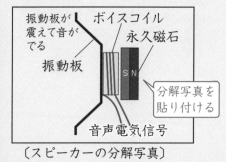

ブラシ　整流子　磁石
S　N
コイル
〔モーターの分解写真〕
・コイルがある。
・磁石がある。

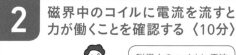

振動板が震えて音がでる　ボイスコイル
永久磁石
振動板　S N
分解写真を貼り付ける
音声電気信号
〔スピーカーの分解写真〕

(授業の流れ) ▷▷▷

1 電気で運動するものの内部構造を観察する　〈15分〉

電気で動くものはモーターだね

音は振動なので、スピーカーも電気で動いていると言えるね

モーターも、スピーカーもコイルと磁石が入っているね

・電気で動くもの(モーターやスピーカー)を分解させたり、分解した画像を見せたりしながら、コイルと磁石が存在するところが共通した構造であることに気付かせる。
・磁界中でコイルに電流を流すと力が働くのではないかという予想をもたせる。

2 磁界中のコイルに電流を流すと力が働くことを確認する　〈10分〉

磁界中のコイルに電流を流すと力が生まれるのでしょうか

コイルが動いたね

・磁界中でコイルに電流を流すと力が働く現象を確かめる。演示実験でよい。
・ここでは仕組みや理由については触れず、現象だけを確認する。

課題

コイルを思い通りに動かすにはどうしたらよいのだろうか。 **3**

○実験を計画しよう **4**

・電流の向きを変えずに、磁石の極を入れかえ
　たときの、コイルの動きを調べよう。
・磁石の極を変えずに、電流の向きを入れかえ
　たときの、コイルの動きを調べよう。
・電流の向きも、磁石の極の向きも変えずに
　電流の大きさをかえたときの、コイルの動
　きを調べよう。

3 コイルを思い通りに動かすには
どうしたらよいか話し合う 〈10分〉

逆方向に動かしたい
ね。磁界の向きを反対
にしたらよいのかな

勢いよく動かしたい
わ。電流を強くした
らいいのかしら

対話的な学び

・どのような動きにしたいか、そのためにはどのよ
うな工夫が必要か、話し合う。

4 確かめるための実験を立案する
〈15分〉

コイルが逆向きに動くか確かめるために、
A　電流の向きだけ変える
B　磁界の向きだけ変える
という実験をしてみよう

コイルが勢いよく
動くか確かめるた
めには、どうした
らいいのかな？

解決方法の立案

・③の話し合いを基に、どのような条件を制御して
実験をしたらよいか話し合い、実験の計画を行う。
・変える条件と変えない条件を意識させる。
・③と④の区別を付けず、連続的に行ってもよい。

第⑤時

電流が流れているコイルが磁界から受ける力②

本時のねらい

・磁界や電流の向きや大きさと発生する力の向きや大きさの規則性を見いだすことができる。

本時の評価

・磁界や電流の向きや大きさと発生する力の向きや大きさの規則性について調べる実験を適切に行っている。（知）

・磁界や電流の向きや大きさと発生する力の向きや大きさの規則性について調べる実験の結果を分析して解釈し、磁界や電流と力の規則性や関係性を見いだして表現している。思

準備するもの

・電源装置・抵抗器
・スイッチ導線・電流計
・コイル・スタンド・U字型磁石
・ワークシート

ワークシート　　付録

```
                        年　組　番　氏名

 課題    コイルを思い通りに動かすにはどうしたらよいのだろうか

 1  予想（自分の考え）
 ・動かしたいコイルの動き
   逆向きに動かしたい。

 ・どのようにしたら理想の動きになりそうか。
 ・電流の向きを逆にする。　　　・磁界の向きを逆にする。
 ・コイルを巻く向きを逆にする。

 2  方法の立案（班で相談した内容を書こう）
 ・具体的な実験方法
 ・電流の向き以外の条件を変えずに、電流の向きを逆にしたときの導線の動きを調べる。
 ・磁界の向き以外の条件を変えずに、磁石のSとNを入れ替えて、磁界の向きを逆にし
   たときの、導線の動きを調べる。
 ・コイルの巻く向き以外の条件を変えずに、コイルの向きを逆にしたときの、導線の動
   きを調べる。

 3  実験結果（班で行った結果を書こう）
```

	変えた条件	コイルの動き
1	電流の向きを逆にする。	逆に振れる。
2	磁界の向きを逆にする。	逆に振れる。
3	コイルを巻く向きを逆にする。	逆に振れる。
4	電流を大きくする。	大きく振れる。
5	コイルの巻き数をふやす。	大きく振れる。

```
 4  考察（自分の考え）
 ・電流の向きを逆にすると、コイルが受ける力の向きが逆になる。
 ・電流を大きくすると、コイルが受ける力の大きさが大きくなる。
 ・コイルの巻き数をふやすと、コイルが受ける力の大きさが大きくなる。
```

授業の流れ ▷▷▷

1　実験方法を確認し、実験の準備をする　〈10分〉

私たちのグループはコイルが逆向きに動くか確かめるために、
A　電流の向きだけ変える
B　磁界の向きだけ変える
という実験をするのだったね

必要な道具は何かな？

・前時に考えた実験方法を確認させる。
・この時間に、このあと行う実験の結果を記入する表を作成させると、実験のし忘れなどが防げる。

2　実験を行う　〈20分〉

コイルの振れ方は、どのようなときに変化するのかな

実験

・グループごとに実験を行う。
・結果はワークシートなどに記録させる。

課題

コイルを思い通りに動かすには
どうしたらよいのだろうか。 ◀1
◀2

行った実験	コイルの振れ方
電流の向きを逆にする。	逆に振れる。
磁界の向きを逆にする。	逆に振れる。
電流と磁界の向きを両方逆にする。	正しく振れる。
電流を大きくする。	大きく振れる。
磁界を大きくする。	大きく振れる。
コイルの巻き数をふやす。	大きく振れる。
磁界と電流を大きくする。	大きく振れる。

◀3

実験結果を
表にして板
書する

4▶

コイルが受ける力の向きを逆にするには

・電流の向きを逆にする。
・磁界の向きを逆にする。

コイルが受ける力の大きさを大きくするには

・電流を大きくする。
・磁界を大きくする。
・コイルの巻き数をふやす。

---

3 実験から考えられることを
全体で共有する　〈20分〉

電流の向きを変えたら、
コイルの振れ方は逆に
なったよ

コイルの振れ方は
電流と関係がある
といえそうだね

(規則性) (関係性)

・学級全体で結果を共有する。その際教師は、グ
ループの実験内容を整理することを心掛けて黒板
に結果をまとめる。
・コイルの振れ方の規則性を電流や磁界の向きや大
きさと関係付けながら、見いださせる。

4 コイルが受ける力について
まとめる　〈10分〉

コイルが受ける
力に注目してみ
よう

コイルが受ける力は、電流や
磁界の向きや大きさの変化に
影響するといえるね

(振り返り)

・生徒の発言を受け、コイルが受ける力についてま
とめる。
・実験結果や考察を「コイルが受ける力」という視
点から振り返る。

第 ⑥ 時

モーターの回転する仕組み

（本時のねらい）
・モーターの回転する仕組みと整流子の働きを
　理解することができる。

（本時の評価）
・モーターの回転し続ける仕組みを説明してい
　る。知

（準備するもの）
・分解済みのモーター・説明用モーター模型
・エナメル線・フェライト磁石・導線
・乾電池・電流計・クリップ・やすり
・発泡ポリスチレンの板

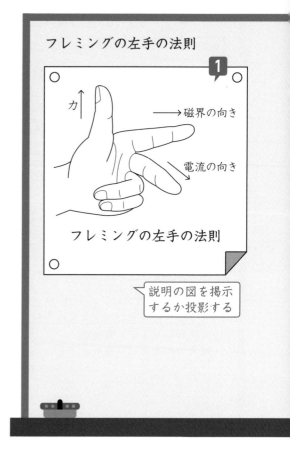

フレミングの左手の法則

説明の図を掲示
するか投影する

（授業の流れ）▷▷▷

1 フレミングの左手の法則に
　　ついて知る 〈10分〉

前時の実験を、フレミング
の左手の法則を使って考え
てみよう

・前時の学習を振り返り、「フレミングの左手の法
　則」を説明する。
・「電流の向き」「磁界の向き」「力の向き」のうち2
　つが分かれば、残り1つが見いだせることに、こ
　の法則の価値があることを伝える。

2 モーターについて想起する
　　〈5分〉

電流が磁界の中で受け
る力を利用した道具に
は何があったかな？

モーターや、スピー
カーがありましたね

・第④時でモーターやスピーカーを扱ったことを思
　い出させる。

課題 モーターの回転するしくみを考えよう。 2

3

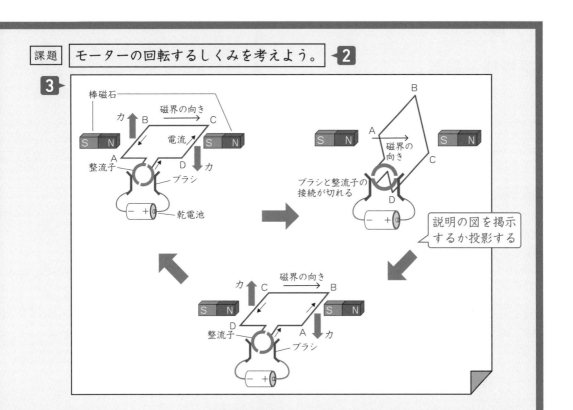

3 **モーターがなぜ連続して回転するか考える** 〈15分〉

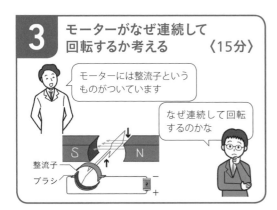

モーターには整流子というものがついています

なぜ連続して回転するのかな

▶ 対話的な学び

・整流子を紹介し、整流子があることでモーターが回転し続けることを説明する。
・分解用のモーターや説明用モーター模型などを用意しておき、観察させるとよい。
・整流子があることで、モーターが回転し続けるようになる理由をグループで話し合い、見いだす。

4 **クリップモーターを作る** 〈20分〉

どちらの方向に回転するのだろう

どの仕組みが整流子の働きをしているのだろう

▶ 振り返り

・クリップモーターを作ることで、モーターの仕組みを理解させる。
・クリップモーターの回転の速さを変えたり、回転方向を変えたりするにはどうしたらよいかを、これまでの学習から考えさせる。

第⑦時

電磁誘導と発電

本時のねらい
・コイルや磁石を動かすことで電流が得られることを見いだすことができる。

本時の評価
・コイルや磁石を動かすことにより電流が得られることを見いだしている。また、検流計の使い方を理解している。（知）
・電磁誘導と発電について、見通しをもって解決する方法を立案している。思

準備するもの
・手回し発電機2個
・乾電池
・コイル
・磁石
・検流計

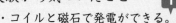

○実験から気づいたこと　1
・コイルと磁石で発電ができる。
　　　　　　　→電磁誘導

2　・コイルと磁石を用いると
　　電流が流れる。

　誘導電流

・誘導電流を大きくしたい。
・誘導電流の向きは安定しない。
・磁石を止めると誘導電流も止まる。

生徒の意見を板書する

授業の流れ ▷▷▷

1 手回し発電機を2つつなぎ、片方を回転させたときの様子を観察する〈5分〉

Aを回すとBも回るね

Aは発電しているようね。モーターを回転させると発電するのね

実験
・まず発電機を乾電池で回して見せ、発電機内にモーターが入っていることに気付かせる。その後、2つの発電機をつないで実験する。
・「Aの発電機は何の役割をしているか」と問うと、モーターを回転させると発電することに気が付く。

2 コイルと磁石を用いて誘導電流を発生できることを見いだす〈10分〉

モーターの中にはコイルと磁石が入っていたね。コイルと磁石で発電ができるのかな

発電できたね

磁石

コイル

・検流計の使い方を説明する。
・コイルと磁石を与え、自由に実験させる。
・発電を確認したところで、誘導電流という用語を説明する。

③

課題

誘導電流の向きや大きさを変化させるにはどうしたらよいのだろうか。

①電流の向きを変化させるにはどうしたらよいのだろうか **④**
・磁界の向きを変える。
・コイルを巻く向きを変える。

②電流の大きさを変化させるにはどうしたらよいのだろうか
・コイルの巻き数を多くする。
・磁石を勢いよく動かす。

生徒の意見
を板書する

---

3 問題を見いだす 〈10分〉

もっと誘導電流を大きく
したいな

電流の向きが変化して
しまうのはなぜだろう

誘導電流の向きや大きさを変化させる
にはどうしたらいのだろう

■ 課題の設定

・実験から気付いたことを発表させ、「誘導電流を制
御するにはどうしたらよいか」という問題を見い
だせる。

4 実験方法を立案する 〈25分〉

コイルの巻き数をかえて、誘導電流の
大きさの変化を調べてみよう

磁界の向きを変えて、誘導電流の向きが
どのように変化するか調べよう

■ 解決方法の立案

・電磁誘導の性質について調べる実験の計画を話し
合う。
・誘導電流について、①電流の向き②電流の大きさ
を変える方法を計画させる。
・変える条件、変えない条件をはっきりするよう伝
え、条件制御を意識させる。

第⑧時

電磁誘導と発生する誘導電流を調べる

(本時のねらい)

・誘導電流の大きさや向きを変化させる条件を見いだすことができる。

(本時の評価)

・磁石とコイルを用いた実験を行い、誘導電流の大きさや向きが何によって変化するのかを見いだして理解している。(知)

(準備するもの)

・コイル
・検流計
・磁石
・導線
・ワークシート

ワークシート　　　　付録

年　　組　　番　氏名

課題
誘導電流の向きや大きさを変化させるにはどうしたらよいのだろうか

1　予想（自分の考え）
・**電流の向きを変化させるにはどうしたらよいのだろう**
　・磁界の向きを変える。
　・コイルを巻く向きを変える。

・**電流の大きさを変化させるにはどうしたらよいのだろう**
　・コイルの巻き数を変える。
　・磁石を動かす勢いを変える。

2　方法の立案（班で相談した内容を書こう）
・**具体的な実験方法**
　・磁界の向き以外の条件を変えずに、磁界の向きを逆にしたときの誘導電流の向きと大きさを調べる。
　・コイルの巻き数以外の条件を変えずに、コイルの巻き数をかえたときの誘導電流の向きと大きさを調べる。
　・磁石を動かす速さ以外の条件を変えずに、磁石を動かす速さをかえたときの誘導電流の向きと大きさを調べる。

3　実験結果（班で行った結果を書こう）

	変えた条件	電流の向き	電流の大きさ
1	コイルの巻き数を増やす。	変わらない。	大きくなる。
2	磁石を動かす向きを逆にする。	逆向きになる。	変わらない。
3	磁石を入れる速さを速くする。	変わらない。	大きくなる。
4	磁石を入れる速さを遅くする。	変わらない。	小さくなる。
5	磁力の大きな磁石にする。	変わらない。	大きくなる。

4　考察（自分の考え）
・誘導電流を大きくするには、コイルの巻き数を多くすればよい。
・誘導電流の向きを逆にするには、磁石を動かす向きを逆にすればよい。

(授業の流れ) ▷▷▷

1　実験方法を確認する　〈5分〉

コイルの巻き数を変えて、誘導電流の大きさの変化を調べるのだったね

磁界の向きを変えて、誘導電流の向きがどのように変化するか調べるのだったね

・前時の実験計画を思い出させる。

2　実験を行う　〈20分〉

他に誘導電流を大きくする方法はないのかな

コイルの巻き数を増やせば誘導電流を大きくすることができそうだ

磁石

コイル

検流計

実験　(条件制御)

・グループごとに、実験計画を基に実験をさせる。
・実験結果を記録する際、ワークシートの「変えた条件」を記入させ、「変える条件」「変えない条件」を意識させる。

誘導電流の向きや大きさを変化させるにはどうしたらよいのだろうか。

1 **2**

変えた条件		電流の向き	電流の大きさ
コイルの巻き数	増やす。	変わらない。	大きくなる。
	減らす。	変わらない。	小さくなる。
磁界の向き	逆にする。	逆向きになる。	変わらない。
磁石を動かす速さ	速くする。	変わらない。	大きくなる。
	遅くする。	変わらない。	小さくなる。
磁石を動かす向き	逆にする。	逆向きになる。	変わらない。
磁石の強さ	強くする。	変わらない。	大きくなる。
	弱くする。	変わらない。	小さくなる。

3

誘導電流の向きを変えるには **4**
・磁界の向きを逆にする。
・磁石を動かす向きを逆にする。

誘導電流を大きくするには
・磁界の変化を大きくする。
・磁界を強くする。
・コイルの巻き数を多くする。

---

3 結果を共有する 〈15分〉

コイルの巻き数が大きくなると誘導電流は大きくなったよ

磁界の向きを逆にしたら、誘導電流は逆向きに流れたよ

・板書に示したような表を、教師があらかじめ書いておき、グループの実験結果を黒板に一覧にして記入し、整理すると共有しやすい。

4 考察し、まとめる 〈10分〉

電流を大きくするにはコイルの巻き数を大きくすればよいと言えるね

それ以外の方法もあるね
電流の向きを変える方法もわかってきたね

・全てのグループの結果を基に、誘導電流の向きや大きさを変化させるにはどうしたらよいかを考察し、まとめる。

第⑨時

直流と交流

（本時のねらい）
・電流には直流と交流の違いがあることを理解することができる。

（本時の評価）
・直流と交流の違いを説明している。知

（準備するもの）
・直流交流実験器（発光ダイオード2個をつけたもの）
・抵抗器
・導線
・電源装置（直流・交流の切り替えのできるもの）

課題

直流と交流は何が違うのだろうか。

・誘導電流は電流の向きが変化する。
・乾電池の電流は一定方向に流れ続ける。

> 生徒の意見を板書する

（授業の流れ）▷▷▷

1 前時の実験で生まれた電流と乾電池の電流の違いを考える〈10分〉

前時の実験で生まれた電流も乾電池の電流も同じ「電流」だよね

前時の実験で生まれた電流は電流の向きが入れ替わるけど、乾電池の電流は一定の向きで流れるね

・前時の実験で生み出した電流と、乾電池の電流について、検流計の針の振れ方などから違いを考えさせる。
・前時の実験で生み出した電流は誘導電流だが、誘導電流はすべて交流というわけではないので注意する。

2 直流と交流の説明をする〈10分〉

向きが一定で変わらない電流のことを直流といいます
一方、向きが周期的に入れ替わる電流のことを交流といいます

・直流と交流という用語を説明する。

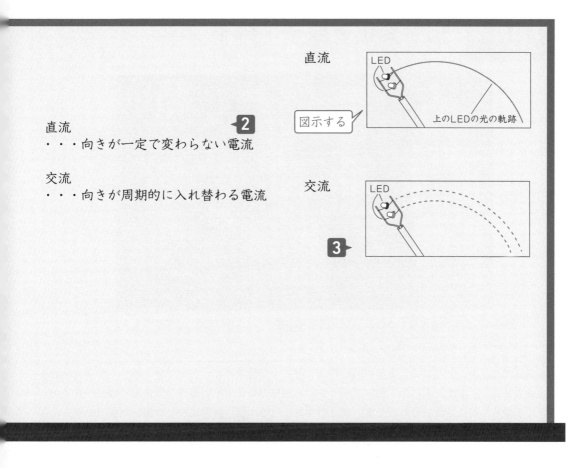

直流
・・・向きが一定で変わらない電流

交流
・・・向きが周期的に入れ替わる電流

---

3 直流と交流の違いを調べる 〈15分〉

- 実験前に発光ダイオードには極性があり、逆向きに電流が流れている間は発光しないことを説明する。
- 実験装置は2つの発光ダイオードを並列に、それぞれ異なる向きにつけていることを確認する。
- どのように光るか予想をさせてから実験させる。

4 直流と交流の身近な例を紹介する 〈15分〉

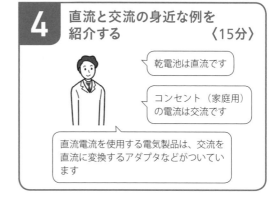

- 直流と交流に関する補足説明を、身近な例を挙げて行い、理解を深めさせる。
- 交流の周波数が地域によって異なることや、オシロスコープでの波形の様子を紹介してもよい。

化学変化と原子・分子

酸素ガスと化学カイロを入れたペットボトルの様子（右端は対照として空気を入れた）

　本単元では、第1学年の物質を微視的な粒子で捉える学習を経て、初めて学ぶ原子・分子の概念を定着させることが求められる。化学変化における物質の変化やその量的な関係を、原子・分子のモデルを通して捉えさせて理解させる。科学の本質に迫る、目には見えない微視的な概念を育みたい。

（ア）　物質の成り立ち　全11時間
⑦物質の分解　8時間

次	時	主な学習活動	学習過程、見方・考え方、評価など
1	1	実験 「酸化銀の熱による分解」	
	2	酸化銀の熱による分解のまとめ	
	3	ホットケーキがふくらむ原因を考える	対話的な学び
	4	実験 「炭酸水素ナトリウムの熱による分解」	
	5	炭酸水素ナトリウムの熱による分解のまとめ	考察・推論　記録 思
	6	水を分解してできる物質	
	7	実験 「水の電気による分解」	
	8	水の電気分解のまとめ	考察・推論　記録 思

⑦原子・分子　3時間

2	9	原子	微視的
	10	実習「元素記号と周期表」	記録 態
	11	分子	微視的　記録 知

（イ）　化学変化　15時間

㋐化学変化　5時間

次	時	主な学習活動、特徴的な学習形態	学習過程、見方・考え方、評価など
1	1	化学式	(微視的)
	2	単体と化合物	記録 態
	3	化学反応式	
	4	様々な化学反応式	
	5	化学反応式のまとめ	(関係付け) 記録 知

㋑化学変化における酸化と還元　8時間

2	6	実験 「有機物の酸化」	(仮説の設定) ◀対話的な学び (関係付け)
	7	実験 「金属の酸化」	(考察・推論) (比較)
	8	様々な酸化	(自然事象に対する気付き) ◀対話的な学び
	9	実験 「酸化銅の還元」	
	10	酸化銅の還元のまとめ	(考察・推論) (表現・伝達) 記録 思
	11	様々な酸化と還元のまとめ	(仮説の設定)
	12	実験 「鉄の硫化」	(仮説の設定) (検証計画の立案) (比較)
	13	鉄の硫化のまとめ	(表現・伝達) 記録 思

㋒化学変化と熱　2時間

3	14	実験 発熱反応	(自然事象に対する気付き)
	15	実験 吸熱反応	(表現・伝達)

（ウ）　化学変化と物質の質量　6時間
㋐化学変化と質量の保存　3時間

次	時	主な学習活動、特徴的な学習形態	学習過程、見方・考え方、評価など
1	1	質量保存の法則	(検証計画の立案) ◀対話的な学び
	2	実験 「質量保存の法則の実験」	
	3	質量保存の法則のまとめ	(振り返り) 記録 思

㋑質量変化の規則性　3時間

2	4	定比例の法則	(検証計画の立案) ◀対話的な学び
	5	実験 「定比例の法則」	◀対話的な学び 記録 知
	6	定比例の法則のまとめ	(振り返り) 記録 思

3 物質の成り立ち ［11時間扱い］

第 1 分野 ⑷ ㋐

単元の目標

　物質を分解する実験を行い、得られた結果を分析して解釈し、1 種類の物質から 2 種類以上の元の物質とは異なる物質が生成することを見いださせ、物質は何からできているかについて考えさせるとともに、物質は原子や分子からできていることを理解させる。

評価規準

知識・技能	思考・判断・表現	主体的に学習に取り組む態度
化学変化を原子や分子のモデルと関連付けながら、物質の分解、原子・分子についての基本的な概念や原理・法則などを理解しているとともに、科学的に探究するために必要な観察、実験などに関する基本操作や記録などの基本的な技能を身に付けている。	物質の成り立ちについて、見通しをもって解決する方法を立案して観察、実験などを行い、原子や分子と関連付けてその結果を分析して解釈し、化学変化における物質の変化を見いだして表現しているなど、科学的に探究している。	物質の成り立ちに関する事物・現象に進んで関わり、見通しをもったり振り返ったりするなど、科学的に探究しようとしている。

既習事項とのつながり

⑴小学校 6 年：「燃焼の仕組み」では、いろいろなものを燃やす実験を行い、酸素には助燃性があることを学んでいる。また、ろうそくや木などが燃えると、酸素が使われて二酸化炭素が生成することを学んでいる。

⑵中学校 1 年：「物質のすがた」では、金属の性質についての知識と、金属かどうかについて実験を通して見分ける方法を学んでいる。また、二酸化炭素、酸素、水素の存在を確認する方法を学んでいる。

⑶中学校 1 年：「水溶液」では、水溶液中の溶質は溶液中に粒子が拡散していることを学んでいる。

⑷中学校 1 年：「状態変化」では、物質が温度によって変化する状態変化について学び、物質を粒子で表すことも学んでいる。

指導のポイント

⑴本単元で働かせる見方・考え方

　第 1 学年の微視的な粒子の学習を経て、ここでは、初めて学ぶ原子・分子の概念を定着させることが求められる。まずは、物質を分解する実験を行い、反応前とは異なる性質の物質ができることを確認し、事象を微視的に捉えさせることが大切である。目に見えない微視的な概念を取り扱うことで、これまで以上に日常生活との関連付けに留意したい。

⑵本単元における主体的・対話的で深い学び

　目に見えない原子・分子の学習では、モデルの活用がポイントとなる。対話を通して考えを練り上げる機会を設定したい。その後の学習でよく使用する元素とその性質は、写真や周期表などを活用し、ゆるぎない知識となるように、ためらわず指導したい。

指導計画 （全11時間）

㋐ 物質の分解 （8 時間）

時	主な学習活動	評価規準
1	実験 「酸化銀の熱による分解」 ・酸化銀を加熱する実験を行うか、映像を見て、酸化銀 を加熱するとどんな変化が起きるか調べる。	（知）
2	酸化銀の熱による分解のまとめ ・実験を科学レポートの形式にしたがってまとめる。	（知）
3	対話的な学び ホットケーキがふくらむ原因を考える ・ふくらし粉などの日常の例をもとに、何が起きているのか考える。気体の集め方や性質について振り返る。	（態）
4	実験 「炭酸水素ナトリウムの熱による分解」 ・どんな物質ができるか調べる。	（知）
5	考察・推論 炭酸水素ナトリウムの熱による分解のまとめ ・実験を化学レポートの形式にしたがってまとめ、全体で共有してブラッシュアップさせる。	思
6	水を分解してできる物質 ・どんな物質ができるか考える。	（態）
7	実験 「水の電気による分解」 ・水を電気によって分解し、どんな物質ができるか調べる。	（知）
8	考察・推論 水の電気分解のまとめ ・実験を化学レポートの形式にしたがってまとめ、全体共有してブラッシュアップさせる。	思

㋑ 原子・分子 （3 時間）

時	主な学習活動	評価規準
9	微視的 原子 ・物質は何からできているか考え、原子について学ぶ。	（知）
10	実習「元素記号と周期表」 ・探究的に元素記号について学ぶ。	態
11	微視的 分子 ・物質の性質を決める最小単位について学ぶ。	知

第①時

酸化銀の熱による分解

（本時のねらい）
・加熱や酸素の確認などの実験操作を、安全に行うことができる。

（本時の評価）
・加熱や酸素の確認などの実験操作を安全に行っている。（知）

（準備するもの）
・酸化銀　・試験管　・加熱器具
・スタンド　・線香　・薬さじ
・薬包紙　・保護眼鏡

（課題）

酸化銀を加熱してできた物質はなんだろうか。

（復習）

・物質を調べる方法は？

・砂糖　→　黒い炭になった。
　　　加熱

（授業の流れ）▷▷▷

| **1** | 物質の性質について学習を想起する | 〈10分〉 |

物質を調べるにはどんな方法があったかな

水に溶かしたり、加熱したり…

砂糖は加熱するとどうなったかな

砂糖は加熱すると黒く焦げてしまいました

| **2** | 酸化銀を加熱する方法を確認する | 〈10分〉 |

酸化銀という黒色の物質があります
この黒色の物質を加熱してみましょう
加熱するときには、試験管は横にして加熱しよう

加熱したらどうなるのかな

・これから物質のことについての学習がスタートすることを伝える。
・中学1年では物質について調べ、物質の性質を学んだことを思い出させる。
・物質を調べる方法で加熱する方法があったことを思い出させる。
・さらに、砂糖などの有機物が加熱によって炭になったことを確認しておく。

・酸化銀の黒色の粉を生徒に見せる。酸化銀という物質であることを紹介する。
・酸化銀を加熱する実験を行うことを確認する。
・加熱時は試験管を横にするなどの注意点を伝える。
・酸化銀は、加熱したときの変化が明らかであり、銀が生成されるため生徒の興味・関心が高い。しかし、薬品としては高価なので、計画的に購入しておく。

2 実験 酸化銀の加熱

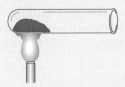

色の変化があったときに
火のついた線香を入れて
変化をみる。

4 結果

・色が黒色から白色へ変化。

・線香の火が強くなった。

---

3 酸化銀を加熱する実験を行う 〈15分〉

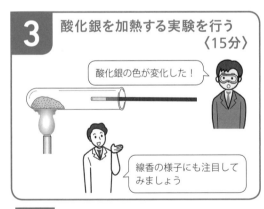

酸化銀の色が変化した！

線香の様子にも注目して
みましょう

実験

・加熱器具の使い方は、忘れている生徒もいるので、
　説明を行い、取扱いに注意させる。
・酸化銀を加熱して、変化の様子を観察させる。火
　のついた線香を入れたときの様子も観察させる。
・実験ができない場合には、実験の動画を示すなど
　して、酸化銀が加熱により色の変化を生じること
　を理解させる。

4 結果を確認し、片付けを行う 〈15分〉

色も白く変わったし、線香も
明るくなりました

次回は、変化した
白い物質につい
て、詳しく調べて
みましょう

色が変わったか
ら、別の物質に
なったのかな

・酸化銀の色の変化や線香の反応について記録させ
　る。
・加熱によって別の物質に変わったかを考えさせる。
・次回の予告として、加熱後の物質についてさらに
　詳しく調べることを伝えておく。
・加熱して残った白い物質は次回の授業でも使うの
　で保管をしておく。

酸化銀の熱による分解の まとめ

本時のねらい

・加熱により酸化銀に起きた変化から分かることを考察し、実験についてレポートにまとめることができる。

本時の評価

・行った実験について、結果を整理して適切にまとめている。(知)

準備するもの

・酸化銀　・加熱後の物質　・薬さじ
・薬包紙またはろ紙
・ノートまたはワークシート

ワークシート　　付録

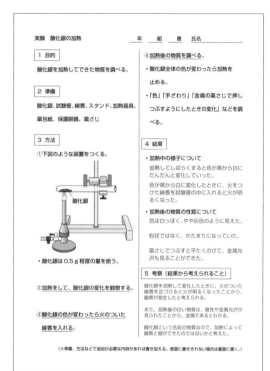

実験　酸化銀の加熱　　　　年　　組　　番　氏名

1 目的

酸化銀を加熱してできた物質を調べる。

2 準備

酸化銀、試験管、線香、スタンド、加熱器具、薬包紙、保護眼鏡、薬さじ

3 方法

①下図のような装置をつくる。

・酸化銀は 0.5 g 程度の量を使う。

②加熱をして、酸化銀の変化を観察する。

③酸化銀の色が変わったら火のついた線香を入れる。

④加熱後の物質を調べる。

・酸化銀全体の色が変わったら加熱を止める。
・「色」「手ざわり」「金属の薬さじで押しつぶすようにしたときの変化」などを調べる。

4 結果

・加熱中の様子について
加熱してしばらくすると色が黒から白にだんだんと変化していった。
色が黒から白に変化したときに、火をつけた線香を試験管の中に入れると火が明るくなった。

・加熱後の物質の性質について
色は白っぽく、やや灰色のように見えた。
粉状ではなく、かたまりになっていた。
薬さじでつぶすと平たくのびて、金属光沢も見ることができた。

5 考察（結果から考えられること）

酸化銀を加熱して変化したときに、火のついた線香を近づけると明るくなったことから、酸素が発生したと考えられる。

また、加熱後の白い物質は、展性や金属光沢が見られたことから、金属であるとわかる。

酸化銀という名前の物質なので、加熱によって酸素と銀ができたのではないかと考えた。

（※準備、方法などで追加が必要な内容があれば書き加える。表面に書ききれない場合は裏面に書く。）

授業の流れ ▶▶▶

1 前回の実験で酸化銀に起こった変化について振り返る 〈5分〉

酸化銀を加熱した物質を持ってきたよ
酸化銀には、どんな変化が起きたかな

加熱すると色が白っぽくなりました。線香の火も明るくなりました

酸化銀は何に変化したのだと思いますか

・実験のまとめをしていくことを確認する。
・最初に、加熱後の物質を見せることで、実験結果を思い出させる。
・結果の確認として、酸化銀の色の変化と線香の火の変化の様子に触れる。
・実験前にそれぞれがした予想についても確認させる。酸化銀が何に変化をしたと考えられるか意見を出させる。

2 加熱した物質の性質を調べる 〈10分〉

変化した物質について、性質を調べてみよう
銀ならば展性があるはずだね。薬さじですりつぶしてみよう

・銀という考えが出てきたら、白い物質が銀である証拠を調べる必要があることを確認する。銀である証拠として、展性について確認をさせる。
・加熱後の物質を押しつぶすことで、展性と金属光沢が確認できるようになる。
・展性と金属光沢だけでは物質の特定はできないことを確認する。密度など他の方法も組み合わせると、銀と特定できることを教える。

課題

加熱により酸化銀におこった変化についてまとめてみよう。

3

結果のまとめ

・加熱によって白い物質に変化。
・加熱中、線香の火が明るくなった。
・白い物質は、展性、金属光沢があった。

⇒　酸化銀は加熱によって
　　「銀と酸素」になったと考えられる。

4

レポートの作成

・目的・方法・結果・考察
※考察は、結果から考えられることを書く。

---

3 結果を確認し、考察する 〈10分〉

加熱後の物質は、展性や金属光沢も見られましたね

加熱後には、金属になったってことですよね

酸化銀は、銀と酸素になったのじゃないかな

・全体で結果について確認し、酸化銀の変化について考えられることを班で話し合わせる。
・いくつかの班の考えを発表させる。発表のとき、「私たちは○○と考えました。なぜなら〜。」というように、発表の仕方を統一させて理由を言わせるようにしてもよい。
・酸化銀が加熱により、銀と酸素になったという考えが出てくるとよい。

4 レポートを作成する 〈25分〉

実験をレポートにまとめましょう 目的・方法・結果・考察など、書くべき項目を確認してください

結果は、実験のデータを書く。考察は結果から分かることを書くんですよね

・実験をレポートにまとめることを確認する。
・目的、方法、結果、考察などの項目を書くことを確認する。結果、考察の違いについて、触れておくとよい。
・生徒の実態に応じて、目的や方法をあらかじめ印刷した紙を配って書かせたり、予想などの項目を書かせたりする。

第 ③ 時

ホットケーキが膨らむ原因を考える

・炭酸水素ナトリウムを加熱したときの変化について予想をし、加熱したときの変化を調べる方法を考えようとすることができる。

（本時の評価）
・炭酸水素ナトリウムを加熱したときの変化について見通しをもって実験の計画を考えようとしている。（態）

（準備するもの）
・炭酸水素ナトリウム
・ベーキングパウダー

課題
ホットケーキがスポンジ状に膨らむ原因はなんだろうか。

考えてみよう

ホットケーキ
ふわふわ

ホットケーキの断面はスポンジ状

材料：小麦粉、卵、砂糖、牛乳、ベーキングパウダー、水

（授業の流れ）▷▷▷

1 ホットケーキが膨らむ原因について考える 〈10分〉

ホットケーキはふわっとしていて、おいしいよね。ふわふわの秘密を考えてみよう

断面を見るとスポンジ状になっているね。スポンジ状になるってことは、何が発生しているのかな

スポンジ状のつくりには、どの材料が関係していそうかな

・生徒の興味を高めるように、身近なホットケーキの話題から始める。
・ホットケーキの断面の写真で、中がスポンジ状になっていることを確認する。
・ホットケーキの材料を列挙して、どれが膨らみに関係してるか、その理由を考えさせる。
・材料を順に読み上げ、関係すると思う材料に手を挙げさせて、全員の参加を促す。

2 膨らむ原因を特定する方法を話し合う 〈10分〉

スポンジ状なのは気体が発生したのかな

気体が出るのは、加熱が関係しているのかも

膨らむ原因を見つけるにはどんな実験が必要かも考えよう

対話的な学び

・生徒の状況に応じてヒントを与える。
・クレープの生地の材料（小麦粉、卵、砂糖、牛乳）を示すと、ベーキングパウダーが膨らみに関係することを気付きやすくなる。
・膨らむ原因を特定する方法まで考えさせる。
・粉を混ぜただけでは膨らまないことから、加熱が膨らむ原因の一つであることに気付かせる。

2

話し合おう

ヒント

①スポンジ状なのは
　何が発生したのかな。

②クレープの材料は
　小麦粉、卵、砂糖、牛乳。

②粉を混ぜただけでは膨らまない。
　膨らむにはどんな操作が必要？

3

みんなの考え

・ベーキングパウダーが関係している

・加熱することで膨らむ。（気体が発生）

→　炭酸水素ナトリウムを加熱して変化を調べる。

4

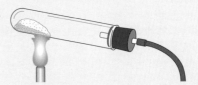

発生した気体が調べられる装置をつくる。

| 3 | 班の意見を発表する　〈15分〉 |

膨らむ原因は、加熱によって気体が発生したことだと考えました

クレープとの違いから、気体の発生にはベーキングパウダーが特に関係をしていると思います

ベーキングパウダーを加熱して気体が発生するかを調べてみたいと思います

・いくつかの班に発表させ、ベーキングパウダーが関係しそうなことと、加熱で気体が発生することが膨らみの原因ではないかということを確認する。
・考えが出ない場合は、ヒントを確認させ、生徒から考えが出るように促す。
・実験として、ベーキングパウダーを加熱するという考えが出るとよい。炭酸水素ナトリウムという物質名があることを確認させる。

| 4 | 実験の方法を確認する　〈15分〉 |

炭酸水素ナトリウムを加熱して気体が発生しているかを確認するためには、どんな装置が必要かな

どんな気体が発生したかも調べたいので、発生した気体を集められるような装置が必要だと思います
気体を特定するためには、他の装置も必要かも

・炭酸水素ナトリウムを加熱するための装置を考えさせる。発生した気体が何かを調べられることもポイントとして伝える。
・生徒から考えが出ないときは、酸化銀の熱分解をした時の装置を参考として示すとよい。
・次回の授業につなげるために、正しい実験装置について写真などを使って説明を行う。

第④時

炭酸水素ナトリウムの熱による分解

本時のねらい
・実験計画に基づいて、炭酸水素ナトリウムを加熱したときにできる物質を調べることができる。

本時の評価
・計画に基づいて、適切に実験を行っている。（知）

準備するもの
・試験管　・加熱器具
・炭酸水素ナトリウム
・石灰水　・ビーカー
・ゴム栓　・ガラス管
・ゴム管
・フェノールフタレイン液
・薬さじ　・ワークシート
・生徒用個人端末（班に1台）

付録

課題

炭酸水素ナトリウムを加熱して発生する物質を調べよう。

1

炭酸水素ナトリウムを加熱するとどうなるか調べる？
予想①気体が発生するか。
→　何の気体か。
・二酸化炭素ならば、石灰水で確認
・酸素ならば、線香の火が明るくなる。

予想②加熱後の物質は加熱前とは違うものか。
→　水への溶けやすさ、その他の性質はどうなるか。

授業の流れ ▷▷▷

1　課題を確認する　〈5分〉

炭酸水素ナトリウムを加熱してどのような変化が見られるかな

気体が発生すると思います

気体は何か調べられるように、実験をしていこう。加熱後の物質についても、加熱前との違いが調べられるといいですね

・炭酸水素ナトリウムを加熱して変化を見ることを確認する。
・前時で実験計画を立て、調べるものや装置について考えたことを思い出させる。
・発生する気体や加熱後の物資を調べることも確認する。何が発生すると考えたのか、予想に関しても簡単に確認できるとよい。

2　装置や方法の注意点を確認する　〈10分〉

物質を加熱すると、液体が発生することがあります。液体の発生に備えて、試験管の口は、少し下向きにしておこう

液体って何が発生するのですか

青色の塩化コバルト紙を使って、色が青から赤に変われば、液体は水だということが分かりますよ

・加熱時に液体が発生することに備えて、試験管の口は少し下向きにしておくことを確認する（写真等を使い、正しい装置の様子を提示する）。
・塩化コバルト紙の青色から赤色への変化によって、発生した液体が特定できることを確認する。
・加熱を止める際に、液体の逆流を防ぐために、ゴム管の先端が液体の中に入っていないようにすることを確認する。

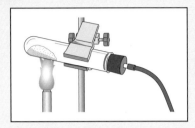

・加熱時は、試験管の口を少し
　下向きにする。
・塩化コバルト紙

・炭酸水素ナトリウムと加熱後
　の固体の性質の違いを調べて
　みよう。

→①水への溶けやすさ
　②フェノールフタレイン液へ
　　の反応

---

3 装置を作り、実験を行う 〈25分〉

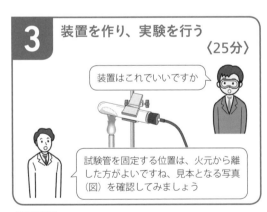

装置はこれでいいですか

試験管を固定する位置は、火元から離
した方がよいですね、見本となる写真
（図）を確認してみましょう

実験

・装置が正しくできているか確認する。巡回をしな
　がら、誤りのある場合には、指摘をして直させる
　ようにする。
・気体の特定や塩化コバルト紙での確認を行わせる。
・早くできた班は、やけどへの注意喚起をしたうえ
　で、加熱後の物質をとり出させ、物質の様子につ
　いて調べさせる。

4 加熱して見られた変化について
共有する 〈10分〉

気体についてどんな結果でしたか

発生した気体で、石灰水
が白く濁りました

加熱後の物質については
どうでしょうか

水によく溶けるようになりました

・簡単に、気体による石灰水の白濁や、液体で塩化
　コバルト紙が青から赤に変わったことを共有する。
・加熱後の物質について、フェノールフタレイン液
　を使って性質を調べさせる。
・比較として、加熱をしていない炭酸水素ナトリウ
　ムを自由に使えるようにして、加熱後の物質と比
　較できるようにするとよい。

第⑤時

炭酸水素ナトリウムの熱による分解のまとめ

本時のねらい
・実験結果から、炭酸水素ナトリウムを加熱したときの変化について考え、それらをまとめることができる。

本時の評価
・実験を振り返り、結果を考察し、考えを分かりやすくまとめた発表資料をつくっている。思

準備するもの
・ノートまたはワークシート
・実験結果写真

付録

課題

炭酸水素ナトリウムを加熱したときの変化をまとめよう。

1

学習の流れ

結果の確認
↓
結果からわかることの考察
↓
自分の考えをわかりやすくまとめる。
↓
まとめの発表を行う。

授業の流れ ▷▷▷

1 授業の流れを確認する 〈5分〉

> 炭酸水素ナトリウムを加熱したときの変化についてまとめていきましょう

> 授業の前半では、結果を確認して考察をしていきましょう。
> 授業の後半では、結果、考察について、発表できるように資料作りもしてもらいます

・炭酸水素ナトリウムを加熱したときの変化をまとめることを確認する。
・見通しをもって学習に取り組めるように学習の流れを提示する。
・それぞれにかかる時間の目安も示せるとよい。
（例：結果の確認をみんなで10分くらいで行って、考察と資料作りを20分くらいで行います。その後、発表もしていきます。）

2 実験結果について確認する 〈10分〉

> 写真を見て思い出しましょう 加熱するとどうなったかな

> 気体が発生して、石灰水を白くに濁らせました

・各自で書いた結果の記録を確かめさせるとともに図や写真も示して行ったことを思い出させる。
・生徒から石灰水の白濁や塩化コバルト紙の色の変化、加熱後の物質の反応について引き出せるとよい。
・出た意見を黒板に書いて生徒が確認できるようにしておく。

2

結果

- 発生した気体で石灰水は白くにごった。
- 試験管の口付近の液体は塩化コバルト紙を青から赤に変えた。
- 加熱後の物質は、水によく溶け、フェノールフタレイン液で赤によく染まった。

3

考察

（例）発生した気体は〇〇と考えられる。
理由は、〜〜だからである。

発表

〇結果などは、表をつかってまとめるなどわかりやすくなるよう工夫する。

```
実験：炭酸水素ナトリウムの加熱
結果…加熱すると、〇〇
```

	加熱前	加熱後

考察…〇〇と考える。理由は〜。

→発表時は発表資料を活用する。

3　考察をし、発表資料を作成する〈20分〉

結果からわかることを考えてみよう。気体は何が発生したのかな

石灰水が白く濁ったので、二酸化炭素が発生したのだと思います

考えたことを発表できるようにまとめてみよう

考察・推論

- 考察する際には、ポイントとなる項目を確認しておくと、生徒も考えやすくなる（何の気体が発生したのかと、加熱によって別の物質になったといえるかなど）。
- 他の人に伝わる内容になるようにまとめさせる。
- 資料作りは、個人でまとめさせるほかに、グループで協力して行ってもよい。

4　加熱して見られた変化について共有する〈15分〉

私は加熱によって炭酸水素ナトリウムが別の物質に変化したと考えました。こちらの結果の表を見てください

- 何人かに発表をさせる。発表では資料を使って、考察したことについて述べさせる。話型（例：「私は〇〇と考えました。理由は〜です。」）に従って述べさせるようにしてもよい。
- 発表を基に、炭酸水素ナトリウムが加熱によって別の物質になったことについてまとめておく。
- ホットケーキが膨らむ原因が炭酸水素ナトリウムであったことも確認する。

第⑥時

水を分解する方法

(本時のねらい)
・水を分解すると何ができるか考え、生じる物質を調べる方法を考えることができる。

(本時の評価)
・水の電気による分解で生じる物質をどのように確かめるか、見通しをもって探究しようとしている。(態)

(準備するもの)
・電源装置
・電気分解装置
・水
・ビーカー

（課題）

水を分解すると何ができるだろうか。

1

炭酸水素ナトリウム

↓ （ 加熱 ）

炭酸ナトリウム
＋
二酸化炭素
＋
水

さらに分解できるだろうか？

(授業の流れ) ▷▷▷

1 炭酸水素ナトリウムの熱分解について振り返る 〈10分〉

炭酸水素ナトリウムを分解するとできた物質を思い出してみよう。これらの物質をさらに分解することはできるかな

できると思います

水はとても身近で基本的な物質だよね。分解はできるのかな

・炭酸水素ナトリウムの熱分解で生じた物質について確認をする。
・分解で生じた物質はさらに分解できそうかを考えさせる。
・水に注目させる。水は身近でかつ基本的な物質というイメージを生徒と共有する。
・水は、かつては根本的な物質（元素）と考えられていたという歴史的な経緯に触れてもよい。

2 電気によって分解ができることを知る 〈10分〉

水蒸気にはなるけれど、分解はしていないですよね

水を加熱していくとどうなるだろう

水は加熱による分解は難しそうですね。水の場合、電気で分解をすることができます

・水は加熱をすると液体から気体への状態変化が起こることを確認する。
・水蒸気をさらに加熱して、紙を焦がすほどの高温にしても分解には至らないことも確認する。
・水の場合、電圧をかけると分解できることを教える。

2

水を分解するには？

・加熱する。　→　気体になる。

・電圧をかける。　→　分解

4

道具

・電源装置

・電気分解装置

・その他

→発生する気体を調べる道具

---

3 水が分解されてできる物質を
調べる方法を考える　〈10分〉

水が分解されると何に
なると思いますか

何か気体が発生するのでは
ないかな

気体ならば、何の気体か
特定できるといいですね

4 水の電気分解に関わる道具を
確認する　〈20分〉

電源装置と電気分解
装置について確認を
しておこう

電気分解装置は、それぞれの電極で
発生する物質を分けて取り出せるよ
うになっているよ

・分解して何が発生するかを予想することは難しい。
　そのため、気体、液体、固体のいずれが発生する
　か考えさせる。
・酸化銀、炭酸水素ナトリウムともに熱を加えると
　気体が発生したことと関連付けるなどして、何か
　気体が発生すると仮定して、その気体を特定する
　という方向で話を進める。
・気体の調べ方について何人かの考えを確認する。

・水の電気分解に関わる道具として、電源装置と電
　気分解装置について確認をしておく。
・電源装置は、電圧調整つまみを０にして電源を入
　れることを確認する。
・電気分解装置はいろいろなタイプのものがあるが、
　使用するタイプに合わせて使い方の注意点を確認
　する。液の注ぎ方を水で練習できると次回の実験
　がスムーズに行える。

第⑦時

水の電気分解

本時のねらい

・実験計画に基づいて、水を電気によって分解し、どんな物質ができるか調べることができる。

本時の評価

・電気分解装置を適切に使って、水を電気によって分解し、酸素、水素の存在の確認を行っている。（知）

準備するもの

・電源装置
・電気分解装置
・水酸化ナトリウムを溶かした水　・導線
・バット　・マッチ
・線香　・保護眼鏡
・生徒用個人端末（班に1台）　・ワークシート

付録

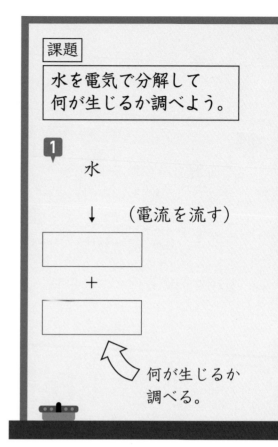

課題

水を電気で分解して
何が生じるか調べよう。

1

水

↓　（電流を流す）

+

何が生じるか
調べる。

授業の流れ ▷▷▷

1 実験の目的について確認する 〈5分〉

今回は、水に電圧をかけて電流を流すことで水を分解させますできる物質を調べてみましょう

気体が発生すると思うから、マッチや線香を使って調べてみます

・水に電圧を加えたときに、どんな物質ができるかを調べることが目的であったことを確認する。
・前回考えた実験方法を思い出させる。
・実験方法について何人かの意見を発表させ、実験に対する見通しをもたせる。

2 実験に対する注意点を確認する 〈10分〉

液が手についた場合にはすぐに水で洗い流すようにしましょう

実験では、何の気体が発生するのかわからないので、保護眼鏡をつけて実験を行いましょう

・水酸化ナトリウムを加えることで、大きくない電圧でも電流が流れることを説明する。（白金電極を使うと水酸化ナトリウムを加えなくても結果が得られる。）
・安全面の注意点として、薬品の扱いと保護眼鏡の説明を行う。
・予備実験を行い、水酸化ナトリウムの濃度に対応した電圧の大きさと電流を流す目安の時間を確認しておき、生徒に伝える。

2 注意点

・水酸化ナトリウム
　→皮膚につくと危険

・保護眼鏡

・電圧の大きさ
　電流を流す時間

4 結果

・電流を流したときの極のようす

　陽極…気体発生

　陰極…気体発生

・発生した物質の性質

---

3 電圧をかけて水を分解し、発生する物質の性質を調べる〈25分〉

陰極の気体は、線香の火は反応しないな。予想と違うなあ

時間が許す限り実験を行って、発生する物質を特定するデータを集めていきましょう

実験

・陽極と陰極に注目させる。
・気体の性質を調べる操作はうまくいかないことがあるので、時間があるならば繰り返し実験を行わせ確かな結果を得させるようにする。
・特に、陰極で発生する水素は空気より軽く、点火の操作にもたつくと特有の性質を観察できない。素早い操作と繰り返しの実験で結果を得させるようにする。

4 結果を記録し、片付けをする〈10分〉

極によって発生する気体の量や性質は違いましたか

そういえば、気体の量に差がありました

次回確認ができるように、結果の記録をしておきましょう

・結果の確認については、時間内に共有できるものがあれば行う。
・今後の学習につながるので、発生する気体の量についても意識をもたせ、結果として記録させるとよい。
・片付けの際に、水酸化ナトリウムを溶かした水を手につけないように、全体に向けて再度注意する。

第⑧時

水の電気分解のまとめ

本時のねらい

・水を電気で分解したときの変化についてまとめ、それらを発表し合い、考えを深めることができる。

本時の評価

・実験を振り返り、結果を考察し、考えをわかりやすくまとめた発表資料を作っている。思

準備するもの

・ノートまたは
　ワークシート
・実験結果写真

付録

```
課題

水を電気で分解をした
ときの変化をまとめよう。
```

2

```
結果
●陽極
　・気体が発生
　・気体は線香の火を明るくした。

●陰極
　・気体が発生（陽極より量多い）
　・気体はマッチの火を近づけると
　　爆発して燃えた。

●その他
```

授業の流れ ▷▷▷

1 授業の流れを確認する 〈5分〉

水を電気で分解をしたときの様子についてまとめていきましょう

授業の前半では、結果を確認して考察をしていきます

授業の後半では、結果、考察について、発表できるように資料作りもしてもらいます

・水を電気で分解したときの様子をまとめることを確認する。
・見通しをもって学習に取り組めるように授業の流れを提示する。
・それぞれにかかる時間の目安も示せるとよい。
（例：結果の確認をみんなで10分くらい行い、考察と資料作りを20分くらい行います。その後、発表もしてもらいます。）

2 実験結果について確認する 〈10分〉

写真を見て、陽極と陰極の様子を思い出してみよう

両方で泡が発生しました。陰極の方が気体の量が多かったです

陰極の気体は爆発して燃えるという様子が見られました

・各自で書いた結果の記録を確かめさせるとともに図や写真も示しながら、行ったことを思い出させる。
・陽極と陰極に分けてどのような結果だったか確認をする。
・陽極で発生する気体は、線香の火を明るくし、陰極で発生する気体は爆発して燃えることを確認する。
・出た意見を黒板に書いて生徒が確認できるようにしておく。

3

考察

（例）発生した気体は〇〇と考えられる。
　　　理由は、〜〜だからである。

発表 （例）図を使った場合

実験：水の電気による分解
結果…

陰極　　　　　　陽極

考察…〇〇と考える。理由は〜。

4

まとめ

水
↓　　　（電圧を加える。）
酸素
＋
水素

---

3 考察について考え、発表資料を
作成する　　　　　〈20分〉

結果からわかることを考えてみよう。気体は何が発生したのかな

爆発して燃えるのは水素の性質だから、水素が発生したのですね

考えたことを発表できるように発表資料をまとめてみよう

考察・推論

・考察を考える際には、陽極・陰極で何の気体が発生したのかなど、ポイントとなる項目を確認しておくと、生徒も考えやすくなる。
・他の人に伝わる内容になるように、図を活用させるなどしてまとめさせる。
・資料作りは、個人でまとめさせるほかに、グループで協力させて行ってもよい。

4 考察を発表し、考えられること
をまとめる　　　　〈15分〉

私は陽極で酸素、陽極で酸素が発生したと考えました

理由は、線香の火の変化と爆発して燃えるという特徴が見られたからです

みんなの考えをまとめるとどうなるか、書いていきましょう

・何人かに発表をさせる。発表では資料を使って、考察したことについて述べさせる。
・発表の内容を集約して、水に電圧を加えることで、酸素と水素に分解ができること確認をさせる。

第⑨時

原子

課題

物質は何からできているか。

1 ○物質を細かくしていくと最後にはどうなるだろう。

2 ○電子顕微鏡の写真

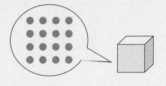

→とても小さな粒子の集まり。

（授業の流れ）▷▷▷

1 物質が何からできているか考える　〈10分〉

物質をつくっているものについて考えていこう

物質をどんどん細かくしていくと、最後にはどうなるだろうか

とても小さくなると思うのですが、どのくらい小さくなるのかな

・物質を小さくしていくと最後にはどうなるか考えさせる。
・目に見えない大きさになることから、小さいものを見る顕微鏡や、さらに小さなものを見る電子顕微鏡を使うという意見が出てくるとよい。
・生徒の中には、小さくなることでなくなると考える生徒もいるので、物質は見えなくなってもなくなるわけではないことを確認する。

2 粒子モデルについて振り返る　〈15分〉

電子顕微鏡で物質の表面を何十万倍にも拡大して観察すると粒状のものが並んでいる様子が観察できます

目には見えないけど、粒が集まっているんですね

物質は粒子が集まっているという考えは、状態変化や物質の溶け方のところでも登場しましたね

（微視的）

・電子顕微鏡で見ると、銀などは非常に小さな粒子が集まっているつくりが見られることを確認する。
・目に見えない小さな粒子については、1年生の状態変化や物質の溶け方のところで学習したことを振り返る。
・微小な世界を考えるという意味で、粒子のモデルと物質をつくる最小の粒子（原子）を関連付けて考える意識をもたせる。

3 物質をつくる最小の粒
→
「原子」

4 ①それ以上分けられない。

②なくなったり、新しくできたりしない。

③種類によって質量が決まっている。

---

3 原子とその大きさについて知る〈10分〉

19世紀はじめにドルトンという人が、物質をつくる最小の粒のことを原子と呼んだんだよ

どのくらい小さいのですか

例えば水素原子は、直径1cmの球を1億分の1の大きさにしたくらいといわれています

4 原子の性質について知る〈15分〉

原子の性質は次のようなものがあるよ

・分割できない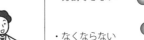

・なくならない 新しくできない

・種類ごとに質量が決まっている

・電子顕微鏡のない時代に、最小の粒について現代につながる考えを唱えた人がいたことを確認する。
・原子は、物質をつくる最小の粒のことであると確認する。
・原子の大きさは極めて小さいことを紹介する。地球を1億分の1の大きさにするとおよそリンゴ1個分の大きさになるが、同じ縮尺が直径1cmの球と水素原子にも成り立つことを確認する。

・原子の性質について、分割できないこと、なくなったり新しくできたりしないこと、種類ごとに質量が決まっていることなどを確認する。
・原子には約120の種類があることについても触れておく。原子の例として、水素原子、酸素原子、銀原子などいくつかを紹介する。

第⑩時

元素記号と周期表

本時のねらい
・様々な種類の原子があることに興味をもち、多くの元素について調べようとすることができる。

本時の評価
・数多くある元素に対して、進んで探究しようとしている。態

準備するもの
・ノートまたはワークシート
・ビンゴシート（3列×3行）

付録

実習：元素記号ビンゴ

①マスに元素記号を書き埋める。

②順に元素記号をいう。
③全員がビンゴするまで続ける。
④ビンゴした元素記号についてくわしく調べてみる。

授業の流れ ▷▷▷

1 元素について知る 〈10分〉

元素とは、原子を種類で考えたときの呼び方です。元素は現在約120種も知られています

そんなにたくさんの種類があるんですね

聞いたことのないような元素も、身近な生活の中で使われていることがあるんですよ

・元素という言葉について説明を行う。多くの元素があることと、身近な生活の中で多くの元素が関わっているということを伝える。
・水素、炭素、銀など日本語でいくつかの元素を紹介する。
・ドルトンが考えた元素は20個だったが、やがて新たな元素が見つかっていったということを話してもよい。

2 元素記号について確認する 〈10分〉

種類が多いけれど、それぞれを簡単に表すために、元素記号というものがあるよ

アルファベット大文字1字かアルファベット大文字と小文字の2字であらわします。例えば水素はHで表します

・元素記号の書き方について確認をする。いくつか例を示しながら、アルファベット大文字1字で表す場合と、アルファベット大文字・小文字の2字で表す場合があることを説明する。
・具体的にいくつかの元素記号を紹介する（例：水素H、銅Cuなど）。

課題

元素記号を使った表し方を身につけよう。

1

元素…原子の種類。約120種類ある。

2

元素記号

○アルファベット大文字1字
　例　水素　H　　炭素　C

○アルファベット大文字1字+小文字1字
　例　銅　Cu　　ナトリウム　Na

3

周期表

多くの元素を性質に関わる規則性からまとめたもの。

→いろいろな元素があることを確認する。

---

3 周期表について確認し、いくつかの元素記号を選ぶ　〈10分〉

元素の性質に関わる規則性から周期表というものが、やがてつくられるようになりました

周期表の中から炭素、窒素、酸素の元素を見つけ出してみよう

次に、プリントの9つのマスに元素記号を書きこんで埋めてみよう

4 いくつかの元素に注目して調べまとめる　〈20分〉

グループの中で順に、元素記号を言っていこう

私は、C 炭素

ぼくは、Fe 鉄

こっちはビンゴ！やった、楽しい！

リーチ！

ビンゴした列にある元素について注目して、関連することを調べてまとめてみよう

・周期表については、元素記号が一覧になっていることと一定の規則性に従って並べられていることを確認する。

・気になった元素記号を縦3×横3の9つのマスに埋まるように書かせて、ビンゴゲームをする。時間短縮のためにビンゴゲームに用いる元素記号は、20個くらいに絞って、その中から選ばせてもよい。

・ビンゴでは、元素記号を言った後に日本語名も言うとよい。

・グループ内で全員が一列そろうまでゲームを続ける。

・ビンゴした列の元素について、名前、特徴（使用されている場面など）を調べてまとめさせるとよい。

・時間があれば、グループ内で発表し合うとよい。

・原子の記号の確認を覚えたか、次回小テストで確認することを予告しておく。

第⑪時

分子

【本時のねらい】
・物質の性質を決める最小単位である分子について知り、原子の粒子モデルとの関係を理解することができる。

【本時の評価】
・元素記号と元素名を正確に覚えている。知

【準備するもの】
・分子模型
・小テスト

付録

【課題】

物質は原子がどのように集まってできているのだろうか。

1

分子…いくつかの原子が集まってできた粒子。

2

・水素分子　→水素原子が2つ

・水分子　→水素原子2つ
　　　　　　酸素原子1つ

【授業の流れ】▷▷▷

1 分子について知る　〈10分〉

アボガドロという人物が、水素や酸素などの気体の物質では、原子が結びついた粒子でできているという考えを発表したんだ

このようないくつかの原子が結びついて単位になったものを分子と呼んだんだね

分子という考えは、いくつかの実験の結果をもとにして、やがては正しいことが証明されていきました

・分子は、いくつかの原子が結び付いて単位をつくっているものだということを確認する。
・アボガドロは、原子で1つの粒が存在していると、気体の体積に関して矛盾が生じることから、分子という考えに至ったことにも触れてもよい。気体分子が原子1つでは存在しないことは、水素、酸素、窒素などの気体の分子の姿の考えにつながる。

2 分子のモデルを確認する　〈15分〉

いろいろな分子があるんだよ

例えば水素分子は水素原子が2つ集まってできている。一方、水の分子は、水素原子2つに加えて酸素原子1つでできている

何種類かの原子でできている分子もあるんですね

【微視的】

・水素や水の分子のモデルを説明して、分子の具体的なイメージをもたせる。
・分子は、1種類の原子からできるもの（単体）と、2種類以上の原子からできているもの（化合物）があることにも触れる。
・分子のモデルは、図で示すことで理解がしやすくなる。原子の大きさに違いがあることも確認しておく。

3　　　　　　　　分子をつくらない物質もある。

 二酸化炭素

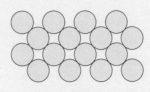 銀、銅など金属

 窒素

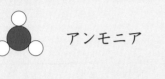 アンモニア

塩化ナトリウム

---

3 いろいろな分子があることや、分子をつくらない物質があることを確認する 〈15分〉

いろいろな分子がありますよ

原子の数と種類の組み合わせでいろいろな分子ができますね

分子をつくらない物質があることも知っておこう

4 元素記号について、確認の小テストをする 〈10分〉

用紙に書いてある10個の元素の元素記号を書いてください

また、元素記号から、元素名を答える問題もやってみましょう

できる人は、問題の他に、知っている元素記号と元素名も書いてみよう

・二酸化炭素やアンモニアなど、分子ごとに粒子の集まり方が違うことにも触れる。
・分子をつくらないことにも触れる。金属や塩化ナトリウムは分子をつくらないことにも触れておく。分子をつくらない物質のモデルのイメージも簡単に確認しておく。

・小テストとして、いくつかの元素について元素記号が書けるか確認の小テストを行う。
・また、元素記号から元素名が答えられるかも確認する。
・時間がある生徒には、知っている元素記号と元素名を書かせるとよい。

4 化学変化

第1分野(4)(イ)

15時間扱い

単元の目標

物質同士が結び付く反応の実験及び酸化や還元の実験を行い、得られた結果を分析して解釈し、2種類以上の物質が結び付いて反応前とは異なる物質が生成する反応があることや、酸化や還元は酸素の関係する反応であること、化学変化では熱の出入りが伴うことを見いだして理解させるとともに、化学変化を原子・分子のモデルと関連付けて理解させる。

評価規準

知識・技能	思考・判断・表現	主体的に学習に取り組む態度
化学変化を原子や分子のモデルと関連付けながら、化学変化、化学変化における酸化と還元、化学変化と熱についての基本的な概念や原理・法則などを理解しているとともに、科学的に探究するために必要な観察、実験などに関する基本操作や記録などの基本的な技能を身に付けている。	化学変化について、見通しをもって解決する方法を立案して観察、実験などを行い、原子や分子と関連付けてその結果を分析して解釈し、化学変化における物質の変化を見いだして表現しているなど、科学的に探究している。	化学変化に関する事物・現象に進んで関わり、見通しをもったり振り返ったりするなど、科学的に探究しようとしている。

既習事項とのつながり

(1)小学校6年:「燃焼の仕組み」では、酸素の助燃性や、木やろうそくの燃焼時に酸素が使われて二酸化炭素が生成することを学んでいる。

(2)中学校1年:「物質のすがた」では、金属の性質を学んでいる。また、酸素や二酸化炭素の性質と、存在を確認する方法を学んでいる。

(3)中学校1年:「水溶液」「状態変化」では、物質を粒子で表すことを学んでいる。また、状態変化は可逆変化であることも学んでいる。

指導のポイント

(1)**本単元で働かせる見方・考え方**

第1学年の微視的な粒子及び前時までに学習した原子、分子の概念を生かして学習を進めることが求められる。2種類の物質同士が結び付く反応の実験を行い、反応前とは異なる物質が生成することを微視的に見いださせたい。その際、化学変化は原子や分子のモデルで説明できること及び化合物の組成は化学式で、化学変化は化学反応式で表わすように学習を進める。

(2)**本単元における主体的・対話的で深い学び**

目に見えない原子・分子の学習では、モデルの活用がポイントとなる。まずは観察・実験を行い、得られた事象を微視的に捉える際には、対話を通して考えを練り上げる機会を設定したい。

指導計画 （全15時間）

⑦ 化学変化（5時間）

時	主な学習活動	評価規準
1	微視的 「化学式」いくつかの物質の化学式を理解する。	（知）
2	単体と化合物 ・様々な物質の化学式を探究的に学び、分類する。	態
3	「化学反応式」化学反応を表す方法とそのルールについて学ぶ。	（知）
4	様々な化学反応式 ・粒子モデルと関連付けながら化学反応式で表す。	（態）
5	関係付け 化学反応式のまとめ ・化学式、化学反応式についてまとめを行う。	知

⑦ 化学変化における酸化と還元（8時間）

時	主な学習活動	評価規準
6	仮説の設定 ◀対話的な学び 関係付け 実験 「有機物の酸化」 ・化学反応の結果を解釈し、化学反応式で表現する。	（思）
7	考察・推論 比較 実験 「金属の酸化」 ・金属を燃焼させ、どんな変化が起こるか調べる。	（思）
8	自然事象に対する気付き ◀対話的な学び 様々な酸化 ・穏やかな酸化や、酸化を防ぐための工夫などを学ぶ。	（態）
9	実験 「酸化銅の還元」 ・酸化銅から銅をとり出すことができるか調べる。	（知）
10	考察・推論 表現・伝達 酸化銅の還元のまとめ ・実験を化学レポートの形式にしたがってまとめる。	思
11	仮説の設定 様々な酸化と還元のまとめ ・様々な酸化と還元についてまとめる。	（態）
12	仮説の設定 検証計画の立案 比較 実験 「鉄の硫化」 ・鉄と硫黄を反応させると何ができるか調べる。	（知）
13	表現・伝達 鉄の硫化のまとめ ・実験を化学レポートの形式にしたがってまとめる。	思

⑦ 化学変化と熱（2時間）

時	主な学習活動	評価規準
14	自然事象に対する気付き 実験 「発熱反応」 ・実験を行い、結果をまとめて解釈する。	（思）
15	表現・伝達 実験 「吸熱反応」 ・実験を行い、結果をまとめて解釈する。	（思）

第①時
化学式

本時のねらい

・すべての物質が、約100種類の原子の組み合わせでできていることを理解した上で、化学式の書き方を理解することができる。

本時の評価

・物質を粒子モデルと関連付けて化学式で適切に表現している。（知）

準備するもの

・分子モデル
（発砲ポリスチレン球、カラーシール、マグネット等）
・ワークシート

付録

課題

身の回りの物質を化学式で表そう。

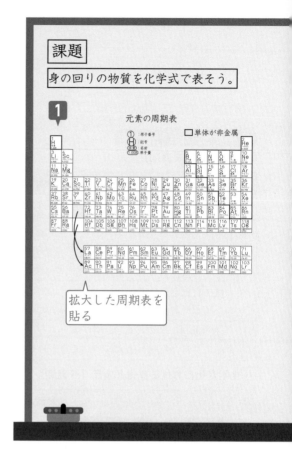

① 元素の周期表

拡大した周期表を貼る

授業の流れ ▷▷▷▷

1　周期表を概観する　〈15分〉

身の回りにはたくさんの物質がありますが、ここにある約100種類の原子の組み合わせでできているのです

・周期表を概観し、自分の知っている原子や気になる原子等をピックアップし、身の回りのどこに存在するのかを主体的に考えさせる。
・すべての原子は記号で表すことができることを理解し、今後様々な物質を表したり、化学変化を表したりする際の基本となるものであることを伝える。
・原子名と原子記号の関連に簡単に触れておく。

2　分子とは何かを知る　〈10分〉

周期表の中に水や二酸化炭素の原子はありません
水などの粒はどのようにできているのでしょうか

原子同士が組み合わさってできているのでは？

水を電気分解したら、水素と酸素が発生したよね

微視的

・原子が集まり、1つのまとまりになっているものとして分子を捉える。
・水の粒や二酸化炭素の粒など身近な物質の構造について、粒子モデルを使って考えることで、原子が集まって粒をつくっていることに気付くように促していく。
・粒子モデルと原子記号を関係付けて捉えるようにすることで、化学式の考え方につなげていく。

2

＜分子＞
原子が結びついてできる粒子

酸素　水素　二酸化炭素

水

ブドウ糖

3

＜化学式の書き方のポイント＞

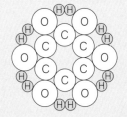

(例)・二酸化炭素　：　CO_2
　　・水　　　　　：　H_2O
　　・アンモニア　：　NH_3

物質を構成する原子の数を右下に書く

・$CuCl_2$：銅が1個、塩素が2個
・Fe_2O_3：鉄が2個、酸素が3個

4

2文字の原子記号
→後ろの文字は小文字のため、
　小文字と大文字が原子の区切れ

3 化学式の書き方を知る 〈15分〉

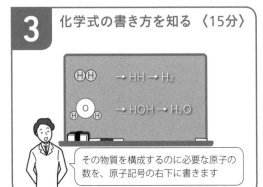

・化学式の書き方と読み方を確認し、主な物質の化学式を確認する。大文字と小文字の区別、右下の数字の意味等をていねいに解説する。
・今後授業で必要なものや、日常生活や社会で欠かせないものを精選して取り扱い、生徒の過重な負担にならないようにする。
・酸素、水素、窒素などの気体では、原子2個が結び付いた分子の状態が安定であることを説明する。

4 化学式を書く練習をする 〈10分〉

（微視的）

・これまでの実験において扱ってきたいくつかの物を例にして、粒子モデルと化学式で表現する。
・化学式で表された物質を構成する原子の種類や個数についても考える。
・これらの活動から物質を化学式で表すことの意義を実感させたい。
・分子をつくらない物質については、ここでは詳しく扱わない。

第 ② 時

単体と化合物

（本時のねらい）

・様々な物質の化学式を探究的に学ぶ中で、単体と化合物について、粒子モデルや化学式に着目して、その違いを理解することができる。

（本時の評価）

・物質を化学式で進んで表そうとしている。態

（準備するもの）

・分子モデル
（発砲ポリスチレン球、カラーシール、マグネット等）
・ワークシート

付録

課題 1

さまざまな物質を探究しよう。

下の物質を2つに分類しよう。

H_2	NH_3	O_2
Ag	H_2O	CO_2
N_2	$C_6H_{12}O_6$	$NaCl$
HCl	Cu	CH_4

（拡大した用紙を貼る）

＜分類した観点＞ 2

・右下に数字があるかないか。
・物質を作る原子の数
・炭素原子がふくまれているか。

生徒の意見を記入する（各班に記入させてもよい）

（授業の流れ）▷▷▷

1 課題を確認する 〈5分〉

H_2 NH_3 O_2
Ag CO_2

黒板に化学式で書いてある物質を分類していましょう。どんな観点で分けることができるでしょうか

・単体・化合物を含む10種類程度の物質を2つに分類させる。
・化学式で書かれている物質を、実際にモデルを作ることで、探究していくことを伝える。
・ただ作業的に2つに分類するのではなく、どんな観点で分けるかを明確にさせる。

2 分子モデルを作成する 〈20分〉

含まれている原子の種類で分けられるかもしれない

同じ原子を使っていても、使っている数が違うね

・化学式で表されている物質の模型を作りながら、分類を行っていく。作業は個人で行わせる。
・粒子モデルは、原子の種類によって色を変えておき、使われている原子の種類の数に着目しやすいように工夫するとよい。

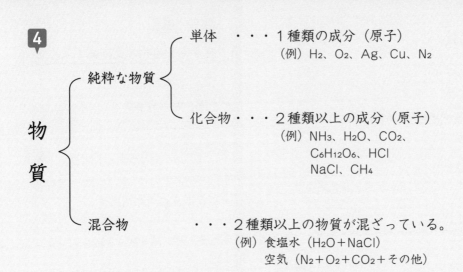

4

純粋な物質 ── 単体 ・・・1種類の成分（原子）
（例）H_2、O_2、Ag、Cu、N_2

物質

純粋な物質 ── 化合物・・・2種類以上の成分（原子）
（例）NH_3、H_2O、CO_2、
$C_6H_{12}O_6$、HCl
$NaCl$、CH_4

混合物 ・・・2種類以上の物質が混ざっている。
（例）食塩水（H_2O＋$NaCl$）
空気（N_2＋O_2＋CO_2＋その他）

＜分子を作らない物質の化学式＞
（例）食塩
→多数のNaとCl原子が1：1の
割合でつながっている。

→ 基本単位で書く。
$NaCl$

---

3 観点を共有する 〈10分〉

4 単体と化合物について知る 〈15分〉

化合物や単体は1種類の物質です。これを純粋な物質といいます。混合物との違いをまとめてみましょう

食塩水のように、化合物である食塩と水が混ざったものが混合物かな

・物質を分類した観点について、班で意見を共有させる。
・他の人の意見を参考にしながら、自分の考えを再構成させる。
・化学式から、含まれている原子の種類や個数について探究することが目的であり、分子の形等については言及しない。

・物質がいくつかの成分の組み合わせでできていることを確認し、1種類の成分でできている物質を単体といい、2種類以上の成分が組み合わさってできている物質を化合物ということを説明する。
・特に混合物と化合物を混同している生徒が多いので、具体的な例を挙げながら、両者の違いをていねいに説明する。
・分子をつくらない物質の化学式を説明する。

第③時

化学反応式

（本時のねらい）
・化学反応を表す方法とそのルールについて理解することができる。

（本時の評価）
・化学反応式のつくり方を粒子モデルと関連付けて理解している。（知）

（準備するもの）
・分子モデル
　（発砲ポリスチレン球、
　カラーシール、
　マグネット等）
・ワークシート

付録

課題 1
化学変化を化学反応式で表そう。

＜水の電気分解＞
　　水　　→　水　＋　酸素

$2H_2O \rightarrow 2H_2 + O_2$ ◀ 2

＜化学反応式の利点＞
・反応に関係した物質の量がわかる。

（授業の流れ）▷▷▷

1 化学反応式で表す意義を考える 〈5分〉

水　　→ 水素 ＋酸素
$2H_2O \rightarrow 2H_2 + O_2$

上の2つの式を見比べて、化学反応式にはどんな利点があるだろうか

・黒板の物質名で書かれた反応式を見ながら、水の電気分解の実験結果を思い出す。そのときに発生した酸素と水素の量について考えさせる。
・次に水の電気分解の化学反応式を示す。
・2つの反応式を見比べて、化学反応式で表す利点を考える。
・その中で、化学反応式は、反応に関与した物質相互の量的関係も表されていることに注目させる。

2 係数と右下の数の関係を考える 〈10分〉

$2H_2O$

係数は分子が何個あるのかを示すのに対して、右下に添える数字は1つの分子内にその原子が何個存在するかを示します。
では、$2H_2O$ には何個の原子が含まれることになるでしょうか？

・係数と原子記号の右下に添える数字の意味を混同しないように、具体例を示して説明する。
・係数は分子が何個あるのかを示すのに対して、右下に添える数字は1つの分子内にその原子が何個存在するかを示していることを説明する。
・例えば、$2H_2O$ 中には、水素原子4個と酸素原子2個が存在することを説明する。

水の電気分解を化学反応式で表そう。

| 手順 | | 水 → 水素 + 酸素 |

① 化学変化を日本語で表す。　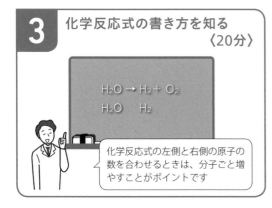

② ①を粒子モデルで表す。

③ 反応の左側と右側を確認し、粒子の数があって
　いなければ、分子ごと増やして数を合わせる。

④ 各分子を化学式で表す。

H_2O → H_2 + O_2
H_2O　　　H_2

⑤ 化学式の前に係数をつける。

$2H_2O$ → $2H_2$ + O_2

---

3 化学反応式の書き方を知る 〈20分〉

H_2O → H_2 + O_2
H_2O　　H_2

化学反応式の左側と右側の原子の
数を合わせるときは、分子ごと増
やすことがポイントです

① 化学変化を物質名を使って表す。
② ①を粒子モデルで表す。
③ ②の左側と右側で粒子の数が同じであること
　を確認する。数に違いがあれば、分子単位で粒
　子の数を増やし、同じ数にする
④ 各粒子モデルを、化学式で表す。
⑤ 同じ種類の分子をまとめ、化学式の前に係数
　をつける。ただし、係数１は省略する。

4 化学反応式で表す練習をする 〈15分〉

これまでの化学変化の
実験を化学反応式で表
してみましょう

酸化銀を加熱すると、銀と酸素
になったね

銀は Ag と Ag_2 のどっち
で表すのだろうか

・いくつかの化学変化を化学反応式で表現する練習
　を行う。
・化学反応式で表すときに、実際の粒子モデルを
　使って作業させるとよい。
・これまで扱ってきた化学変化を例にして、結果等
　を確認しながら考える。
　{ ・酸化銀の熱分解
　{ ・過酸化水素の分解（酸素の発生）

第④時

様々な化学反応式

本時のねらい
・粒子モデルと関連付けながら、様々な化学変化について、化学反応式で表すことができる。

本時の評価
・既習の化学反応を化学反応式で表そうとしている。（態）

準備するもの
・分子モデル
（発砲ポリスチレン球、カラーシール、マグネット等）

課題

さまざまな化学変化を
化学反応式で表そう。

＜これまでの化学変化＞　
①炭酸水素ナトリウム
→　炭酸ナトリウム＋水＋二酸化炭素

黒板用の粒子モデルを使い、
右側と左側の数が合うように
することを説明する。

$2NaHCO_3 \rightarrow Na_2CO_3 + H_2O + CO_2$

授業の流れ ▷▷▷

1 既習の化学変化を復習する〈10分〉

前時に扱った化学変化以外で、これまで行ってきた化学変化を書き出してみましょう

酸化銀が銀になった実験をやったね

中学1年でやった有機物を燃焼させると、二酸化炭素と水ができる実験を覚えているよ

・これまで行ってきた化学変化やその結果を板書しながら復習する。これまでの既習した化学変化を明確化することで、次の展開へつなげる。
  - ・重曹の熱分解
  - ・酸化銀の熱分解
  - ・有機物（メタン）の燃焼：中学1年
  - ・塩酸と金属の反応（水素の発生）：中学1年
  - ・二酸化炭素と石灰水の反応：小学6年

2 化学反応式を練習する〈20分〉

重曹と炭酸ナトリウムの化学式は、とても似ているな

・分子モデルを使って、物質名で表されている反応式を化学反応式で表していく。
・作業は個人で行わせる。
・説明の際は、黒板用のマグネットシートを用いた原子のモデルを使って、反応のモデルと化学式、化学反応式を対応させて示す。

②酸化銀　→　銀　＋　酸素

> 黒板用の粒子モデルを使い、
> 右側と左側の数が合うように
> することを説明する。

$$2Ag_2O \rightarrow 4Ag + O_2$$

③メタン（有機物）の燃焼

> 黒板用の粒子モデルを使い、
> 右側と左側の数が合うように
> することを説明する。

$$CH_4 + 2O_2 \rightarrow CO_2 + 2H_2O$$

3 ＜化学反応式の練習＞
①塩酸の電気分解
$$2HCl \rightarrow H_2 + Cl_2$$

②石灰水と二酸化炭素の反応
$$Ca(OH)_2 + CO_2 \rightarrow CaCO_3 + H_2O$$

---

3 化学反応式を活用する　〈15分〉

塩酸の電気分解
$$HCl \rightarrow H_2 + Cl_2$$

> $2HCl \rightarrow H_2 + Cl_2$になるから、水素と塩素は１：１で集まるのかな

4 化学反応式と実際の反応を関連付ける　〈5分〉

> 塩酸の電気分解を行うと、反応式のように理論的には水素と塩素が１：１で集まります。しかし、塩素は水に溶けやすい性質があるため、実際はこのように水素の方が多く集まります

・実験で扱っていない化学変化を化学反応式で表す。
・学校や生徒の実態等に応じ、適切な難度の課題を与える。深入りはせず、「化学反応式は難しい」という先入観を与えないように注意する。係数をつけるだけに留めるのもよい。
　・塩酸の電気分解
　・ガスバーナーの原理（ブタンの燃焼）
　・石灰水と二酸化炭素の反応

・**3**で扱った化学反応式について、映像や資料集等を使い、実際の変化の様子と関連付けて説明する。
・次回、小テストを行うことを予告しておき、家庭学習を促す。

第⑤時

化学反応式のまとめ

本時のねらい
・学んだことを日常生活や社会に活用しながら、化学式、化学反応式についてまとめることができる。

本時の評価
・化学反応を粒子モデルと関連付けて化学反応式で適切に表している。知

準備するもの
・ワークシート

ワークシート　　　付録

年　組　番　氏名　_____
化学反応式のまとめ

【課題】身の回りで起こっている化学変化について考えよう。
① 化学変化が起こっていると考える現象を1つ書く。

② 上に挙げた例を反応前後の物質に注目する。
【反応前の物質】　　　【反応後の物質】

③ 物質名を使って化学反応式で表す。

④ 化学式を使って化学反応式で表す。

【課題】物質の変化を化学反応式で表す意義を考えよう。

授業の流れ ▷▷▷

1 小テストを行う 〈20分〉

化学式、化学反応式の小テストを行います。原子記号の右下の数字や係数を意識しながら、取り組みましょう

・小テストを行い、化学式、化学反応式のまとめを行う。
・テストを行う前に、原子記号の右下の数字や係数を意識しながら、取り組むように促す。

2 解答を共有する 〈10分〉

お互いの答案を確認しながら、解答を行いましょう。その際に、どこが間違っているのかを指摘してください

4 Ag と書くところを Ag_4 となっているね

なるほど！
銀は分子を作らないから、Ag が基本のつくりになるんだね

・隣同士、または班で答案を交換する。
・お互いに答えを確認し合いながら、解答を行っていく。
・生徒同士で採点を行わせるが、教員が再度採点の確認を行う

課題

身の回りで起こっている化学変化について考えよう。

3

<身の回りで起こっている化学変化>

1班	2班
光合成	呼吸
3班	4班
さび	腐る（腐敗）
5班	6班
発酵	こげる

<身の回りの現象の化学反応式> **4**

●光合成

$$6CO_2 + 6H_2O \rightarrow C_6H_{12}O_6 + 6O_2$$

●呼吸

$$C_6H_{12}O_6 + 6O_2 \rightarrow 6CO_2 + 6H_2O$$

---

3 身の回りの化学反応式を表す 〈15分〉

生命に関わる反応は酸素や二酸化炭素が関わっていそうだね

岩石や宝石は、金属と関りがあることを1年生で習ったね。どのようにできるのかな

［ 関係付け ］

・身の回りで起こっている化学変化について考えさせる。
・身の回りの現象と物質の変化と関連付けて考えることが大切であることを伝える。
・班で共有した意見を黒板に書かせたり、ホワイトボードを貼らせたりして、全体に意見を共有する。

4 まとめをする 〈5分〉

光合成
$$6CO_2 + 6H_2O \rightarrow C_6H_{12}O_6 + 6O_2$$

光合成を化学反応式で表すと、このようになります。物質が関わるすべての反応はこのように化学反応式で表すことができます

・化学式や化学反応式で表すことの意義を再確認させる。
・各班が挙げた「身の回りの起こっている現象」からいくつかを選び、化学反応式で表現するとともに、各反応について説明する。
（例）光合成、アントシアンの色変化、糖の発酵等
・化学式・化学反応式の意義に対する自分の考えを最後に書かせ、まとめる。

第 ⑥ 時

有機物の酸化

（本時のねらい）
・有機物が酸化（燃焼）する実験を行い、その結果を化学反応式と関係付けて考えることで、根拠をもって反応を捉えることができる。

（本時の評価）
・実験結果を、化学反応式を用いて根拠をもって表現している。（思）

（準備するもの）
・木片（またはろうそく）
・石灰水
・集気びん
・ワークシート

付録

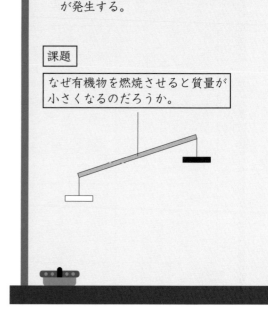

「有機物の酸化」　　　　1

＜既習事項＞
・有機物には炭素や水素がふくまれる。
・有機物を燃焼させると、空気中の酸素の一部が使われ、二酸化炭素が発生する。

課題

なぜ有機物を燃焼させると質量が小さくなるのだろうか。

（授業の流れ）▷▷▷

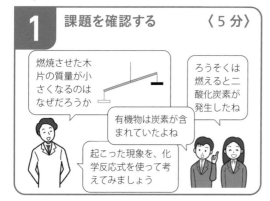

1　課題を確認する　　　〈5分〉

燃焼させた木片の質量が小さくなるのはなぜだろうか

ろうそくは燃えると二酸化炭素が発生したね

有機物は炭素が含まれていたよね

起こった現象を、化学反応式を使って考えてみましょう

（関係付け）

・小6での既習事項である「ろうそくや木が燃えるときの変化」や中1での既習事項である「有機物の性質」を思い出させながら黒板にまとめる。
・同じ質量の木片を天秤につるし、片方の木片を燃焼させる実験を演示する。燃焼させた木片の質量が小さくなる理由を、化学反応式と関係付けて考えるねらいを明確にする。

2　仮説を設定する　　　〈10分〉

木片は有機物だから、燃焼すると二酸化炭素がでるね。炭素が含まれているから、「$C+O_2$」かな

有機物は水素も含まれていたよね。ということは、「H_2+O_2」かな

（仮説の設定）◀（対話的な学び）

・有機物に炭素が含まれることや燃焼させると二酸化炭素が発生することから、化学反応式を用いて、反応の結果について仮説を立てる。
・個人で仮説を立て、その後、班で意見を共有していく。
・他の人の意見を参考にしながら、自分の考えを再構成させる。

<＜各班の仮説＞

1班

2班

3班

4班

5班

6班

7班

8班

9班

10班

＜実験結果＞ 4

木片やろうそくを燃焼させると

①石灰水が白くにごる。
→二酸化炭素が発生

②瓶の壁面がくもる。
→水（水蒸気）が発生

＜まとめ＞

有機物が酸化するときの化学反応式

$C \quad + \quad O_2 \quad \rightarrow \quad CO_2$

$H_2 \quad + \quad O_2 \quad \rightarrow \quad 2H_2O$

↓

有機物は、燃焼すると二酸化炭素や水を
発生するため、質量が小さくなる。

3 実験を行う 〈20分〉

石灰水の変化以外にも変化して
いることはないだろうか

集気びんの
壁面に水滴
がついてい
るように見
える

何が水になっ
たのだろう？

実験

・仮説を基に、検証実験を実施させる。

・二酸化炭素以外にも水（水蒸気）が発生している
ことに注目するように促す。

4 まとめをする 〈15分〉

実験結果や既習事項より、有機物中の
炭素と空気中の酸素から二酸化炭素が
つくられたと考えられます

ということは、有機物中の水
素と空気中の酸素から水がつ
くられたのかな？

・今回の実験結果についてまとめる。

・木片やろうそくは混合物であるため、明確に化学
式が定まっている物質ではない。そのため、有機
物中の炭素と水素の反応について2つの化学反応
式を用いて表現することに留意する。

・生徒が化学反応式を作る時間を十分に確保したい。
また、個人で考えた後に、ペアワークやグループ
での対話的な学びを行うことも効果的である。

第⑦時

金属の酸化

本時のねらい

・金属が酸化（燃焼）する実験を行い、どんな
変化が起こるかを調べ、その結果について既
習事項を基に解釈することができる。

本時の評価

・実験結果から解釈し、その変化について適切
に表現している。（思）

準備するもの

・スチールウール
・電子天秤
・電池、豆電球、導線
・5％塩酸
・ワークシート

付録

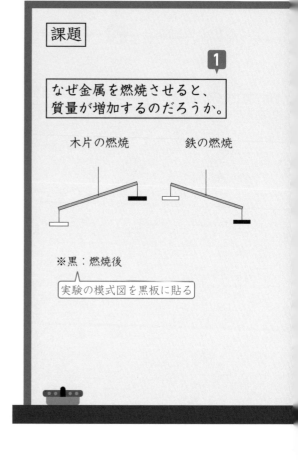

課題

1

なぜ金属を燃焼させると、
質量が増加するのだろうか。

木片の燃焼　　　鉄の燃焼

※黒：燃焼後

実験の模式図を黒板に貼る

授業の流れ ▷▷▷

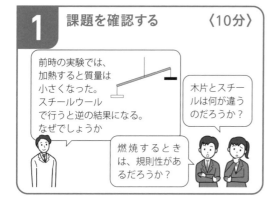

1 課題を確認する 〈10分〉

前時の実験では、
加熱すると質量は
小さくなった。
スチールウール
で行うと逆の結果になる。
なぜでしょうか

木片とスチールは何が違うのだろうか？

燃焼するときは、規則性があるだろうか？

・これまでの生活経験や小学校で行った実験から、
生徒は「物質が燃焼すると質量は軽くなる」と考
えている。燃えるときにはいつも二酸化炭素が発
生すると思っている生徒が多いと考えられる。

・酸素や二酸化炭素などの物質の出入りと関係付け
て考えさせることで、「見いだした関係性から課題
を設定する力」を育てることができる。

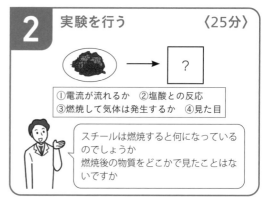

2 実験を行う 〈25分〉

？

①電流が流れるか　②塩酸との反応
③燃焼して気体は発生するか　④見た目

スチールは燃焼すると何になっているのでしょうか
燃焼後の物質をどこかで見たことはないですか

実験　　比較

・燃焼前のスチールウールと燃焼後の物質（酸化鉄）
において、電流の流れ方、見た目や手ざわり、二
酸化炭素の発生の有無等を調べる実験を行い、燃
焼の前後で物質の性質を比較する。

・気体の発生の結果を木片の実験の結果と比較する。

・これらのことから、鉄が燃焼（酸化）することで
「鉄が錆びている」ことや、金属と木片の物質の性
質の違いに気付かせるように促していく。

結果

電気が流れるか	塩酸との反応	燃焼したときの気体の発生	見た目・手ざわり
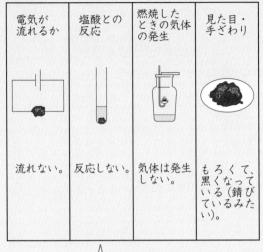			
流れない。	反応しない。	気体は発生しない。	もろくて、黒くなっている（錆びているみたい）。

↑ 拡大した用紙を貼る

まとめ 4

鉄が燃焼したときの化学変化

鉄　＋　酸素　→　酸化鉄

金属が燃焼するときは、
酸素が結びつく（酸化）
→質量が増加する。

---

3 既習事項を確認する　〈5分〉

木片や金属の性質について、中学1年で学習したことをもとに整理しましょう

前回の実験結果から、木片は、燃焼すると水と二酸化炭素を発生させたから有機物だね

金属は無機物だから・・・

・実験結果を考察する際に、用いる既習事項を明確にしておくことで、生徒の思考を促すことができる。
・ここでは、中学1年で学習した「有機物・無機物の違い」や「金属が無機物である」ことを整理しておく。
・生活体験より、鉄は空気中で次第に錆びていくことを確認する。

---

4 考察する　〈10分〉

鉄はよく錆びるけれど、今回の実験結果と関係はあるのだろうか

今回、燃焼してできた物質は、性質や形状が錆びた金属と似ている気がする

鉄が酸素と結び付いているから、化学反応式は 2 Fe ＋ O₂ → 2 FeO かな

考察・推論

・燃焼は身近な現象であるが、「化学変化の一つである」という認識は低い。そこで「燃焼は化学変化の一つである」ことを、全体で共有しながら考察することで気付かせる。そのためには、「酸素が使われたのではなく、酸素と結び付いた」ということに気付くように促していく。
・錆びていることは「酸化物」に変化していることであることに気付くように促していく。

第 ⑧ 時

様々な酸化

本時のねらい

・穏やかな酸化や酸化を防ぐための工夫などを調べることができる。

本時の評価

・日常生活と結び付け、それらを科学的に探究しようとしている。（態）

準備するもの

・1班で1台のPC
・ワークシート

授業の流れ ▷▷▷

1 身の回りの酸化について考える〈5分〉

これまでは光や熱を出す化学変化でしたが、穏やかに進む酸化はないだろうか

鉄は放置しておくと錆びてしまうよね。これは、スチールウールを燃焼したときにできた物質と同じかな？

社会科で、鉄鉱石やボーキサイトを輸入して、鉄やアルミニウムを作っていると学習したね

自然事象に対する気付き

・これまでの実験結果を復習しながら、「酸化」が酸素と結び付く化学変化であることを確認する。

・この知識を基に、身の回りで起こる酸化や酸化を防ぐ仕組みについて、班ごとに調べる。

・教員が各班の意見を集約し、各班で異なる内容を調べ、発表する活動も可能である。
（例）さび、食品の劣化、鉱物（鉄鉱石・ボーキサイト）、紙の劣化、肌等

2 班で決めた内容を調べる〈25分〉

製品や食材などが酸化すると、劣化することが多いみたい

酸化（劣化）を防ぐために、商品とは別のところにも工夫をしているね

・身の回りの酸化やそれを防ぐ工夫について、班で協力して調べる。

・身の回りで起こる酸化とその酸化を防ぐ仕組みについて調べることを改めて確認する。

・班で1台のPCがあれば、発表資料（パワーポイント等）を作成させる方法もある。

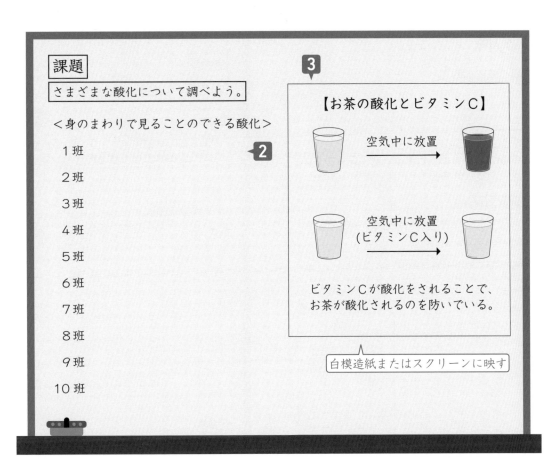

課題

さまざまな酸化について調べよう。

2
＜身のまわりで見ることのできる酸化＞

1班

2班

3班

4班

5班

6班

7班

8班

9班

10班

3
【お茶の酸化とビタミンC】

空気中に放置 →

空気中に放置
（ビタミンC入り）
→

ビタミンCが酸化をされることで、
お茶が酸化されるのを防いでいる。

白模造紙またはスクリーンに映す

---

3 班ごとに発表する 〈15分〉

▷ 対話的な学び

・各班の調べた内容を、クラス全体へと広げる。

・代表者が発表する方法、ジグソー法、ワールドカフェ方式など様々な手法があるので、生徒の実態に合わせた方法で行う。

---

4 酸化を防ぐ仕組みについて
まとめる 〈5分〉

酸化を防ぐためには、大まかに分けて 2 つの方法がありました。
①酸素と触れ合わない工夫
②酸素と結び付きやすい物質を利用する工夫

普段何気なく見ているものも、酸化を防ぐために工夫されていることに驚いたな

・次回の「酸化銅の還元」の実験につなげるために、酸化を防ぐ仕組みを以下のようにまとめておく。
①酸素と触れ合わないようにする。
（例）塗装、化粧、菓子袋等
②酸素と結び付きやすい物質の利用
（例）ビタミンC、鉄粉（酸化防止剤）

第⑨時

酸化銅の還元

本時のねらい

・酸化銅から銅を取り出すことができるかを調べることができる。

本時の評価

・粒子モデルと関連付けて考えながら適切に実験を行っている。（知）

準備するもの

・酸化銅
・炭素粉末
・水素（還元剤）
・気体誘導管
・ピンチコック
・試験管、水槽
・ワークシート

付録

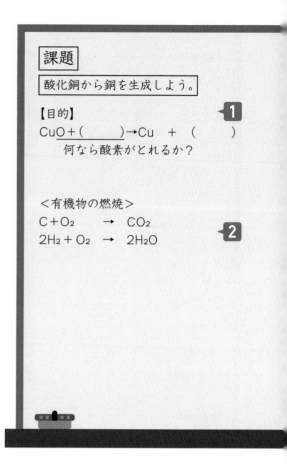

課題

酸化銅から銅を生成しよう。

【目的】　❶
$CuO + (\quad\quad) \rightarrow Cu + (\quad\quad)$
　何なら酸素がとれるか？

＜有機物の燃焼＞　❷
$C + O_2 \quad \rightarrow \quad CO_2$
$2H_2 + O_2 \quad \rightarrow \quad 2H_2O$

授業の流れ ▷▷▷

1 酸化銅が熱分解しないことを演示する 〈5分〉

酸化銅を加熱するだけでは、酸素をとることができない。どんな工夫をすればよいだろうか

酸素を奪うような物質を加えることで酸素をとることができないかな

酸化銅 ✕ 銅

・粒子モデルから酸化と逆の化学変化であることを気付かせる。
・演示実験の結果から、ただ加熱しただけでは酸化銅が分解しないことを指摘させる。その上で、どのようにすれば銅を取り出すことができるかを考えさせる。「酸化銅から酸素を奪うような物質が必要である」という仮説が立てられ、それを確かめるための実験を計画することができる。

2 酸素を奪う物質について考える 〈10分〉

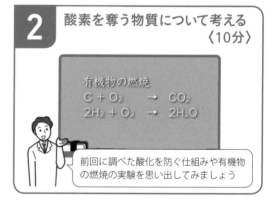

有機物の燃焼
$C + O_2 \quad \rightarrow \quad CO_2$
$2H_2 + O_2 \quad \rightarrow \quad 2H_2O$

前回に調べた酸化を防ぐ仕組みや有機物の燃焼の実験を思い出してみましょう

・「酸素をとる」ためには、銅よりも酸化されやすい物質が必要であると気付けるように促していく。
・前時の酸化を防ぐ仕組みや有機物の性質等を、必要に応じて伝えていく。
・粒子モデルで考えることで、炭素や水素が酸素を奪うことができることに気付かせる。
・実験は炭素や水素を選択させて、各班ごとに実験させることもよい。

酸化銅の還元

122

【実験操作】

1 酸化銅と鉄の粉末をよく混ぜる

酸化銅と炭を乳鉢でよく混ぜ、試験管に入れる。

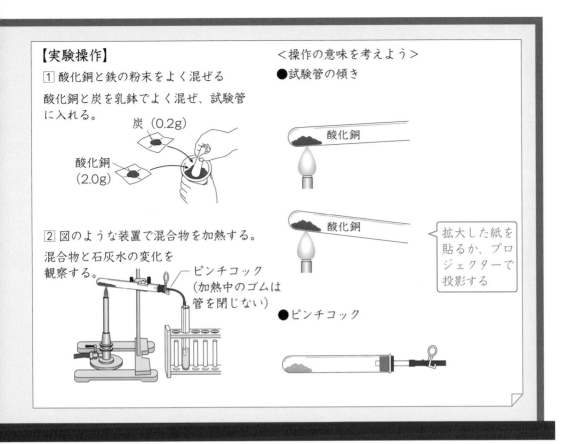

炭（0.2g）

酸化銅（2.0g）

2 図のような装置で混合物を加熱する。

混合物と石灰水の変化を観察する。

ピンチコック
（加熱中のゴムは管を閉じない）

＜操作の意味を考えよう＞

●試験管の傾き

酸化銅

酸化銅

拡大した紙を貼るか、プロジェクターで投影する

●ピンチコック

---

3 実験を行う 〈30分〉

実験後はピンチコックで外気との接触を防ぎます。なぜこの操作の必要があるのだろうか

もしかしたら、酸化して元の酸化銅に戻ってしまうのかな

銅と炭素（水素）ではどっちが酸素と結び付きやすいのかな？

実験

・自分たちが用いる還元剤によって、発生する物質が異なり、装置の傾きも変わる。このように操作の意味を考えて実験させる。

・加熱後にゴム管をピンチコックでとめるのは、冷めるのを待つ間に酸素にふれて、再び酸化してしまうのを防ぐためであることを確認する。金属から酸素をとる反応よりも、金属が酸素と結び付く反応の方が起きやすいことが分かる。

4 まとめをする 〈5分〉

次回のレポートに備えて、結果や操作の意味などについてまとめておきましょう

このようにまとめていくと、それぞれの操作の意味が理解できますね

・結果をまとめる。

・次回のまとめ（レポート作成）につなげるために、操作などについてもまとめさせる。

第⑩時

酸化銅の還元のまとめ

本時のねらい

・実験結果を化学レポートの形式にしたがって
まとめることができる。

本時の評価

・実験を振り返り、適切に考察を行い、他と共
有している。思

準備するもの

・レポート用ワークシート

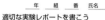

年　組　番　氏名

適切な実験レポートを書こう

(1) 結果の書き方

→ 結果は、操作を行って得られた事実を書く。
・（　過去形　）で書くことが望ましい。
・事実を箇条書きにするのでは、読み手に分かりにくいレポートになってしまう。よって、得られたデータに対して、適切な方法で表現することが大切である。

　①（　　表　　）：結果を一覧で見ることができる。しかし、情報が多いと見にくくなる。その場合には、表を分ける必要がある。
　②（　グラフ　）：数値データの変化を表現したり比較したりするのに効果的である。

(2) 考察の書き方

→考察は、レポートの中でも重要な項目である。実験や観察の結果から、目的に関して得られた考え（結論）を書く。
・結果から結論をどのように導いたかを説明する。そのためには、（根拠（実験データ））が重要となる。
・本や論文などの資料に書かれている事実を根拠にすることもできる。
・実験を行う（　目的　）に対応させて記述することが大切である。

(3) お互いの考察を評価しよう

→自分のレポート（考察）や他の人のレポートを読み、下の評価基準をもとにお互いのレポートを評価してみよう。評価をした後は、レポートを再考し、よりよいレポートになるようにしよう。

【評価基準】
　① 課題に対する自分の意見が述べられている。
　② 目的に対応した内容になっている。
　③ 自分の考えの根拠を示している。
　④ 自分の考えの根拠となる実験データを示している。
　※①～④の各基準に対して、
　　A：満足できる　B：だいたい満足できる　C：少し不十分である　D：不十分である
　で評価する。

	基準①	基準②	基準③	基準④
自分のレポート（自己評価）				
班員：（　　　）				
班員：（　　　）				

授業の流れ ▶▶▶

1 レポートの意義について考える　〈5分〉

レポートは、第三者が見て理解できることが重要です。そのためには、どのような工夫をする必要があるでしょうか

方法などに図や写真があると分かりやすいかな

実験した結果や考察が重要ではないかな

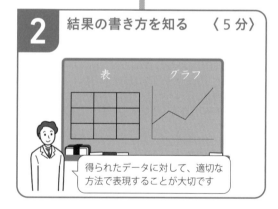

2 結果の書き方を知る　〈5分〉

表　　　グラフ

得られたデータに対して、適切な方法で表現することが大切です

・化学レポートの意義や基本の書き方を説明する。
「どのような実験を、どのような理論・原理に基づいて、どのような装置を使って、どのような手順で行い、どのような結果が得られ、その結果をどのように考えたか」を第三者に伝えるツールである。
・最低限のルールを守ることが重要だと伝える。
・今回は、結果と考察を化学レポートの書き方に沿って作成することを伝える。

・結果は、事実を過去形で書くことが望ましい。しかし箇条書きにするのでは、分かりにくいレポートになってしまう。よって、適切な方法で表現することが大切であると伝える。
①表：結果を一覧で見ることができる。情報が多い場合には、表を分ける必要がある。
②グラフ：数値データの変化を表現したり比較したりするのに効果的である。

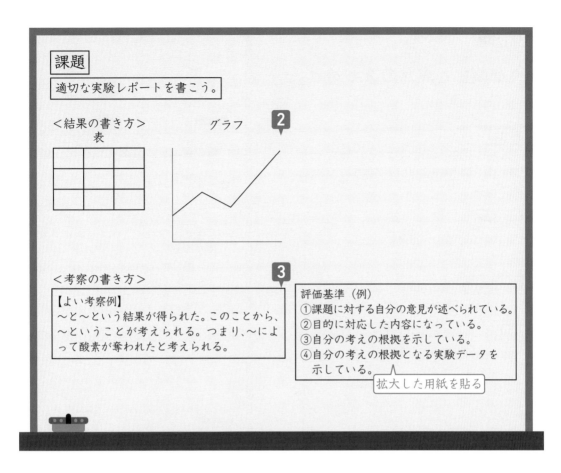

課題

適切な実験レポートを書こう。

＜結果の書き方＞
表　　　　　グラフ　　　2

＜考察の書き方＞　　3

【よい考察例】
～と～という結果が得られた。このことから、
～ということが考えられる。つまり、～によって酸素が奪われたと考えられる。

評価基準（例）
①課題に対する自分の意見が述べられている。
②目的に対応した内容になっている。
③自分の考えの根拠を示している。
④自分の考えの根拠となる実験データを示している。

拡大した用紙を貼る

3　レポートを作成する　〈25分〉

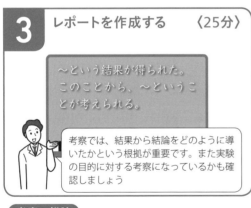

～という結果が得られた。このことから、～ということが考えられる。

考察では、結果から結論をどのように導いたかという根拠が重要です。また実験の目的に対する考察になっているかも確認しましょう

考察・推論

・考察は、レポートの中でも重要な項目である。実験や観察の結果から、目的に関して得られた考え（結論）を書く。結果から結論をどのように導いたかを説明する。そのためには、根拠が重要となることを伝える。

・資料等などの学術的背景を交えて根拠立てて説明することが大切である。

・目的に対応させて記述することが大切である。

4　考察を共有する　〈15分〉

表現・伝達

・生徒の書くレポートは、文章となっていなかったり、単語のみであったりすることが多い。同じ程度の知識や理解をもった同学年の生徒に読んでもらうことで、より理解しやすいレポートになる。

・レポート用紙に自己評価や相互評価ができる評価基準を示しておくことで、生徒自身が自己の変容を感じることができる。

第⑪時

様々な酸化と還元のまとめ

「酸化や還元についてまとめよう」

＜実験のまとめ＞ **1**

●試験管の中の赤い物質・・・銅
　　　　　　　　　（光沢・色）
　酸化銅が（還元）されて銅になった。

●発生した気体・・・二酸化炭素
　　　　　　（石灰水が白くにごった）

　炭素が（酸化）されて二酸化炭素
になった。

本時のねらい

・様々な酸化や還元についてまとめ、得られた
　知識を基に実験結果について仮説を立てるこ
　とができる。

本時の評価

・日常生活と結び付け、酸化について、探究的
　に調べようとしている。（態）

準備するもの

・マグネシウムリボン
・二酸化炭素ボンベ
・集気びん
・ピンセット
・ガスバーナー、マッチ
・ワークシート

付録

授業の流れ ▷▷▷

1 実験についてまとめる 〈10分〉

これまで行った実験の化学反応式を
示します。酸素に注目すると、反応
にはどんな特徴があるでしょうか

酸素は、結び付きやすい
原子と反応しているん
じゃないかな

・これまでの化学変化を化学反応式で板書する。
・化学反応式の中で、酸素と結び付いている物質を
　ピックアップする。
・酸化と還元が同時に起こっていることを説明する
　中で、酸素との結び付きやすさがあることに気付
　くように促していく。

2 仮説を設定する 〈10分〉

二酸化炭素中で実験をするわけ
だから、炎は消えると思う

もし、二酸化炭素中から
酸素がとることができた
なら、燃えるんじゃない
かな

仮設の設定

・マグネシウムを二酸化炭素の中で燃焼させるとい
　う課題を提示する。
・マグネシウムと二酸化炭素の反応結果について、
　班で仮説を立てる。
・仮説に対して、どのようなことを観察すればよい
　かを班で話し合う（二酸化炭素とマグネシウムの
　反応の操作は教師が指示する）。

これまでの化学反応式>

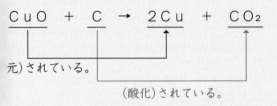

$$CuO + C → 2Cu + CO_2$$

元)されている。

（酸化）されている。

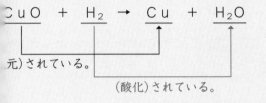

$$CuO + H_2 → Cu + H_2O$$

元)されている。

（酸化）されている。

課題 ②

二酸化炭素の中でマグネシウムを燃焼させられるか。

①集気びんに二酸化炭素を集める。

②マグネシウムリボンをピンセットで持って、ガスバーナーで点火する。

③ピンセットで持ったまま、マグネシウムリボンを集気びんに入れる。

※注意
マグネシウムが燃焼しているときの光は長時間見ない。

---

3 実験を行う 〈20分〉

反応後の集気びんの中によく注目しましょう。どんな物質ができているでしょうか

・二酸化炭素中でマグネシウムを燃焼させる実験を行う。
・反応後のマグネシウムの性質や、炭素の析出等に気付くように促していく。

4 まとめをする 〈10分〉

二酸化炭素の中でも燃えたね

マグネシウムリボンは白くなったね。
また黒い物質もあるね

お茶などの酸化防止剤に使われるビタミンCは、お茶の成分より酸素と結び付きやすいため、お茶の酸化を防ぐことができます

・実験結果をまとめる中で、物質同士の反応には、物質の結び付きやすさが関係することを、改めて確認する。
・身の回りで起こっている現象について、原子の結び付きやすさに着目して、説明する。
・化学変化では原子同士の結び付きやすさがあることに気付くように促していく。

鉄の硫化

本時のねらい

・鉄と硫黄を反応させると何ができるかを調べることができる。

本時の評価

・粒子モデルと関連付けて考えながら適切に実験を行っている。（知）

準備するもの

・鉄粉、硫黄、乳鉢、
・磁石
・5％塩酸
・ガスバーナー、マッチ
・ワークシート

授業の流れ ▷▷▷

1 仮説を設定する 〈5分〉

鉄を空気中で燃焼させると、酸化鉄になりました。では鉄と硫黄を混ぜた粉末を加熱するとどうなるだろうか

酸化銅の還元の実験では、銅よりも炭素の方が酸素と結び付きやすかったね

硫黄と酸素はどちらが鉄と結び付きやすいのかな

仮設の設定 〔比較〕

・鉄を空気中で燃焼させると空気中の酸素を結び付いて酸化物になった。また酸化銅に炭素を混ぜた粉末を加熱すると銅の酸素を奪うことができた。
・このことを基に鉄と硫黄の変化について考え、それを確かめる実験を立案することを伝える。
・結び付きやすさを比較することで仮説が立てられることに気付くように促す。

2 実験計画を立案する 〈15分〉

検証計画の立案

・以下の3点が仮説より考えられる。
　①鉄と酸素が化合する（酸化鉄ができる）。
　②鉄と硫黄が化合する（硫化鉄ができる）。
　③硫黄と酸素が化合する（二酸化硫黄ができる）。
・これらを確かめる実験を立案させる。
・鉄の酸化の実験において「酸化鉄」を確かめるために行った実験を基に考えさせる。

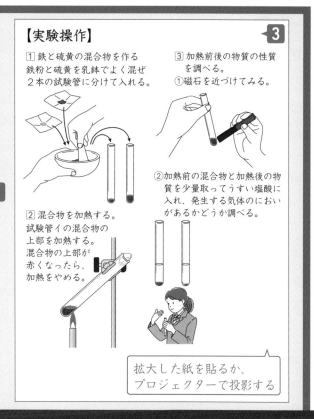

【実験操作】 3

① 鉄と硫黄の混合物を作る
鉄粉と硫黄を乳鉢でよく混ぜ
2本の試験管に分けて入れる。

③ 加熱前後の物質の性質
を調べる。
①磁石を近づけてみる。

②加熱前の混合物と加熱後の物
質を少量取ってうすい塩酸に
入れ、発生する気体のにおい
があるかどうか調べる。

② 混合物を加熱する。
試験管イの混合物の
上部を加熱する。
混合物の上部が
赤くなったら、
加熱をやめる。

拡大した紙を貼るか、
プロジェクターで投影する

課題

鉄と硫黄の反応について考え
よう。

＜酸化銅の還元＞
$2CuO + C \rightarrow Cu + CO_2$ 1

・酸素との結びつきやすさ
　Cu ＜ C

＜仮説＞
・鉄と酸素が化合する。
・鉄と硫黄が化合する。
・硫黄と酸素が化合する。

---

3 実験を行う 〈25分〉

塩酸と反応させた
結果は、酸化鉄と
は違う気がする

反応の仕方がスチール
ウールを燃焼させたと
きとは異なる気がする

実験

・硫化鉄にうすい塩酸を加えて鉄との反応性の違い
を調べる場合は、生じた硫化鉄の一部をピンセッ
トで取り、別の試験管に入れたうすい塩酸に入れ
る。生成した硫化鉄に駒込ピペット等で直接塩酸
をかけると多量の硫化水素が発生して危険である。
・硫化水素の発生はすべての班が同時に行い、硫化
水素の発生確認後、直ちに反応した試験管を回収
し、多量の水に入れて反応を止めるようにする。

---

4 まとめをする 〈5分〉

結果をワークシートにまとめて
おきましょう。次回はこの結果
を基にレポートを作成します

「鉄と酸素」、「鉄と硫
黄」は反応したけど、
「硫黄と酸素」は反応
しないのかな

・結果をまとめる。
・次回のまとめにつなげるために、操作などについ
てもまとめさせる。

第⑬時

鉄の硫化のまとめ

本時のねらい

・実験結果を化学レポートの形式にしたがって まとめることができる。

本時の評価

・実験を振り返り、適切に考察を行い、他と共 有している。思

準備するもの

・レポート用ワークシート （パソコン）

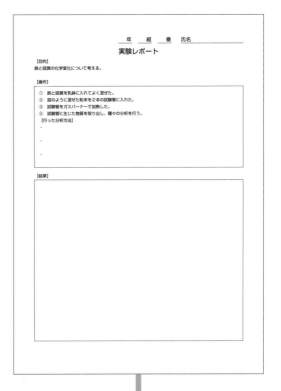

年　組　番　氏名 _____
実験レポート

【目的】
鉄と硫黄の化学変化について考える。

【操作】
① 鉄と硫黄を乳鉢に入れてよく混ぜた。
② ①のように混ぜた粉末を2本の試験管に入れた。
③ 試験管をガスバーナーで加熱した。
④ 試験管に生じた物質を取り出し、種々の分析を行う。
【行った分析方法】
・
・
・

【結果】

授業の流れ ▷▷▷

1 よい考察例を知る　〈5分〉

前回のレポートより、考察のよい例をいくつか 紹介します。今回のレポートに生かしましょう

・前回提出されたレポートから、いくつかの考察を プロジェクター等で全体に共有しながら、結果や 考察の書き方を復習する。
・紙で作成してもパソコンで作成しても、どちらで もよいことを伝える。

2 レポートを作成する　〈25分〉

表現・伝達

・レポート用紙やパソコンを使って、個人でレポー トを作成する。
・一人一台のパソコンがあれば、パソコンで作成し たレポートを、クラウド上でお互いに見たり、考 察を再考して書き直したりするのに便利である。

鉄と硫黄の反応　まとめ

【よい考察例】

石灰水が白くにごった結果から、二酸化炭素が発生したと考えられる。このことから、炭素が酸化銅から酸素を奪って二酸化炭素になったと考えられる。つまり、炭素によって、酸化銅の酸素が奪われて、銅がつくられたといえる。

金属光沢や色などから生成した物質は銅であると考えられる。つまり酸化銅から酸素がなくなり銅になったと考えられる。また石灰水が白くにごった結果から二酸化炭素が発生したことがわかる。炭素は燃焼すると二酸化炭素になる。これらのことより、酸化銅と一緒に混ぜた炭素が酸素を奪う性質をもっていたと考えられる。

評価基準（例）
①課題に対する自分の意見が述べられている。
②自分の立てた仮説について言及している。
③仮説に対応した内容になっている。
④自分の考えの根拠を示している。
⑤自分の考えの根拠となる実験データ

模造紙またはスクリーンに映す

3　考察を共有する　〈10分〉

この結果を入れるとさらによくなるね

この部分の考察がわかりにくいかもしれないね

表現・伝達

・生徒の書くレポートは、文章となっていなかったり、単語のみであったりすることが多い。同じ程度の知識と理解力をもった同学年の生徒に読んでもらうことでより理解しやすいレポートになる。
・レポート表紙に自己評価や相互評価ができる評価基準を示しておく。

4　考察を再考する　〈10分〉

・班員から講評してもらった意見を基に、考察を再考する。

第 ⑭ 時

発熱反応

本時のねらい

・熱が生じる化学変化の実験を行い、結果をまとめて解釈することができる。

本時の評価

・実験を振り返り、適切に考察を行い、他と共有している。(思)

準備するもの

・酸化カルシウム
・鉄粉
・活性炭
・飽和食塩水
・蒸発皿
・温度計
・保護眼鏡
・ワークシート

付録

課題

熱を発生させる化学変化について考えよう。

＜身の回りの熱が関係する化学変化例＞

・カイロ　**1**

・温められるお弁当

・燃焼

・酸素の発生（過酸化水素水の分解）

・ごはんを食べる

授業の流れ ▷▷▷

1 課題を確認する 〈5分〉

これまでの実験や身の回りの現象で、熱が関係する化学変化はあるでしょうか

有機物や金属を燃焼させた実験は光や熱を出したよね

カイロは熱が関係するよね

自然事象に対する気付き

・日常生活の中で、化学変化によって熱が関係する例を考えさせる。その中で、これまでの実験で扱った燃焼は、光や熱を発生する激しい酸化反応であることに気付くように促す。

・酸化カルシウムの演示実験を行い、酸化反応以外にも発熱反応が起こることを認識させるとともに、この反応が弁当を温めるのに使われている例を紹介する。

2 実験を行う 〈15分〉

鉄が酸化することで、熱を発生させているんじゃないかな

それだと食塩水や活性炭は何のために入れるのかな

実験

・カイロの成分を混ぜる実験を行い、温度変化を調べる。

・実験を行う中で、カイロが「鉄の酸化」を利用していることに気付くように促す。

・カイロの各成分の役割についても考えさせる。

【実験操作】

① かいろの成分を混ぜる

蒸発皿に鉄粉と活性炭を入れ、よくかき混ぜる。そこに、食塩水を加えて混ぜる。

食塩水
（約5ml）

活性炭
（約3g）

鉄粉
（約6g）

※注意　保護眼鏡をかける

② 温度変化を記録する。

1分ごとの温度を
10～15分間記録する。

※注意　熱くなるのでやけどに注意する。

③ ＜結果のまとめ方＞

・時間経過に伴う数値の変化
　→グラフを使って結果を表す。

・グラフの点を結ぶ線
①横軸と縦軸に関係性がありそう。
　→　点と点の間を通る直線を書く。

②横軸と縦軸に関係性がない
　→　点と点を滑らかな線で結ぶ。

拡大した紙を貼るか、
プロジェクターで投影する

3　結果を基に、考察をする　〈25分〉

今回のレポートでは、温度変化の結果をグラフで表しましょう

4　まとめをする　〈5分〉

今回の実験では熱が発生することで温かくなる反応を行いました。この逆で、反応して冷たくなることはあるでしょうか

冷たくなる反応なんてあるのかな

冷却スプレーや瞬間冷却パックはどうなのかな

・温度変化の結果については、グラフを作成させる。その際に、プロットした点をすべて結ぶ折れ線グラフにするのではなく、滑らかな曲線にするように指示する。
・考察する中で、短時間で鉄を反応させるためにいろいろな工夫がされていることに気付くように促す。

・「熱が関係する＝発熱する」と捉える生徒が多い。
・次回の実験につなげるために、冷たくなる反応についても意識をもてるようにする。

第⑮時

吸熱反応

（本時のねらい）
・熱を吸収する実験を行い、結果をまとめて解釈することができる。

（本時の評価）
・実験を振り返り、適切に考察を行い、他と共有している。（思）

（準備するもの）
・炭酸水素ナトリウム水溶液・クエン酸
・塩化アンモニウム・水酸化バリウム
・温度計・薬さじ・こまごめピペット
・ガラス棒・ろ紙
・ビーカー
・保護眼鏡
・ワークシート
・実験レポート（⑭・⑮時共通）

―――――

年　組　番　氏名

熱を吸収する化学変化

【課題】身の回りで冷たくなる化学変化を考えよう。

（1）実験　アンモニアの発生
【操作】
① 塩化アンモニウム1gを電子天秤で測りとり、試験管に入れる。
② 水酸化バリウム3gを電子天秤で測りとり、試験管に入れる。
③ 試験管に温度計を入れる。
④ 水1mLを取り、試験管に加える。
⑤ フェノールフタレイン液をしみこませた脱脂綿ですばやく試験管にふたをする。
⑥ 1分ごとに温度計で温度を測定する。

脱脂綿

【結果】
① 温度変化の結果

時間（分）	0	1	2	3	4	5	6	7	8	9
温度（℃）										
時間（分）	10	11	12	13	14	15	16	17	18	19
温度（℃）										

② その他の観察結果

（2）熱が関係する化学変化のまとめ
①温度が上がる化学変化
　→　化学変化の結果、熱が（周囲へ出ていこうと）するため、周囲の温度が上がる。

| 鉄 | ＋ | 酸素 | → | 酸化鉄 | ＋ | 熱 |

②温度が下がる化学変化
　→　化学変化の結果、熱を（周囲から取り入れよう）するため、周囲の温度が下がる。

| 塩化アンモニウム | ＋ | 水酸化バリウム | ＋ | 熱 | → | アンモニア | ＋ | 塩化バリウム | ＋ | 水 |

―――――

（授業の流れ）▷▷▷

1 身の回りの冷たくなる化学変化を演示する　〈5分〉

冷たくなる反応はあるでしょうか

身の回りには冷たくなるものは多いけど、化学変化で冷たくなっているかは分からないな

そういえば、瞬間冷却パックをお店で見つけたよ

・前時の最後に考えた「冷たくなる反応」についての意見を聞く。
・炭酸水素ナトリウム水溶液にクエン酸（レモン汁）を入れる実験を演示し、冷たくなる反応があることを確認させる。

2 実験を行う　〈15分〉

刺激臭がしてきたからアンモニアが発生しているね

ビーカーを触ると、とても冷たいよ

実験
・アンモニアを発生させる実験を行い、温度変化を調べる。
・吸熱反応の例は少ない。温度変化を観察するだけでなく、容器を手で触らせることで、吸熱反応を実感させる。

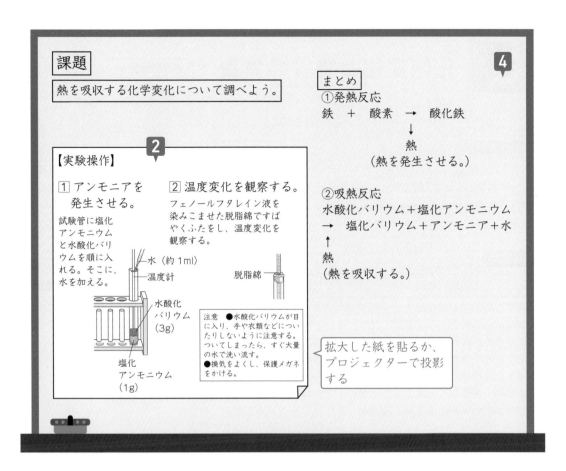

【課題】

熱を吸収する化学変化について調べよう。

【まとめ】

①発熱反応

鉄 ＋ 酸素 → 酸化鉄

↓

熱

（熱を発生させる。）

②吸熱反応

水酸化バリウム＋塩化アンモニウム

→ 塩化バリウム＋アンモニア＋水

↑

熱

（熱を吸収する。）

拡大した紙を貼るか、プロジェクターで投影する

2

【実験操作】

① アンモニアを発生させる。

試験管に塩化アンモニウムと水酸化バリウムを順に入れる。そこに、水を加える。

② 温度変化を観察する。

フェノールフタレイン液を染みこませた脱脂綿ですばやくふたをし、温度変化を観察する。

水（約1ml）

温度計

水酸化バリウム（3g）

塩化アンモニウム（1g）

脱脂綿

注意 ●水酸化バリウムが目に入り、手や衣類などについたりしないように注意する。ついてしまったら、すぐ大量の水で洗い流す。
●換気をよくし、保護メガネをかける。

---

3 考察をし、共有する 〈25分〉

反応して冷たくなるのはなぜでしょうか
熱がどのように関係するのでしょうか

表現・伝達

・考察をする中で、冷たくなることが熱を吸収している（奪われている）ことであることに気付くように促す。汗拭きシートなどをつけると冷たく感じることを例にするとよい。
・考察ができたら班でお互いのレポートを読み、講評を行う。

4 まとめをする 〈5分〉

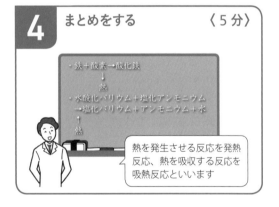

・鉄＋酸素→酸化鉄
↓
熱
・水酸化バリウム＋塩化アンモニウム
→塩化バリウム＋アンモニウム＋水
↓
熱

熱を発生させる反応を発熱反応、熱を吸収する反応を吸熱反応といいます

・発熱反応と吸熱反応についてまとめる。
・熱の出入りに注目して反応を考えることを伝える。

5 化学変化と物質の質量 （6 時間扱い）

単元の目標

　化学変化の前後における物質の質量や化学変化に関係する物質の質量について、見通しをもって、解決方法を立案して実験を行い、得られた結果を分析して解釈し、化学変化の前後で物質の質量の総和が等しいこと及び反応する物質の質量の間には一定の関係があることの二つの規則性を見いだして理解させる。

評価規準

知識・技能	思考・判断・表現	主体的に学習に取り組む態度
化学変化を原子や分子のモデルと関連付けながら、化学変化と質量の保存、質量変化の規則性についての基本的な概念や原理・法則などを理解しているとともに、科学的に探究するために必要な観察、実験などに関する基本操作や記録などの基本的な技能を身に付けている。	化学変化と物質の質量について、見通しをもって解決する方法を立案して観察、実験などを行い、原子や分子と関連付けてその結果を分析して解釈し、化学変化における物質の変化やその量的な関係を見いだして表現しているなど、科学的に探究している。	化学変化と物質の質量に関する事物・現象に進んで関わり、見通しをもったり振り返ったりするなど、科学的に探究しようとしている。

既習事項とのつながり

⑴小学校 3 年：「物と重さ」では、物体は、形が変わっても質量は変わらないことを学んでいる。

⑶小学校 5 年：「物の溶け方」では、物質を水に溶かした前後で全体の質量に変化がないことを学んでいる。

⑷中学校 1 年：「状態変化」では、物質が状態変化すると体積は変化するが、質量は変わらないことを学んでいる。

指導のポイント

⑴本単元で働かせる見方・考え方

　第 1 学年の微視的な粒子及び前時までに学習した原子・分子の概念やや化学反応の学習を生かして学習を進めることが求められる。化学変化の前後における物質の質量や化学変化に関係する物質の質量について、見通しをもって、解決方法を立案して実験を行う。

⑵本単元における主体的・対話的で深い学び

　目に見えない原子・分子の学習では、モデルの活用がポイントとなる。まずは観察・実験を行い、得られた事象を微視的に分析して解釈する際に、化学変化の前後で物質の質量の総和が等しいこと及び反応する物質の質量の間には一定の関係があることの二つの規則性を見いだして理解させる。対話を通して考えを練り上げる機会を設定したい。

指導計画 （全6時間）

⑦ 化学変化と質量の保存 （3時間）

時	主な学習活動	評価規準
1	検証計画の立案 対話的な学び 質量保存の法則 ・化学反応の前後で。物質の質量がどのようになるか確かめる実験を計画する。	（思）
2	実験 「質量保存の法則の実験」 ・実験計画にしたがって、化学反応の前後で質量がどのように変化するか調べる。	（知）
3	振り返り 質量保存の法則のまとめ ・実験を化学レポートの形式にしたがってまとめ、全体共有してブラッシュアップさせる。	思

④ 質量変化の規則性 （3時間）

時	主な学習活動	評価規準
4	検証計画の立案 対話的な学び 定比例の法則 ・化学反応において、反応する物質の質量の割合に規則性があるか確かめる実験を計画する。	（思）
5	対話的な学び 実験 「定比例の法則の実験」 ・実験計画にしたがって、反応する物質の質量の割合にどのような規則性があるか調べる。	知
6	振り返り 定比例の法則のまとめ ・実験を化学レポートの形式にしたがってまとめ、全体共有してブラッシュアップさせる。	思

第①時

質量保存の法則

本時のねらい
・化学反応の前後で、物質の質量がどのようになるか確かめる実験を計画することができる。

本時の評価
・化学反応で気体が発生する場合に、質量の総和が保存されるかどうかを調べる方法を立案している。（思）

準備するもの
・塩酸
・炭酸水素ナトリウム
・電子天秤
・ホワイトボードセットまたは生徒用個人端末

2
＜今までの現象から＞
①スチールウールの燃焼
　　⇒反応の前後で質量は増加

　　　鉄＋酸素→酸化鉄

②塩酸に炭酸水素ナトリウム
　との反応
　　⇒反応の前後で質量は減少

　塩酸＋炭酸水素ナトリウム
　　→塩化ナトリウム
　　　　＋二酸化炭素＋水

授業の流れ ▷▷▷

1　課題を把握する　　〈5分〉

化学反応の前後で質量は変化するでしょうか？

反応したら減るんじゃないかな？

原子はなくならないから変わらないんじゃないかな？

・今までに扱った化学反応を例に挙げながら、質量という視点で考えられるように生徒に伝える。
・その後、今回を入れて3回かけて、化学反応の前後で質量が変化するのかどうかを調べていこうという気持ちが出てくるような発問をする。「探究の入口」に生徒が立つように、内発的に探究活動が進むように導入を工夫する。

2　これまでの実験を振り返る　　〈5分〉

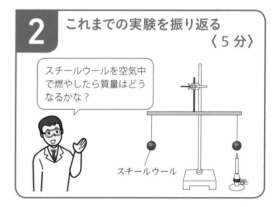

スチールウールを空気中で燃やしたら質量はどうなるかな？

スチールウール

・実験計画を立てる前に、今までにどんな化学反応があったか思い出すために、今まで行った実験を振り返る。
・板書にある「スチールウールの燃焼」「塩酸と炭酸水素ナトリウムの反応」には必ず触れ、空気中の気体と反応したり、反応で気体が発生したりする場合に質量が変化することに注目できるようにする。

課題

化学反応の前後で質量が変化するかどうかを調べるにはどうしたらよいだろうか。

③ ④
実験計画

> 出た意見を板書するか、または、プロジェクタで表示したり、ボードや紙を貼り付けたりする

1班
化学反応によって気体が発生しないような実験をおこなえば、化学反応の前後で質量を比べることができる。

2班
化学反応をさせるビーカーをポリ袋の中に入れ、しっかり口を結ぶ。ポリ袋の中で混ぜ合わせて化学反応を起こせば、化学反応の前後で質量が変化したかどうかを比べられる。

3班
反応させる物質の質量を薬包紙ごと測っておく。フラスコの質量も予めはかっておく。2つの物質を薬包紙ごとフラスコに入れて、反応を始める前にすぐにゴム栓をすれば、化学反応前後の質量を比べられる。

---

③ 実験計画を立てる　〈20分〉

> 気体が発生する反応は、気体ごと質量を測定しないといけないね

> 次の実験では、気体の出るものとそうでないものをやってみようよ

> ポリ袋やふた付きの容器を使ってその中で実験したらいいのでは？

検証計画の立案 **対話的な学び**

・気体が発生する実験では閉鎖形で実験を行う計画を立てるが、実際には危険が伴うものがあるかもしれない。しかし、あくまでも計画を立てるということにねらいを定めているために、途中で修正するのではなく、ひとまず実験計画立案させるようにする。
・気体が発生しないような実験を行えばいいという計画を立てる場合も考えられる。

④ 結果を共有する　〈20分〉

> 塩酸と炭酸水素ナトリウムの実験を二酸化炭素が逃げないように装置を工夫して実験してみようと考えてます

・いろいろな計画を共有して、その妥当性や計画の安全性について討論できるようにする。授業前から予め生徒用個人端末を用いてスライドを共有しておけば、その場でコメントをつけ合うこともできる。
・最終的には教師がその中から安全性の高い実験を選択するか、例示する形で次時の実験計画とする。採用されなかった計画を立てた生徒が残念に思わないように配慮が必要である。

第②時

質量保存の法則の実験

本時のねらい

・実験計画にしたがって、化学反応の前後で質量がどのように変化するか調べることができる。

本時の評価

・実験器具を適切に使い、化学反応の前後での質量変化についての確認を行っている。（知）

準備するもの

・塩酸・炭酸水素ナトリウム
・密閉容器
・ビーカー・電子天秤
・薬さじ
・薬包紙・駒込ピペット
・ポリ袋など
・ホワイトボードセットまたは生徒用個人端末

1

＜前回立案した実験計画＞

◎気体が発生する化学反応
塩酸 ＋ 炭酸水素ナトリウム
　→塩化ナトリウム＋二酸化炭素＋水
※発生した気体で容器が破損してけがをしないように、指定の質量で実験を行う。

◎気体が発生しない化学反応
炭酸ナトリウム＋塩化カルシウム
　→炭酸カルシウム＋塩化トリウム
※反応しやすいようにそれぞれ水溶液を用いる。
※保護めがねを必ず着用すること！

授業の流れ ▷▷▷

1　実験内容を把握する　〈5分〉

前回に立てた実験計画は何でしたか？安全のためには・・・

気体が発生する実験は・・・だったな

気体が発生しない実験は・・・だったな

・前時に立案した実験計画を思い出せるように、黒板やプロジェクターを用いて簡潔に書く。
・実験上の安全に関わる注意事項を注意喚起する。確実に押さえておきたい項目は「保護眼鏡をすること」「閉鎖系の実験では指定された質量以上の試薬を混合しないこと」である。
・生徒の実態に応じて教師が指定した実験をすることも考えられる。

2　実験を行う　〈35分〉

◎塩酸と
炭酸水素ナトリウム
の反応

◎炭酸ナトリウム
と塩化カルシウム
の反応

実験

・実験中は換気を十分に行い、保護眼鏡をしているか、試薬の使用量について問題がないかなど安全に気を配る。
・机間指導ではそれぞれのステップにおいて観点を決めて一班一班を見て回るようにするとよい。特に炭酸水素ナトリウムをはかり取っている場面で重点的に見て回ると破裂事故の防止につながる。

課題

化学反応の前後で質量が変化するかどうかを調べるにはどうしたらよいだろうか。

2 結果

出た意見を板書するか、または、プロジェクタで表示したり、ボードや紙を貼り付けたりする

◎塩酸と炭酸水素ナトリウムの反応

3

	1	2	3	4	5	6
反応前〔g〕	90.21	80.42	103.58	88.81	92.97	91.19
反応後〔g〕	・・・	・・・	・・・	・・・	・・・	・・・
栓を開けたとき〔g〕	・・・	・・・	・・・	・・・	・・・	・・・

◎炭酸ナトリウムと塩化カルシウムの反応

	1	2	3	4	5	6
反応前〔g〕	132.37	127.60	108.80	143.99	125.19	120.41
反応後〔g〕	・・・	・・・	・・・	・・・	・・・	・・・

容器ごとはかる。

3 データを整理する 〈8分〉

今日の実験データを整理しよう

化学反応の前後で少し質量が変わったけどこれは誤差かな

化学反応の前と後とで物質の質量は変わらないみたいだね

4 まとめをする 〈2分〉

次回は今回の実験をまとめてレポートを作成します。今回の実験の資料をまとめておいてくださいね

・メモ書きのようになっているデータを、次時に読んで分かる状態にするように指示する。
・班でデータを共有して、勘違いなどのないように入念に共有させる。
・細かくレポートを書くのではなく、レポートを書くための資料づくりをするように促す。

・次時に本格的に化学レポートを書くことを予告する。場合によってはプレゼンテーション資料を作らせることも考えられる。
・まとめたデータ資料をなくす心配があるときは、教師が回収しておくことも考えられる。

第③時

質量保存の法則のまとめ

本時のねらい
- 実験を化学レポートの形式にしたがってまとめ、全体共有してブラッシュアップさせることができる。

本時の評価
- 実験を振り返り、結果を分析し、考察を行っている。発表資料を作成し、全体に分かりやすく共有している。思

準備するもの
- 前回の実験データ
- ホワイトボードセットまたは生徒用個人端末

---

1 課題

化学反応の前後で質量が変化するかどうかを調べるにはどうしたらよいだろうか。

化学変化でどんな物質が生成しても、物質がどこにも逃げなければ、化学変化の前後で全体の質量は変化しない。

↓

質量保存の法則

質量保存の法則は、化学変化だけでなく、状態変化や溶解など、物質に起こるすべての変化について成り立つ。

授業の流れ ▷▷▷

1 実験のまとめをする 〈10分〉

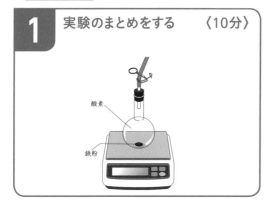

酸素
鉄粉

- フラスコ内で鉄または炭を燃焼させて、その際、質量が変化しないことを示す。
- 前時の実験結果と合わせて、「質量保存の法則」についてまとめる。

2 レポートの書き方を知る 〈10分〉

今日はみなさんが科学者になって、レポートを作成してみましょう

- 科学の表現方法としてのレポートの書き方を学習すると伝える。
- 前時の実験レポート用にまとめた資料を準備させる。
- 学習基盤となる情報活用能力を育成するために、生徒用個人端末を使用して行うことが望ましい。

2 3 4

＜実験レポートの書き方・レポートの項目＞

①目的
　…この実験・観察・観測の目的を書きます。
②使用試薬・器具
　…使用した試薬や器具をすべて書いておきます。できれば性質なども調べて書きましょう。
③方法
　…実験装置図および実験観察事項もふくみ、実際にやったことを過去形で記述します。
④結果
　…実験・観察・観測で起こったことをそのまま記述
⑤考察
　…結果と対応させて、実験結果からいえることを自分の考えを加えて結論づけたもの
⑥参考文献
　…レポートを作成するに当たって参考にした文献を記述します。

3 レポートを作成する 〈25分〉

レポートの書き方は……
結果と考察は区別しよう

結果は表にまとめる
と分かりやすいかな

4 情報を共有する 〈5分〉

こうやって書けばよかったのか。
これはわかりやすいね！

振り返り

・生徒用個人端末でワープロアプリを用いて入力させるようにするとよい。使用できない場合は、通常のレポート用紙を用いて書かせてみるのもよい。
・レポートを見ただけで第三者が実験できるかという視点で書くように促す。
・参考文献や引用文献を必ず記載するように繰り返し注意喚起を行う。

・生徒は見栄えのカラフルさやイラストの派手さだけで評価する場合があるので、レポートを見ただけで第三者が実験できるかという視点で、評価の観点を与える。
・生徒用個人端末を用いてお互いにレポートを見合い、コメントをつけ合うことができる。紙ベースで作成した場合は、隣同士で交換して評価し合うとよい。

第④時

定比例の法則

（本時のねらい）
・化学反応において、反応する物質の質量の割合に規則性があるか確かめる実験を計画することができる。

（本時の評価）
・化学反応で気体が発生する場合に、質量の総和が保存されるかどうかを調べる方法を立案している。（思）

（準備するもの）
・ホワイトボードセットまたは生徒用個人端末

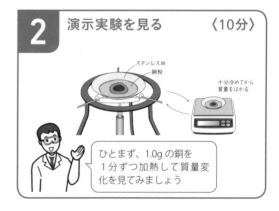

＜今までの現象から＞

①スチールウールの燃焼
　⇒反応の前後で質量は増加

　　鉄 ＋ 酸素 → 酸化鉄

②銅の加熱
　⇒反応の前後で質量は増加

　　銅 ＋ 酸素 → 酸化銅

（授業の流れ）▷▷▷

1　仮説を立てる　〈15分〉

反応する相手がいればずっと反応は続くんじゃないかな？

物には限度があるんじゃないかな。あるところで質量増加は止まる

化学反応を原子のモデルで考えてみようよ。そうしたら糸口がつかめるんじゃ…

（仮説の設定）
・仮説は大きく分けて、質量が「有限に増える」「無限に増える」のいずれかである。それぞれの仮説に対して、微視的・巨視的な視点を働かせて、思考し表現されているかを机間指導でしっかり見取る。生徒用個人端末を用いている場合は、ドキュメントアプリではなく、スライドアプリを活用すると、生徒もモデル化や説明が行いやすい。

2　演示実験を見る　〈10分〉

ステンレス皿
銅粉

十分冷めてから質量をはかる

ひとまず、1.0gの銅を1分ずつ加熱して質量変化を見てみましょう

・ステンレス皿に1.0g（このあとの実験で生徒が実験を行わない質量）の銅をはかり取って、1分間ずつ加熱し、そのたびに電子天秤で質量を測定する。
・電子天秤で測る際は、あらかじめ電子天秤の皿の上に薄い板を乗せておくと多少熱くてもスムーズに実験できる。また、最小秤量0.01gの電子天秤を用いるとよい。

課題

銅を空気中で加熱し続けると生成する酸化銅の質量はどのように変化するか。

1 **3**

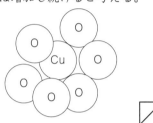

どんどん酸素原子と結びついて質量は増加し続けると考える。

ひとつの銅原子に結びつくことができる酸素原子の数は決まっているのではないか？だとすれば質量の増加には限界があると考える。

出た意見を板書するか、または、プロジェクタで表示したり、ボードや紙を貼り付けたりする

---

3 結果を共有し、仮説を再検討する 〈10分〉

銅に結びつく酸素の質量には限界があるようね 銅を増やしたら結びつく酸素はどうなるのかな

銅が酸素と結びつく反応を原子のモデルで考えてみました。銅原子の表面に酸素原子がくっついていくと考えると、この図の…

▶ **対話的な学び**

・立てた仮説を自分の言葉でプレゼンさせるようにするとよい。また、生徒用個人端末を用いる場合は、コメント機能を用いて数を指定してコメントを入力させるようにするとよい。

・最後に5分程度時間をとって、情報を共有した後に自らの仮説を振り返り、論理の補強を行ったり、修正を行ったりする。

4 実験計画を確認し、下準備する 〈15分〉

銅の質量を変えて実験をした方が良さそうだね

銅原子の個数に合わせて結びつく酸素原子も多くなるのかな

▶ **検証計画の立案**

・最後に、仮説を検証するためにどのような実験をしたらよいか全体で共有しながら話を進めていく。

・化学反応式の意味を思い出し、銅原子1個に結びつく酸素の原子の数が一定になるという生徒の意見が多くなる。それを確かめるには、銅の原子の割合を変えても、結び付く酸素の量が比例するかを確かめればよいということが導かれる。

第⑤時

定比例の法則の実験

本時のねらい

・実験計画にしたがって、化学反応の前後で質量がどのように変化するか調べることができる。

本時の評価

・実験計画にしたがって、反応する物質の質量の割合にどのような規則性があるか調べている。知

準備するもの

・銅粉　・ステンレス皿
・薬さじ
・電子天秤　・金網
・加熱器具　・るつぼばさみ
・方眼紙（グラフ用紙）　・保護眼鏡
・ホワイトボードセットまたは生徒用個人端末

---

1 方法

◎銅を加熱したときの変化

銅 ＋ 酸素 → 酸化銅

※容器ごと質量をはかり、十分に加熱をした後、再び質量をはかり、増加量（結びついた酸素の質量）を調べる。

※保護めがねを必ず着用すること！

授業の流れ ▷▷▷

1 実験内容を把握する　〈5分〉

前回計画を立てたように、今日は銅を班ごとに質量を変えて加熱してみましょう

銅に結び付く酸素の質量はどんな規則があるのかな

・前時に考えたことや本時の実験をイメージできるように、黒板やプロジェクターを用いて簡潔に書く。
・実験上の安全に関わる注意事項を注意喚起する。確実に押さえておきたい項目は「保護眼鏡をすること」「加熱したステンレス皿を素手で触らないこと」である。
・最小秤量0.01gの電子天秤を用いるとよい。

2 実験を行う　〈20分〉

こぼさないように丁寧に加熱しないとね

うちの班は○○gが割り当てだから責任もって実験しないと！

実験

・実験中は換気を十分に行い、保護眼鏡をしているか、加熱器具の使い方は適切かなど安全に気を配る。
・机間指導ではそれぞれのステップにおいて観点を決めて一班一班を見て回るようにするとよい。電子天秤のはかり取り方、加熱器具のまわりに燃えるものを置いていないか、濡れた雑巾を用意しているかなどを確認する。

2 課題

銅を空気中で加熱し続けると生成する酸化銅の質量はどのように変化するか。

3

結果

> 出た意見を板書するか、または、プロジェクタ
> で表示したり、ボードや紙を貼り付けたりする。

班	1	2	3	4	5	6
銅の質量〔g〕	0.21	0.42	0.58	0.81	0.97	1.19
生成した酸化銅の質量〔g〕	・・・	・・・	・・・	・・・	・・・	・・・
反応した酸素の質量〔g〕	・・・	・・・	・・・	・・・	・・・	・・・

班	7	8	9	10	11	12
銅の質量〔g〕	1.37	1.60	1.80	1.99	2.19	2.41
生成した酸化銅の質量〔g〕	・・・	・・・	・・・	・・・	・・・	・・・
反応した酸素の質量〔g〕	・・・	・・・	・・・	・・・	・・・	・・・

⇒共有された実験結果を用いてグラフで表して、規則性を見つけよう。

3 データを整理する 〈20分〉

今日の実験データを整理しよう

グラフ用紙に描くか、表計算アプリを使って枠に整理してみよう

グラフをかくにはどうしたらいいのかな？

4 まとめをする 〈5分〉

次回はレポートを作成します
今回の実験の資料をまとめておいてくださいね

対話的な学び

・メモ書きのようになっているデータを次時に読んでわかる状態にするように指示する。
・自分の班が分担した実験結果を全体に共有すると同時に、他班のデータを確実に転記する。生徒用個人端末を用いている場合は、クラウド上にデータを入力して、クラス全体で共有するようにするとよい。
・細かくレポートを書くのではなく、レポートを書くための資料作りをするように促す。

・次時に本格的に化学レポートを書いてみることを予告する。場合によってはプレゼンテーション資料を作らせることも考えられる。
・まとめさせたデータ資料をなくす心配があるときは、教員が回収しておくことも考えられる。
・グラフの作成を本時のうちに行わせた方が、次時のレポート作りがスムーズになる。

第 ⑥ 時

定比例の法則のまとめ

本時のねらい
・実験を化学レポートの形式にしたがってまとめ、全体共有してブラッシュアップさせることができる。

本時の評価
・定比例の法則の実験を振り返り、結果を分析し、考察を行っている。思

準備するもの
・前回の実験データ
・ホワイトボードセット
・生徒用個人端末

実験結果をまとめてみよう ②

結果

担当班	1班	2班	3班	4班	5班	6班
銅の質量（g）	0.44	0.82	1.29	1.61	2.01	2.40
生成した酸化銅の質量（g）	0.52	0.99	1.64	2.02	2.48	3.04
反応した酸素の質量（g）	0.08	0.17	0.35	0.41	0.47	0.64

グラフをかく手順

① 横軸を銅の質量、縦軸を生成した酸化銅の質量・反応した酸素の質量にする。
② 軸に名前と単位をつけて、グラフのタイトルもつける。
③ 実験結果を座標上に点であらわす。
④ グラフにかいた点をみて規則性を見出して、直線か、なめらかな曲線で結ぶ。

授業の流れ ▷▷▷

1 課題を把握する 〈5分〉

前回の実験をまとめましょう

この前の結果から何が分かるかな

表をグラフにしたら見やすそうだな

・前回に行った実験の結果をまとめてレポートに書くことを伝える。
・表をグラフ化して比例関係を見いだす。
・実験レポートの書き方についての説明は、第③時を参照するとよい。

2 実験結果をグラフにかく 〈10分〉

グラフのかき方はどうするんだったっけ

前回の結果の表をグラフにまとめてみましょう
グラフのかき方を復習します

・グラフのかき方について簡単に説明しておくとよい。グラフの軸やデータのプロットを消しゴムで消えないペンなどでかくようにすると、その後近似曲線を試行錯誤してかくことが容易になる。
・近似曲線を引く際は、今回は実験の性質上、原点を通るグラフとなることを適宜ポイントとして与えておくとよい。

考察

○結果をグラフに表したもの **3**

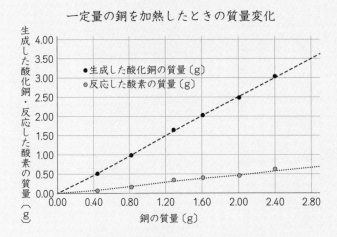

一定量の銅を加熱したときの質量変化

縦軸：生成した酸化銅・反応した酸素の質量〔g〕
横軸：銅の質量〔g〕

- 生成した酸化銅の質量〔g〕
- 反応した酸素の質量〔g〕

※このグラフは原点を通るグラフになるので注意する

○考えたこと

①反応前の銅の質量と、生成した酸化銅の質量は比例している。
⇒よく分析してみると、（反応前の銅の質量）：（生成した酸化銅の質量）≒4：5になっている。

②反応前の銅の質量と、反応した酸素の質量は比例している。
⇒よく分析してみると、（反応前の銅の質量）：（反応した酸素の質量）≒4：1になっている。

> 物質Aと物質Bが反応するとき、AとBは一定の質量の割合で反応する。

---

3 レポートを作成する 〈20分〉

- 結果をグラフ上に点で表すんだったな
- かいた点を見ると直線上に並んでいるな
- 点が上下に同程度に散らばるような直線をかくんだったな

- 第③時と同様にレポートにまとめるようにする。時間がない場合は、ワークシート形式の穴埋め式にすることも考えられる。
- かいたグラフは切ってレポートに貼るように指示する。
- 生徒用個人端末を用いた場合は近似曲線の意味と引き方を指導する必要がある。

---

4 情報を共有する 〈15分〉

- 実験計画は問題なかったですか？
- データが大きくくい違っているものは、直線を引くときに除外してもいいんじゃないかな

振り返り

- 共有の仕方は、第③時と同様であるが、今回は最後に、実験計画の妥当性、考察の妥当性など、探究の過程を振り返るようにするとよい。
- データの取り扱い方や、グラフの近似曲線の引き方などを考えて、自分でレポートに加筆修正をさせるとよい。

第 2 分野⑶ 生物の体のつくりと働き

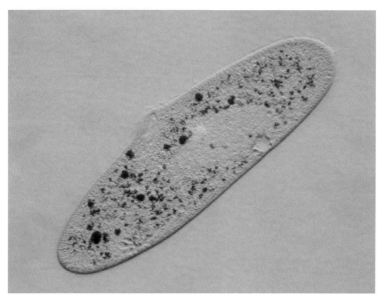

単細胞生物ゾウリムシ　150倍で観察

本単元では第1学年での動物と植物の学習を振り返りながら、身近な生物についての観察、実験などを行い、生物内部のつくりについて、その機能に着目しながら学習する。
観察、実験を行うに当たっては、見通しをもって取り組み、ときには解決の方法を立案する。また、結果を分析して解釈し、規則性や関係性を見いだす場面を設ける。

（ア）　生物と細胞　全4時間
㋐生物と細胞　4時間

次	時	主な学習活動	評価、見方、考え方、学習過程など
1	1	観察 「植物細胞、動物細胞の観察」	記録 知
	2	細胞のつくり	比較 記録 思
2	3	観察 「水中の微生物の観察」単細胞生物、多細胞生物の存在	記録 態
3	4	観察 「単細胞生物の体、多細胞生物の体の成り立ち」	

（イ）　植物の体のつくりと働き　全7時間
㋐葉・茎・根のつくりと働き　7時間

次	時	主な学習活動、特徴的な学習形態	評価、見方、考え方、学習過程など
1	1	観察 「葉の内部のつくりと気孔」	
	2	実験 「光合成は葉の細胞のどこで行われるか」	仮説の設定　条件制御　記録 知
	3	実験 「光合成で使われる二酸化炭素」	解決方法の立案　条件制御　記録 思
	4	実験 「光合成で出てくる酸素」	
	5	実験 「植物の蒸散量を調べる」	仮説の設定　条件制御
2	6	観察 「茎・根のつくりと働き」	
3	7	植物の葉・茎・根のつながり	振り返り　記録 態

（ウ）　動物の体のつくりと働き　全13時間
㋐生命を維持する働き　8時間

次	時	主な学習活動、特徴的な学習形態	評価、見方、考え方、学習過程など
1	1	「食物に含まれる養分」	微視的
	2	実験 「だ液のはたらきを調べよう」	条件制御　記録 思
	3	「食物の含まれる養分と消化酵素の働き」	微視的
	4	観察 「消化された食物のゆくえ」豚モツの観察	
2	5	実験 「呼吸の仕組み」	
3	6	「血液を循環させる仕組み（1）」	記録 知
		観察 「メダカの血流の観察」	
	7	実験 「血液を循環させる仕組み（2）」	
	8	「不要となった物質を排出する仕組み」	振り返り

㋑刺激と反応　5時間

次	時	主な学習活動、特徴的な学習形態	評価、見方、考え方、学習過程など
4	9	骨と筋肉の働き 実験 「ニワトリの手羽先の骨と筋肉」	記録 思
5	10	ヒトの感覚器官とその働き	課題の設定
	11	観察 「ブタの目の観察」	記録 態
6	12	実験 「ヒトの反応時間を調べる」	振り返り　記録 知
	13	ヒトの神経系のつくりと働き	

6 生物と細胞 （4 時間扱い）

単元の目標

　身近な生物の組織の観察、実験などを行い、全ての生物が細胞でできており、細胞は生物体の構造の単位であること、細胞には様々な形のものがあること、どの細胞も共通の基本的なつくりをもっていること、また、植物と動物の細胞とで異なるつくりがあることを見いだして理解させるとともに、適切な観察器具の扱い方や観察記録の取り方などを身に付けさせる。

評価規準

知識・技能	思考・判断・表現	主体的に学習に取り組む態度
生物の体のつくりと働きとの関係に着目しながら、生物と細胞についての基本的な概念や原理・法則などを理解しているとともに、科学的に探究するために必要な観察、実験などに関する基本操作や記録などの基本的な技能を身に付けている。	生物と細胞について、見通しをもって解決する方法を立案して観察、実験などを行い、その結果を分析して解釈し、生物の体のつくりと働きについての規則性や関係性を見いだして表現しているなど、科学的に探究している。	生物と細胞に関する事物・現象に進んで関わり、見通しをもったり振り返ったりするなど、科学的に探究しようとしている。

既習事項とのつながり

⑴小学校 3 年：「身の回りの生物」では身の回りの昆虫や植物の成長の決まりや体のつくりについての考えをもつように学習している。

⑵小学校 4 年：「人の体のつくりと運動」では、人の体には骨と筋肉があり、人はそれによって動くことができることを学習している。

⑶小学校 5 年：「植物の発芽、成長、結実」では植物の発芽や成長と養分、日光、温度、肥料との関係についての考えをもつように学習している。

⑷小学校 6 年：「植物の養分と水の通り道」では、葉に日光が当たるとデンプンができること、根・茎・葉の水の通り道、植物の体での酸素と二酸化炭素の出入りについて学習している。また、「人の体のつくりと働き」では、人や他の動物について、体のつくりと呼吸、消化・吸収、排出及び循環の働きについて学習している。

⑸中学校 1 年：「いろいろな生物とその共通点」では、植物や動物の体の特徴や共通点、相違点、分類について学習している。

　小学校から中学1年までは主に生物の外から見た特徴や多様性について学習してきた。それを踏まえた上で、本単元では微視的な生物の特徴の学習に入っていく。その入り口として細胞の学習を行う。多様性に富んだ生物が実はすべて細胞でできていることに驚きを感じさせたい。また、顕微鏡（光学顕微鏡）を使うのは、中学校では本単元が初めてなので、小学校で扱ってはいるが、使用方法をよく確認し、顕微鏡観察の技能を身に付けさせたい。

⑴本単元で働かせる見方・考え方

　植物の細胞と動物の細胞を観察し、比較することによって、両者の共通点、相違点に気付かせたい。特にここではとても違って見える植物と動物が基本的に同じ構造を持った細胞というものでできていることに驚きを感じてほしい。また、できるだけいろいろな生物の組織の細胞を見ることによって、生物の体が細胞でできていることを実感させたい。

⑵本単元における主体的・対話的で深い学び

　第2分野の学習では、生徒に考えさせる場面が多くは設定できないが、なるべく多く実物に触れさせて、実感のある知識を身に付けさせたい。自分の口の中の細胞の観察などは、自分の体も細胞でできていること実感できるよい活動である。野菜など身近にある生物の細胞を見ることは比較的容易なので、生徒の見たいものを持ってこさせたりして生徒の主体性を発揮させることもできる。

指導計画　（全4時間）

㋐ 生物と細胞（4時間）

時	主な学習活動	評価規準
1	**観察**「植物細胞、動物細胞の観察」	知
2	**比較** 細胞のつくり	（知）思
3	**観察**「水中の微生物の観察」単細胞生物、多細胞生物の存在	（知）態
4	**観察**「単細胞生物の体、多細胞生物の体の成り立ち」	（知）

第①時

植物細胞、動物細胞の観察

本時のねらい
・顕微鏡を正しく操作し、植物・動物それぞれの組織を観察し、細胞が集まっていることを見いだすとともに、観察結果を分かりやすく記録することができる。

本時の評価
・顕微鏡を正しく操作し、植物・動物それぞれの細胞を観察し、スケッチ等で分かりやすく記録している。知

準備するもの
・タマネギ
・オオカナダモ
・綿棒
・酢酸オルセイン
・カッターナイフ
・ピンセット
・顕微鏡・スライドガラスなど

付録

課題 | 生物の体はどんなもので

2

顕微鏡の使い方

0. レンズを取りつける。

1. 視野を明るくする。

2. プレパラートをのせて近づける。

3. ピントを合わせる。

4. しぼりを調節する。

授業の流れ ▷▷▷

1 課題を確認する　〈5分〉

> 今日は植物や動物の体を顕微鏡で拡大して観察します。生物の体が何でできているか知っている人はいますか？

> 細胞というのを聞いたことがあります

・生物の体は細胞でできていることは学校以外で得た知識で知っている生徒が多いと思われる。用語としての「細胞」はここで教えた方が後の説明がスムーズである。

2 顕微鏡の使い方、観察方法を確認する　〈15分〉

> 自分の細胞はこのようにとります

・顕微鏡は小学校で使っているが中学校では初めてなので操作方法を確認する。
・3種のプレパラートのつくり方、観察倍率等を説明する。

できているか観察して調べよう。

観察するもの

1. タマネギのりん茎（150倍）
   染色したもの

2. オカナダモの葉（600倍）
   染色しないもの
   染色したもの

3. ヒトのほう（600倍）
   染色したもの

染色液
　酢酸オルセイン

タマネギのプレパラートの
つくり方

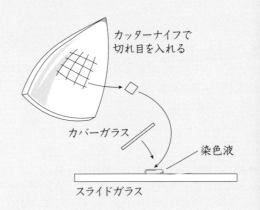

4

結果

植物も動物も細胞が集まっていた。

観察

・ノートまたはワークシートにスケッチと観察記録
　を書かせる。
・机間巡視を行い、適宜助言を与える。

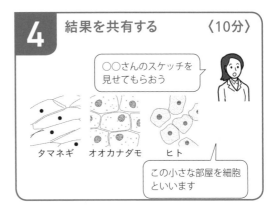

・全員の生徒のスケッチを確認し、よく描けている
　何人かの生徒のスケッチを書画カメラ等で投影す
　る。
・観察した組織はすべて小さな部屋からできている
　ことを確認し、それが細胞であることを教える。

第②時

細胞のつくり

（本時のねらい）
・前時の観察結果を基に植物細胞と動物細胞との相違点・共通点を見いだし、基本的な細胞のつくりを理解することができる。

（本時の評価）
・基本的な細胞のつくりを理解している。(知)
・自分のスケッチや記録を見て植物細胞と動物細胞との相違点・共通点を見いだしている。
　　　　　　　　　　　　　　　　　　　　思

（準備するもの）
・前時の細胞の観察のスケッチと記録

課題 | 植物細胞と動物細胞の共

1 **2**

○相違点
　植物細胞
　・きちんと並んでいた。
　・外側の膜が分厚く固そう。
　・緑の粒がたくさんあった。
　　（オオカナダモ）
　・内部に大きな透明の袋が
　　あった。（タマネギ）
　動物細胞
　・不規則に並んだり、バラバラ。
　・外側の膜は薄く柔らかそう。
　・緑の粒はない。
　・大きな袋はない。

（授業の流れ）▷▷▷

1 植物細胞と動物細胞との相違点、共通点を見つける 〈10分〉

前回は細胞の観察をしました。自分のスケッチや記録を机の上に出そう。植物細胞と動物細胞とを比べて違う点、共通する点をあげてみよう

・前回のスケッチや記録から相違点、共通点を見つけさせる。
・教科書の知識ではなく、観察したものから考えさせる。
・相違点から見つけさせた方が見つけやすいと思われる。
・机間巡視を行い、適宜助言を与える。

2 見つけた相違点、共通点を発表する 〈15分〉

では、相違点から誰かに発表してもらいましょう

はい、細胞の並び方は植物細胞では……

（比較）
・何人かに発表させる。
・進んで発表する生徒が出ないことが予想される場合は机間巡視のときにきちんと書けている生徒を見つけておいて指名する。

通点・相違点を見つけよう。

❸
細部のつくり

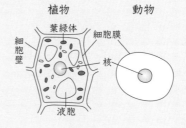

植物　　　　動物

葉緑体　　細胞膜

細胞壁

核

液胞

○共通点
　・膜に囲まれている。
　・1つの細胞に1つよく染まっている
　　丸いものがある。

○共通の構造
　　細胞膜、核
○植物にだけある構造
　　細胞壁、葉緑体、液胞

細胞は生物の基本単位

細胞の呼吸

養分 → 細胞 → 二酸化炭素
酸素 →　　　 → 水
　　　　　　　→ エネルギー

---

3 細胞のつくりを知る 〈20分〉

植物細胞がきちんと並んでいたの
は細胞壁があるからです
よく染まる丸いものは核です
葉緑体は・・・
液胞は・・・・

4 まとめをする 〈5分〉

すべての生物は細胞でできていま
す。一つ一つの細胞は養分と酸素
を使って生きるために必要なエネ
ルギーを作り出しています
これを細胞の呼吸といいます

・生徒から出た相違点・共通点の意見を生かしなが
　ら解説する。
・写真と図を照らし合わせながら解説すると分かり
　やすい。
・各細胞小器官の名称と働きを解説する。

・学習指導要領上必須のものは細胞膜、細胞質、核、
　細胞壁、葉緑体、液胞であるが、細胞の呼吸を考
　える上ではミトコンドリアの存在を示してもよい。
・細胞が生命活動の基本単位であること、一つ一つ
　の細胞が呼吸を行っていることを説明する。

第 ③ 時

水中の小さな生物の観察

ワークシート 付録

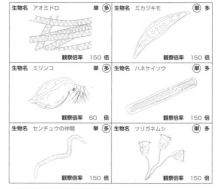

(本時のねらい)
- 水中の小さな生物を観察し、生物には単細胞生物と多細胞生物がいることに気付くことができる。

(本時の評価)
- 生物には単細胞生物と多細胞生物がいることを理解している。(知)
- 顕微鏡を正しく操作し、水中の小さな生物を進んで観察しようとしている。態

(準備するもの)
- 池などの水
- ピンセット・スポイト
- 顕微鏡・スライドガラス　など
- ワークシート

(授業の流れ) ▷▷▷

1　課題を確認する　〈5分〉

前時までに生物の体が細胞でできていることを学びました
生物には単細胞生物と多細胞生物がいます
今回は水の中の小さな生物から単細胞生物と多細胞生物を見つけてみよう

- 前回の細胞の学習から単細胞生物、多細胞生物がいることを説明し、観察につなげる。

2　観察の方法を確認する　〈10分〉

顕微鏡の使い方は大丈夫かな
水と藻を一緒にスライドガラスにのせよう
生物名は教科書や資料集に載ってるものがあるね

- 顕微鏡の使い方を簡単に確認する。
- 観察のコツ、注意点などを確認する。

課題 | 水中の小さな生物を観察し、単細胞生物と多細胞生物に分類してみよう。

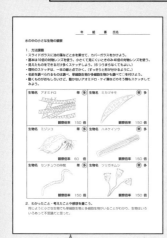

4

単細胞生物
　体が1つの細胞で
　できている生物

ミカヅキモ、イカダ
モ、ケイソウ、クン
ショウモ、ミドリム
シ、ツリガネムシ、
ラッパムシ、ゾウリ
ムシ、アメーバ

多細胞生物
　体が多くの細胞で
　できている生物

アオミドロ、ミジン
コ、ワムシ、センチュ
ウ、

書画カメラや顕微鏡カ
メラで生徒のスケッチ
や実物を見せる。

---

3 顕微鏡で観察する 〈20分〉

アオミドロだ

あっ、
ミジンコ

観察

・生物名は生徒に調べさせるのが理想的だが、時間
　が限られているので教師の分かるものは教えても
　よい。詳細の分からないものは○○の仲間などと
　する。

---

4 結果を共有し、まとめる 〈15分〉

見つけた生物を発表しよう
単細胞生物と多細胞生物に分けてみ
よう
水の中の小さな生物は単細胞生物が
多かったけど、普段目にしている生
物はほとんど多細胞生物ですね

・生徒の見つけた生物を挙げさせて黒板に書き出す。
・感覚的に単細胞生物、多細胞生物を予想させる。
・最後は教師が確認・修正を行う。

第④時

単細胞生物、多細胞生物の体のつくり

（本時のねらい）
・単細胞生物は1つの細胞だけで生活できる機能をもっていることと、多細胞生物の体の成り立ちを理解することができる。

（本時の評価）
・単細胞生物の体のつくりや多細胞生物の体の成り立ちを理解している。（知）

（準備するもの）
・ゾウリムシの写真・図、映像など
・多細胞生物の体の成り立ちの図

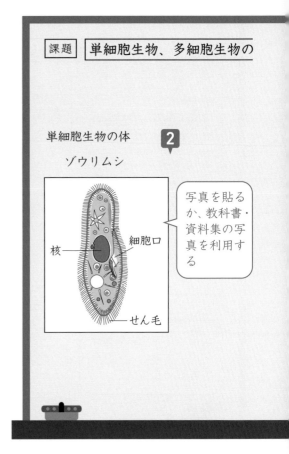

課題 | 単細胞生物、多細胞生物の

単細胞生物の体 ②

ゾウリムシ

核　　細胞口

せん毛

写真を貼るか、教科書・資料集の写真を利用する

（授業の流れ）▷▷▷

1　ゾウリムシの写真などを見る〈5分〉

ゾウリムシは1つの細胞に泳いだり、食物を食べたりなど、生きるためのしくみがすべて備わっていますある意味すごいね

・ゾウリムシの写真や泳ぐ映像などを見せる。
・ゾウリムシの体のつくりは発展扱いだが、多細胞生物と対比させると分かりやすい。

2　ゾウリムシを観察する　〈25分〉

ゾウリムシの観察をしよう

クルクル回りながら泳いでいる

観察
・実体顕微鏡で泳ぐ様子を観察させ、顕微鏡で1個体を観察させる。2人1組になって1人は実体顕微鏡、もう1人は顕微鏡を用意させ、交代で観察させるとよい。
・記録は簡単なものにする。

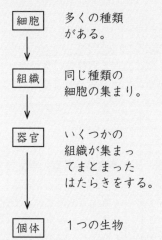

体のつくりはどうなっているか。

例

3 多細胞生物の体の成り立ち

		植物	動物
細胞	多くの種類がある。	表皮細胞、	筋（肉）細胞
↓			
組織	同じ種類の細胞の集まり。	葉肉組織、	上皮組織
↓			
器官	いくつかの組織が集まってまとまったはたらきをする。	葉、根、	心臓、あし
↓			
個体	1つの生物	1本の木	1人のヒト

---

3 多細胞生物の体の成り立ちを考える　〈10分〉

多細胞生物の体では細胞はいろいろな役割分担をしてますヒトの細胞は37兆個もあるよ

・教科書の図などを参照しながら細胞→組織→器官→個体の階層を例を挙げながら説明する。
・植物の体とヒトの体を対比させながら説明すると分かりやすい。

4 生物と細胞を振り返る　〈10分〉

生物と細胞の学習はここで終わりなので振り返りをしましょうではクイズです……

・教科書を閉じさせて振り返りのクイズをしたり、練習問題を解かせる。以下のような例がある。
・動物細胞、植物細胞共通の構造は何か。
・植物細胞にだけある構造は何か。
・細胞の呼吸とはどんなことか。

7 植物の体のつくりと働き （7時間扱い）

単元の目標

　植物の葉、茎、根の観察、実験を通して、植物の体のつくりの共通性と多様性に気付かせるとともに、植物の体のつくりと働きを関連付けて捉えさせるなど、植物の生命を維持する仕組みについて理解させる。

評価規準

知識・技能	思考・判断・表現	主体的に学習に取り組む態度
植物の体のつくりと働きとの関係に着目しながら、葉・茎・根のつくりと働きについての基本的な概念や原理・法則などを理解しているとともに、科学的に探究するために必要な観察、実験などに関する基本操作や記録などの基本的な技能を身に付けている。	植物の体のつくりと働きについて、見通しをもって解決する方法を立案して観察、実験などを行い、その結果を分析して解釈し、植物の体のつくりと働きについての規則性や関係性を見いだして表現しているなど、科学的に探究している。	植物の体のつくりと働きに関する事物・現象に進んで関わり、見通しをもったり振り返ったりするなど、科学的に探究しようとしている。

既習事項とのつながり

(1)小学校 3 年：「身の回りの生物」では身の回りの昆虫や植物の成長の決まりや体のつくりについての考えをもつように学習している。

(2)小学校 4 年：「人の体のつくりと運動」では、人の体には骨と筋肉があり、人はそれによって動くことができることを学習している。

(3)小学校 5 年：「植物の発芽、成長、結実」では植物の発芽や成長と養分、日光、温度、肥料との関係についての考えをもつように学習している。

(4)小学校 6 年：「植物の養分と水の通り道」では、葉に日光が当たるとデンプンができること、根・茎・葉の水の通り道、植物の体での酸素と二酸化炭素の出入りについて学習している。また、「人の体のつくりとはたらき」では、人や他の動物について、体のつくりと呼吸、消化・吸収、排出及び循環の働きについて学習している。

(5)中学校 1 年：「いろいろな生物とその共通点」では、植物や動物の体の特徴や共通点、相違点、分類について学習している。

光合成によって自分で栄養を作り出すことができる植物でも、必要な物質を体外から取り込み、不要な物質を排出している。植物の光合成や維管束については小学校からの学習などで生徒が知っている事項も多いが、植物材料は入手しやすく観察、実験が比較的容易のできるので、多くの観察、実験を行って実感をもった学習にしたい。

⑴本単元で働かせる見方・考え方

光合成の行われる場所、光合成や呼吸による酸素や二酸化炭素の出入りを調べる実験では植物を入れた場合と入れない場合を比較することなどによる対照実験を組み立てることができる。また、個々に行った光合成、呼吸、蒸散などの実験や細部の構造などの学習を関連付けて、植物の生命を維持する仕組みを総合的に捉えさせたい。

⑵本単元における主体的・対話的で深い学び

光合成や呼吸での気体の出入りの実験や蒸散の実験では対照実験は欠かせない。どのような対照実験を行えばよいかを生徒に考えさせたり、話し合わせたりすることによって、見通しをもたせる。

指導計画 （全7時間）

⑦ 葉・茎・根のつくりと働き （7時間）

時	主な学習活動	評価規準
1	観察 「葉の内部のつくりと気孔」	（知）
2	仮説の設定 〔条件制御〕 実験 「光合成は葉の細胞のどこで行われるか」	知（思）
3	解決方法の立案 〔条件制御〕 実験 「光合成で使われる二酸化炭素」	思
4	実験 「光合成で出てくる酸素」	（知）（態）
5	仮説の設定 〔条件制御〕 実験 「植物の蒸散量を調べる」	思
6	観察 「茎・根のつくりと働き」	（知）
7	振り返り 植物の葉・茎・根のつながり	態

第①時

葉の内部のつくりと気孔

・葉の表皮と断面を顕微鏡で観察し、顕微鏡の観察技能を身に付けるとともに、葉のつくりについて理解することができる。

本時の評価
・顕微鏡を正しく扱い、観察結果を分かりやすく表現している。（知）
・葉の内部には多くの細胞が見られ、葉緑体を含むものがあること、葉の表皮には孔辺細胞、気孔があることを理解している。（知）

準備するもの
・ツユクサの葉
・ツバキの葉
・ピンセット・ピス・かみそりの刃
・シャーレ
・顕微鏡
・スライドガラス・カバーガラス

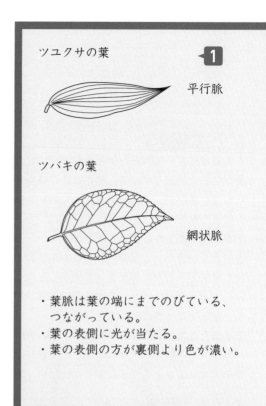

ツユクサの葉　①　平行脈

ツバキの葉　網状脈

・葉脈は葉の端にまでのびている、つながっている。
・葉の表側に光が当たる。
・葉の表側の方が裏側より色が濃い。

授業の流れ ▷▷▷

| 1 | 課題を確認する 〈5分〉 |

1年生の学習を思い出してみよう

うすい葉も小さなつくりがあるよ

顕微鏡で見られるかな…

| 2 | 顕微鏡で観察する方法を考える 〈10分〉 |

顕微鏡はどのような仕組みで観察するのかな？

内部を見るためにはどうすればいい？？

下から光を当てて…

・観察で使う、ツユクサやツバキの葉を実際に見せ、1年生の学習内容の復習を行う。
　・葉脈─平行脈、網状脈
　・葉の表側と裏側の色の違い
・うすい葉にも目に見えない小さなつくりがあると期待感をもたせるようにする。

・顕微鏡で観察を行うためには、プレパラートを準備するが、大きく厚みのあるものの場合には工夫が必要である。
・どの部分を観察したいのか、そのためにどのような工夫が必要かを考えさせる。

課題 植物の葉にはどのような
特徴があるのだろうか。

○ 顕微鏡で観察
　プレパラートを準備する
　大きく厚みのあるものを観察する
　場合、どんな工夫が必要？

・うすくする、うすく切る。 **2**

電子黒板に実際の顕微鏡画像を写してもよい

結果

表皮

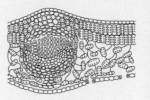
断面

方法
表皮：軽く切れ目を入れて、はぎとる。
断面：ピスにはさんで、うすく切る。

　顕微鏡で観察
　　低倍率から観察する。 **3**
　　　　→スケッチ、メモ

・たくさんの細胞が見られる。 **4**
・三日月形の細胞→孔辺細胞
・孔辺細胞に囲まれたすきま→気孔
・緑色の粒→葉緑体
・表側の方が細胞がすきまなく並ん
　でいる。裏側の方が細胞と細胞の
　間にすきまがある。

3 方法を確認し、観察を行う 〈25分〉

葉の表皮はうすくはがせるよ

断面は透けて見えるく
らいうすく切るよ

断面をうすく切る
のは難しそうだな

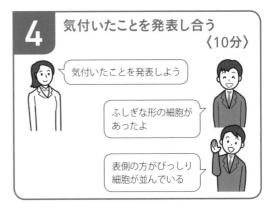

4 気付いたことを発表し合う 〈10分〉

気付いたことを発表しよう

ふしぎな形の細胞が
あったよ

表側の方がびっしり
細胞が並んでいる

観察
・顕微鏡は透過光を利用するのでうすい試料を用い
　たり、試料をうすく切る工夫が必要であることを
　確認する。
・うまく切片を作れない生徒用に、断面の試料は予
　備を用意しておくとよい。

・葉の表皮のつくりの特徴や、葉の断面で表側と裏
　側の違いについて、発表させる。
・生徒のスケッチや、顕微鏡写真を示し、細胞、葉
　緑体、孔辺細胞、気孔について確認する。

第②時

光合成は葉の細胞の
どこで行われるか

本時のねらい
・対照実験の結果から、光合成が葉緑体で行われていることを論理的に説明することができる。

本時の評価
・光合成が細胞中にある葉緑体で行われていることを理解している。知
・観察の結果から、光合成が行われる条件や行われる場所について記述している。(思)

準備するもの
・オオカナダモ
・ビーカー
・アルミホイル
・エタノール
・お湯・ヨウ素液
・顕微鏡
・スライドガラス・カバーガラス

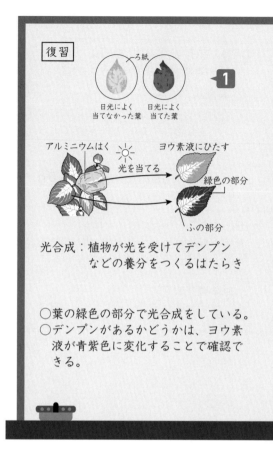

光合成：植物が光を受けてデンプンなどの養分をつくるはたらき

○葉の緑色の部分で光合成をしている。
○デンプンがあるかどうかは、ヨウ素液が青紫色に変化することで確認できる。

授業の流れ ▷▷▷

1 小学校の復習をし、課題を確認する 〈5分〉

光合成とはどのような働きですか？
デンプンをつくります
葉に日光を当ててヨウ素液で確認したね

・小学校の光合成の実験を思い出させる。
・ジャガイモの葉を用いる等して、葉の緑色の部分に光が当たるとデンプンができる。
・斑入りの葉の実験結果の提示
・「葉の緑色の部分とは細胞レベルで見ると何なのか？」と本時の課題につなげる。

2 葉の細胞のどの部分で光合成が行われているか、仮説を立てる 〈10分〉

葉の緑色の部分には葉緑体があったよ
どのように調べよう
対照実験…
条件制御…
検証方法…

仮説の設定 〔条件制御〕

・細胞レベルで見たときに、葉の細胞のどの部分で光合成が行われているか予想させる。→前時から容易に葉緑体にたどり着く。
・その予想を、どのように検証するか（条件制御、確認方法）ということも含めて考えさせ、仮説を設定させる。

課題 | 光合成は葉の細胞のどこで
行われているのだろうか。

◎どのように検証するか？
・オオカナダモ
　対照実験
　　光合成を行った／行っていない
　　　　　↓
　　光を当てる／当てない
・ヨウ素デンプン反応

仮説

光を当てるものと当てないものを準備
して、ヨウ素液で調べれば、どこで葉
緑体が行われているかわかるだろう。

電子黒板に実際の顕微鏡画像を写してもよい。

結果

光を当てた　　　光を当ててない

考察 **4**

光を当てて光合成を行わせた葉の細胞の
葉緑体の色がヨウ素液で青紫色に変化し
たことから、葉緑体の中にデンプンがあ
ることがわかる。
　　　　→葉緑体で光合成をしている。

まとめ

光合成は葉の細胞の中の
葉緑体で行われている。

---

3 実験方法を確認し、
実験を行う　　　〈20分〉

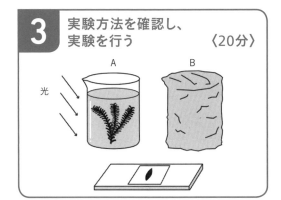

A　　　B

光

実験

・実験が単なる作業にならないように、実験の目的
　や、対照実験で1つだけ変化させる条件について、
　確認したうえで実験を行わせる。
・仮説の設定と結び付けて行わせることで、見通し
　をもたせることが大切である。

4 実験結果を整理して考察する
　　　　　　　　　〈15分〉

脱色前には緑色の粒
だったところが…

光を当てたものと
当ててないもので
比較すると…

・顕微鏡の観察はそれぞれが見ているものを共有す
　ることが難しい。写真を撮ったり、提示装置を
　使ったりして、実験結果を共有させたい。
・課題・仮説と正対するよう意識させて、考察を行
　わせる。

第③時

光合成で使われる二酸化炭素

(本時のねらい)
・植物が光合成を行うと、原料として二酸化炭素が使われることを実験結果から見いだすことができる。

(本時の評価)
・実験の結果から、光合成と二酸化炭素の関係について記述している。思

(準備するもの)
・タンポポ
・オオカナダモ
・試験管
・ゴム栓
・アルミホイル
・石灰水
・BTB 溶液
・ストロー

光合成
・酸素　　　・二酸化炭素
・デンプン　・日光

デンプンを燃焼させると二酸化炭素が発生する（石灰水が白くにごる）。

取り入れている二酸化炭素は
　　光合成の原料といえるのか？

(授業の流れ) ▷▷▷

1 光合成に関わる気体について考える　〈5分〉

> 光合成に関わる気体にはどのようなものがあるかな

> 二酸化炭素を取り入れて、酸素を出します

> 光合成は二酸化炭素を原料にしていると思います

・これまでの学習を想起させ、光合成に関わる気体について考えさせる。二酸化炭素を取り入れ、酸素を出すことを多くの生徒は知っているので、その確認である。
・デンプンを燃焼させると二酸化炭素が発生すること（1年化学）を確認し、光合成と二酸化炭素の関係を探っていくことを伝える。

2 解決方法を立案する　〈20分〉

> 二酸化炭素にはどんな性質があったっけ？？

> 二酸化炭素が減ったことを調べるには、どうしたらいいかな

> どんな実験をすればいいだろう…対照実験？条件？

> 石灰水やBTB溶液が使えそう…

(解決方法の立案)　(条件制御)

・光合成は二酸化炭素を原料としているということを確かめるためには、どのような実験を行えばよいか考えさせる。
・何を調べるための実験なのか、変える条件と変えない条件は何か、などの視点を示して考えさせる。

課題 光合成と二酸化炭素には
どのような関係があるのだろうか。

○二酸化炭素を調べる試薬
　①石灰水
　　白濁するかしないか
　②ＢＴＢ溶液
　　黄色　－　緑色　－　青色
　　酸性　　　中性　　アルカリ性
　二酸化炭素が　　　　二酸化炭素が
　　多い。　　　　　　　少ない。

○使う植物
　タンポポ（陸上の植物）
　オオカナダモ（水中の植物）

　　対照実験　－　条件制御

方法 **2**
○タンポポ
　ストローで呼気を入れる。
　石灰水
○オオカナダモ
　ＢＴＢ溶液＋呼気→緑色に調整

植物の有無　光の有無

結果 **4**
・葉を入れて光を当てたものは石灰水が
　にごらなかった。
・ＢＴＢ溶液
　Ａの試験管　Ｂの試験管・・・

まとめ
植物の葉が光合成を行うとき、
二酸化炭素が使われる。

---

3 実験を行い、結果を確認する 〈10分〉

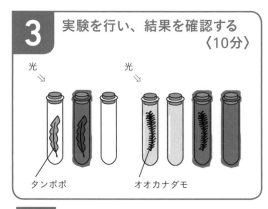

光　　　　光

タンポポ　　　オオカナダモ

実験
・時間があれば実際に準備させて30分ほど時間をお
　いて変化の確認をするのがよい。時間がない場合
　には、準備の様子を写真等で紹介した後、確認の
　実験を生徒に行わせる。

4 実験結果を整理して考察する 〈15分〉

実験の結果からどのようなこ
とがいえるかな
どの結果とどの結果を比べれ
ばいいかな

実験の○○の結果と○
○の結果を比べると…

・石灰水の白濁の有無、BTB 溶液の色の違いと条件
　を照らし合わせて、実験の結果からどのようなこ
　とがいえるかを記述させる。

第④時

光合成で出てくる酸素

（本時のねらい）
・植物が光合成によって酸素を放出することを
　観察、実験によって実感することができる。

（本時の評価）
・光合成によって酸素が発生することを理解し
　ている。（知）
・結果の予想などに既習事項を生かそうとして
　いる。（態）

（準備するもの）
・オオカナダモ
・炭酸水素ナトリウム
・薬さじ
・メスシリンダー
・時計・ライト
・ペットボトル・水槽
・試験管・ゴム栓
・線香・マッチ

付録

 課題 | 植物の光合成によって
出る気体は何か。

1

光合成によって出る気体は？

酸素

酸素が出るところを
自分の目で見てみよう。

（授業の流れ）▷▷▷

1 光合成で出てくる気体を
復習する　　　　〈5分〉

光合成によってどんな気体
が出るんですか？

酸素です

今日はそれを直接
見られる実験をしよう

・小学校6年のときに植物の光合成によって二酸化
　炭素が吸収されて酸素が発生することを学習して
　いるので、覚えている生徒が多いと思われる。
・気体（泡）の出るところを直接見られることが、
　この実験のポイントである。
・授業前日から学級の数＋1本くらいの数のペット
　ボトルにオオカナダモから発生させた酸素を集め
　ておく。

2 実験方法を確認する　〈10分〉

オオカナダモに光を当てて
泡が出始めたら、2分ご
とにライトをつけたり消し
たりして、泡の数を数えて
みよう

実験
・4名くらいの班で行う。
・100mLのメスシリンダーに、水、少量の炭酸水素
　ナトリウム、オオカナダモを入れて、照明の至近
　距離に置く。
・泡が出ないときは、オオカナダモを動かしたり、
　上部を切り取ったりしてみる。
・泡の数が数えられなくても照明のオン・オフで差
　が確認できればよい。

2 気体の放出の観察

方法

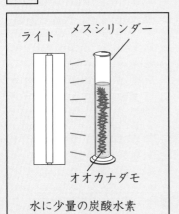

ライト　メスシリンダー

オオカナダモ

水に少量の炭酸水素
ナトリウムを入れる。

3 結果

泡の数
ライト on　多かった。
　　　 off　少なかった。
光を当てると泡が出る。

4 出た泡（気体）は酸素なのか。

確かめ方
線香の火
　　入れたら大きくなった。
　　　　　↓
　　　酸素だった。

---

3 実験を行い、結果を発表し合う〈20分〉

班によって出る泡の
数は違うけどライト
をつけると泡がたく
さん出たね

泡が酸素かどう
か線香で確かめ
られるね

・班ごとに結果を発表させる。
・班によって出る泡の数はかなりばらつきがあるの
で数にこだわらず、照明をつけたときは泡が多く
出て、消したときは泡があまり出なくなることを
確認する。

4 発生した気体が酸素であることを
確かめる演示実験を見る〈15分〉

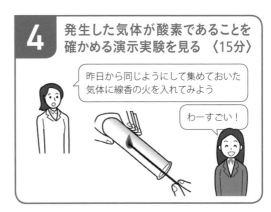

昨日から同じようにして集めておいた
気体に線香の火を入れてみよう

わーすごい！

・生徒全員を教室の前などに集める。
・安全に配慮しながら、全員が見えるよう工夫し、
全員に注目させてから演示を行う。
・光合成によって酸素が発生することを、ほとんど
の生徒は知っているはずだが、線香の火がパッと
大きくなると驚きや納得の声が上がる。学びが深
まった瞬間である。

第⑤時

植物の蒸散量を調べる

（本時のねらい）
・植物では葉からの蒸散が原動力となって吸水が行われることを実験結果から見いだすことができる。

（本時の評価）
・実験の結果から、蒸散と吸水の関係について記述している。思

（準備するもの）
・葉がついた植物の枝
・シリコンチューブ
・バット
・油性ペン
・ものさし
・ワセリン
・水槽

吸水：植物が水を吸い上げること
蒸散：植物の体の中の水が、気孔などから水蒸気として出ていくこと

植物にとって水は必要不可欠
〇植物はなぜ蒸散するのか？

課題 | 植物の吸水と蒸散にはどのような関係があるのだろうか。

（授業の流れ）▷▷▷

1 植物の吸水と蒸散について確認する　〈5分〉

吸水と蒸散にはどのような関係があるだろう

・植物が吸水した様子や、蒸散して袋の中に水がたまった様子を見せて、本時の課題につなげる。
・植物が生きていくために水が必要不可欠であるのに、なぜ蒸散をするのかと投げかけ、自由に考えさせる。

2 吸水と蒸散の関係について、仮説を立てる　〈15分〉

どのように調べればよいかな

気孔は以前観察したね

葉の表側の方が日光がよく当たるから蒸散もさかんだと思うよ

比較するときには対照実験の考え方が大切だったよね

（仮説の設定）（条件制御）
・吸水と蒸散の関係を調べるためには、どのような条件を整える必要があるか考えさせ、仮説を設定させる。
・シリコンチューブを用いることで短時間で変化を見ることができることを伝え、実験の条件を考えさせる。

○ 課題を解決するためには、どのような実験をすればよいだろうか

蒸散量を変えるためには？
　ワセリンで気孔をふさぐ。

短時間で実験を行うために…
　シリコンチューブを用いる。
　水が減る＝吸水が起きた

設定する条件
　A　　B　　C　　D

仮説 **2**

気孔をワセリンでふさいで、蒸散できる葉と蒸散できない葉を準備して、そのときの吸水量を調べれば、吸水と蒸散の関係がわかるだろう。

結果

A　○○mm　　　　B　○○mm
C　○○mm　　　　D　○○mm

考察 **4**

葉の裏側にワセリンをぬったものに比べて、表側にワセリンをぬったものやぬらなかったものの方が、吸水量が多くなった。このことから、主に葉の裏側で蒸散が行われているといえる。

まとめ

植物は葉から蒸散することで、吸水を行っている。蒸散は吸水の原動力である。

3 実験方法を確認し、実験を行う　〈20分〉

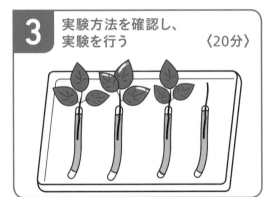

4 実験結果を整理して考察する　〈10分〉

実験の結果から、どのようなことがいえるかな

どの結果とどの結果を比べればよいかな

実験の○○の結果と○○の結果を比べると…

実験

・何も処理しないもの、葉の裏側にワセリンを塗ったもの、表側にワセリンを塗ったもの、葉を全てとったもの以外にも、葉の両面にワセリンを塗ったものなど、生徒が考えた実験を可能な範囲で行わせるとよい。

・課題・仮説と正対するよう意識させて、考察を行わせる。
・まとめとして、植物が体から水分を出して（蒸散して）、吸水を行う利点とは何かを考えさせてもよい。

第⑥時

茎・根のつくりと働き

本時のねらい

・双子葉類と単子葉類とで維管束の並び方、分布が違うことや、根のつくりと働きについて理解することができる。

本時の評価

・茎や根には水や水にとけた肥料分を運ぶ道管と、葉でつくられた養分を運ぶ師管が集まった維管束があると理解している。（知）

準備するもの

・ホウセンカやトウモロコシの茎
・植物染色液・三角フラスコ・カッター
・双眼実体顕微鏡・ルーペ

植物にとって水は必要不可欠。
茎の中で水が通る場所はどこだろうか？

　小学校の学習や
　　　これまでの学習を思い出そう

光合成　　蒸散　　維管束

種子の発芽

水の通る決まった通り道　

課題

植物の茎や根はどのような
つくりになっているのだろうか。

授業の流れ ▷▷▷

1 茎の中で水が通る場所はどこか考える 〈5分〉

茎の中で水が通る場所はどこだろう

小学校でも学習したよ

決まった通り道があるはずだ

・ここまでの学習を思い出させる。特に小学校の学習（小5の「植物の発芽と成長」、小6の「植物と水」）を想起させ、植物と水は切っても切れない関係であることを意識させたい。

2 茎の断面の観察を行う 〈25分〉

ホウセンカやトウモロコシの茎の断面を観察しよう

葉まできれいに染まっているね

観察

・着色した植物の茎を、輪切りにしたり、縦に切ったりして、茎のどの部分が染まっているか、双眼実体顕微鏡等で観察させる。
・植物染色液によって、葉も染まっているので、葉の断面を観察させてもよい。

観察 **2**

水の通り道の観察
・ホウセンカの茎の断面
・トウモロコシの茎の断面
　輪切りに、縦に

> 電子黒板に実際の顕微鏡画像を写してもよい

結果

双子葉類：輪状に並んでいる。
単子葉類：全体に散らばっている。 **3**
道管→水や水にとけた肥料分の通り道
師管→養分の通り道

維管束→道管と師管が集まったもの

内側が道管
外側が師管

←環状剝皮の実験

表面を切り　2〜3か月後
取った直後

○ 野菜や果物の維管束 **4**
セロリ　　　　アスパラガス
ミカン　　　　バナナ

> 環状剝皮については、ぜひ触れたい。
> 野菜や果物の維管束については、時間があれば触れるとよい

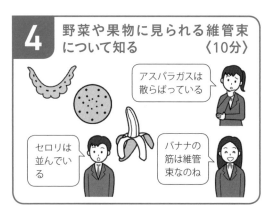

3 茎と根のつくりと働きを
整理する 〈10分〉

双子葉類と単子葉類では
つくりが異なっているね

バラバラに
なっている

輪のように
並んでいる

4 野菜や果物に見られる維管束
について知る 〈10分〉

アスパラガスは
散らばっている

セロリは
並んでい
る

バナナの
筋は維管
束なのね

・道管や師管、維管束などの用語と、双子葉類、単子葉類の維管束の並び方、分布の特徴についておさえる。
・茎と根のつくりと働きについて確認する。
・環状剝皮の実験を示して、師管が外側を通ることを印象付けるとよい。

・いろいろな野菜（セロリ、アスパラガス、ダイコン、ゴボウ、ブロッコリー）の維管束を植物染色液で染めたものや、ミカンやバナナの白い筋が維管束であることを紹介して、生徒の意欲を高める。

第⑦時

植物の葉・茎・根のつながり

・植物の葉・茎・根のつながりと働きについて
　関連付けて捉えることができる。

本時の評価
・これまでの学習を振り返り、課題に対して粘
　り強く取り組み、分かりやすく説明しようと
　している。態

準備するもの
・植物体内の物質の移動
　を示した模式図
・ワークシート

付録

植物体内の物質の移動を示した模式図

授業の流れ ▷▷▷

1 植物の体のつくりについて復習し、本時の課題を知る 〈5分〉

植物は生きていくために様々な働きをしていたね

葉・茎・根がつながっていることも大切だよ

それぞれの働きはどのように物質をやりとりして行われているのかな？
班ごとに発表してもらうよ

・植物が生きていくために行っている働きや、葉・
　茎・根のつながりなど、これまでに学習したこと
　を思い出させ、その働きを行うためには物質のや
　りとりが重要であることに気付かせる。
・本時は植物の働きを発表する活動を行うことを知
　らせる。

2 植物の働きについて、担当を決めて発表の準備をする 〈15分〉

担当を決めよう
植物の働きにはどのようなものがあるかな？

光合成　呼吸　蒸散と吸水

振り返り
・植物が行う、光合成、呼吸、蒸散、吸水といった
　働きを、葉・茎・根のつながりを意識させながら
　発表する準備をさせる。
・果実や種子をつくる、いもとして養分を蓄えるこ
　となど、説明する項目を増やしてもよい。

課題 植物の葉・茎・根はどのように物質をやりとりし、光合成などのはたらきをしているのだろうか。

ファン・ヘルモントのヤナギの実験

植物のはたらき **1** **2**
　光合成
　呼吸
　蒸散
　吸水

葉・茎・根のつながり

物質のやりとり
　水
　酸素
　二酸化炭素
　養分

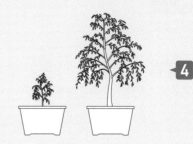

4

ファン・ヘルモントの結論について

確かめるためには…

> 時間があれば、ファン・ヘルモントの実験について触れ、これまでの学習をもとに考えさせる活動を行う

---

3 植物の働きを担当ごとに発表する　〈20分〉

私達は光合成について説明します

光合成は…

・グループごとに発表をさせる。
・植物体内の物質の移動を示した模式図を用いて、説明させる。発表を聞く生徒には、分かりやすく説明できているか、何か疑問点はないかなどの視点をもって発表を聞くようにさせる。

4 ファン・ヘルモントのヤナギの実験について考える　〈10分〉

2.3kg　5年後　76.7kg

ファン・ヘルモントの結論はどうかな

・ファン・ヘルモントのヤナギの実験を示し、「ヤナギの木は水からできている」という結論について考えさせる。余裕があれば、確かめるためにはどのような実験をすればよいか考えさせる。

8 動物の体のつくりと働き （13時間扱い）

単元の目標

　動物の消化、呼吸及び血液循環や外界の刺激に対する反応についての観察や実験などを通して、動物の体のつくりの共通性と多様性に気付かせるとともに、動物の体のつくりと働きを関連付けて理解させる。その際、消化、呼吸、血液循環、排出に関わる器官やそれらが組み合わさっている器官系、更に感覚器官、神経系及び運動器官などが働くことによって、動物の生命活動を維持していることに気付かせる。

評価規準

知識・技能	思考・判断・表現	主体的に学習に取り組む態度
動物の体のつくりと働きとの関係に着目しながら、生命を維持する働き、刺激と反応についての基本的な概念や原理・法則などを理解しているとともに、科学的に探究するために必要な観察、実験などに関する基本操作や記録などの基本的な技能を身に付けている。	動物の体のつくりと働きについて、見通しをもって解決する方法を立案して観察、実験などを行い、その結果を分析して解釈し、動物の体のつくりと働きについての規則性や関係性を見いだして表現しているなど、科学的に探究している。	動物の体のつくりと働きに関する事物・現象に進んで関わり、見通しをもったり振り返ったりするなど、科学的に探究しようとしている。

既習事項とのつながり

(1)小学校 3 年：「身の回りの生物」では身の回りの昆虫や植物の成長の決まりや体のつくりについての考えをもつように学習している。

(2)小学校 4 年：「人の体のつくりと運動」では、人の体には骨と筋肉があり、人はそれによって動くことができることを学習している。

(3)小学校 5 年：「植物の発芽、成長、結実」では植物の発芽や成長と養分、日光、温度、肥料との関係についての考えをもつように学習している。

(4)小学校 6 年：「植物の養分と水の通り道」では、葉に日光が当たるとデンプンができること、根・茎・葉の水の通り道、植物の体での酸素と二酸化炭素の出入りについて学習している。また、「人の体のつくりとはたらき」では、人や他の動物について、体のつくりと呼吸、消化・吸収、排出及び循環の働きについて学習している。

(5)中学校 1 年：「いろいろな生物とその共通点」では、植物や動物の体の特徴や共通点、相違点、分類について学習している。

指導のポイント

　植物に比べ、動物の学習では実験材料を調達しにくい面があるが、知識の羅列と暗記にならないように食材となっている動物の器官などの実物を用いたり、自分の体を用いたりして実感のもてる学習としたい。また、個々の事項を関連付けて、動物の体のつくりと働きを総合的に理解させることは重要である。

⑴**本単元で働かせる見方・考え方**

　動物のいろいろな器官は、その働きを効率よく行うために都合のよい形や機能をもっている。例えば、細かく分かれた小腸の柔毛や肺胞は限られた体積で効率よく物質を吸収するのに都合よくできている。生徒に動物の器官等の形や性質の意味を考えさせながら学習を進めていきたい。また、実物を観察させるときは、どこをどのように見たらよいかの意図をもたせてから行わせたい。

⑵**本単元における主体的・対話的で深い学び**

　だ液の働きを調べる実験では使える器具や試薬を提示しておいて生徒に実験方法を計画させることが可能である。教師が対照実験について何も触れずに実験方法を考えさせると、今まで対照実験の必要性については何度も学習しているはずだが、対照実験を忘れる生徒が以外と多いようである。ときにはそのような失敗をさせることも深い学びとなる。

指導計画 （全13時間）

⑦ 生命を維持する働き（8時間）

時	主な学習活動	評価規準
1	微視的 「食物に含まれる養分」	（知）（思）
2	条件制御　実験 「だ液の働きを調べる」	思
3	微視的 「食物に含まれる養分と消化酵素の働き」	（知）
4	観察 「消化された食物のゆくえ」豚モツの観察	（知）
5	実験 「呼吸の仕組み」	（態）
6	「血液を循環させる仕組み」 観察 メダカの血流の観察	知
7	実験 「心臓のつくりと血液を循環させる仕組み」	（知）
8	振り返り 「不要となった物質を排出する仕組み」	（知）

⑦ 刺激と反応（5時間）

時	主な学習活動	評価規準
9	骨と筋肉の働き 実験 「ニワトリの手羽先の骨と筋肉」	（知）思
10	課題の設定 ヒトの感覚器官とその働き	（知）
11	観察 「ブタの目の観察」	（知）態
12	実験 「ヒトの反応時間を調べる」	（知）（思）
13	振り返り ヒトの神経系のつくりと働き	知

第①時

食物に含まれる養分

(本時のねらい)
・動物は食物を食べることが必要であることを意識し、食物に含まれる養分とその働きを理解することができる。

(本時の評価)
・食物を構成する養分には炭水化物、タンパク質、脂肪、無機物、ビタミンがあることを説明している。(知)
・動物について、植物と異なり、食物を食べるという特徴を考え、表現している。(思)

(準備するもの)
・炭水化物、タンパク質、脂肪のモデル図

【植物と動物の違い】

話し合って、発表しよう

・植物は光合成によって必要な栄養分自分でつくることができる。
・動物はそれができないので外から食物を食べることで栄養を得なければならない。
・動物は食物を食べて、消化・吸収するしくみや食物を探すために動き回る筋肉などのしくみが必要である。
・動物は、動くためには外界のようすを知るための感覚器官も必要となる。

> 話し合いの内容を記述する

(授業の流れ) ▷▷▷

1 動物について、植物と異なる特徴を考える 〈15分〉

植物と動物の違いはなんでしょう？

植物は、光合成をして養分をつくっていましたね
動物は？

・植物と動物の違いについて、生徒に考えさせたい。動物が食物を食べる必要があることを意識させる。
・動物が食物を食べるために、どんな体のつくりや仕組みが必要かを話し合い、発表する。

2 動物は食物を食べることが必要であることを意識する 〈10分〉

動物は光合成できないよ。だから食べる

食べるために口がある。最後はフンを出す

食物をみつけて、摂取。そして養分を吸収しているよ

・動物の生命を維持する働きの概要をつかみ、これからの学習につなげる。
・自分の体や身近な食物と関連させながら理解させたい。

課題 食物には、どのような養分がふくまれるのだろうか。

食物を構成する養分（五大栄養素）は何でしたか？ **3**

炭水化物、タンパク質、脂肪、無機物、ビタミン **4**

炭水化物	タンパク質	脂肪
ブドウ糖	アミノ酸	
米、小麦、イモ	大豆、魚、牛乳	ごま、油、バター

---

3 食物の養分について考えてみる 〈10分〉

食物には、どのような養分が含まれていますか？

家庭科で五大栄養素を習いました！

・家庭科で学習した五大栄養素とつなげて考える。
・炭水化物、タンパク質、脂肪を多く含む食物にはどんなものがあるかを挙げさせ、養分の働きなどについてまとめる。

4 食物に含まれている養分の特徴を捉える 〈15分〉

デンプンは炭水化物の一つで、ブドウ糖がたくさんつながってできています。モデルにすると、このようなかんじです

これらの養分を吸収されやすい形に変化させる過程を消化といいます

（微視的）

・食物に含まれている養分は、大きな分子の物質で、食べたそのままの形で体内に取り入れて利用することはできないことを知る。
・この養分を吸収されやすい大きさにすることが消化であることを確認し、次時につなげたい。

第 ② 時

だ液の働きを調べる

（本時のねらい）
・デンプンに対するだ液の働きを調べるために、だ液を入れない試験管を用意することを計画しながら、対照実験の結果から考察することができる。

（本時の評価）
・対照実験を含んだだ液の働きを調べる実験の計画を立てて適切に行い、正しい結論を導き出している。思

（準備するもの）
・0.5%デンプン溶液・試験管・温度計
・水でうすめただ液・ヨウ素液
・ベネジクト液・ビーカー
・こまごめピペット
・加熱器具・沸騰石・保護眼鏡
・ポットのお湯

| 課題 | だ液のはたらきを調べよう。 |

デンプンに対するだ液のはたらきは？

予想
・デンプンではない別のものにする。
・甘くなる。

2

デンプンがだ液によって変化するかを調べる方法を考えてみよう。

（授業の流れ）▷▷▷

1 デンプンに対するだ液の働きを予想する　〈5分〉

デンプンに対するだ液の働きは？

小学校のときにヨウ素反応やった！

デンプンは糖に？

ごはんは噛むと甘くなるね

・デンプンに対するだ液の働きについて、予想する。
　「デンプンではない別のものにする」
　「ご飯をよく噛むと、甘くなる」などがある。
・予想から、デンプンがだ液によって糖に変化するかを調べる方法を対話的に考える過程を大切にしたい。

2 デンプンがだ液によって変化するか調べる方法を考える　〈10分〉

ヨウ素反応

ベネジクト反応

デンプンがだ液によって変化するか調べるには、どんな対照実験をしますか？

（条件制御）　実験

・ヨウ素デンプン反応は小学校で既習しているが、糖の検出は初めてである。自分たちが、だ液によってデンプンが糖に変化するのかを確認する上で、必要不可欠な薬品であることを実感するようにベネジクト液を提示したい。その上で、だ液を入れない対照実験を連想させてから、実験に取り組ませたい。

①デンプンを調べる方法

デンプン溶液
↓
（ヨウ素液）
↓
青紫色に反応

糖
↓
（ベネジクト液を加えて加熱）
↓
赤褐色の沈殿

②ヨウ素液とベネジクト液を使って、だ液がデンプンを変化させるか調べる実験を考えよう。

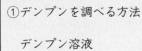

	ヨウ素液の反応	ベネジクト液の反応
デンプン溶液とだ液	変化なし⇒デンプン分解	赤褐色の沈殿⇒糖　検出
デンプン溶液と（水）	青紫色	変化なし

結果
上の表に記入。

考察
だ液のはたらきは、デンプンを糖に変えると考えられる。

 3 ヨウ素液とベネジクト液を使った実験を行う　〈25分〉

デンプンとだ液 } ・ヨウ素液の反応は？

デンプンと◯？ } ・ベネジクト液の反応は？

 4 対照実験との比較から考察する　〈10分〉

だ液を入れた方だけがヨウ素反応の変化がない！ということはデンプンがだ液で分解したんだ！

だ液を入れないと、ベネジクト反応も起きないね

・デンプンに対するだ液の働きを調べる。
・個人のだ液の取り扱いに細心の配慮をする。
・「体内にあるだ液の働きやすい温度は？」、「体温に近い温度では？」というような対話を介しながら、約36℃の水に10分間入れる計画を立てる。
・この温度の重要性を生徒は意識して、10分間約36℃を維持できるように温度管理をさせたい。

実験

・ヨウ素デンプン反応はデンプンについて、ベネジクト液の反応は糖についてのみ結論が言えることを、結果を表現する指導のポイントとする。
・二つの結果を合わせると、だ液の働きは、デンプンを糖に変化させることであると考察できる。

第③時

食物に含まれる養分と
消化酵素の働き

(本時のねらい)

・消化管の中で、食物がどのように消化されていくかを理解することができる。

(本時の評価)

・消化酵素とその特徴を理解し、デンプン、タンパク質、脂肪の消化に関わる主な消化酵素働きを説明している。(知)

(準備するもの)

・フラッシュカードなど
・消化のしくみ資料(掲示用)

課題	食物にふくまれる養分は、どのように消化されるのだろうか。

〈前時の復習〉
口では、だ液がはたらいて、デンプンは糖に分解された。　**1**

食物の通り道

口 → 食道 → 胃 → 十二指腸 →
小腸 → 大腸 → 直腸 → 肛門

このひとつながりの管：消化管

消化管の途中で出される液：消化液
　　　　　　　　　（例　だ液）
食べ物を吸収される形まで分解するはたらきがある物質：消化酵素
　2 ←（例　アミラーゼ）

(授業の流れ) ▷▷▷

1 口より先での食べ物の消化を
考える　　　　　　　〈10分〉

口から入った食物はその先どこへ行きますか

口 → 食道 → 胃 →
……→ 肛門

・口→食道→胃→十二指腸→小腸→大腸→直腸→肛門の順に食べた食物が移動していくことをおさえる。
・生徒から出された情報を黒板に整理する(文字を書いたフラッシュカード、簡単なイラストカード、などを利用)。

2 消化液、消化酵素について
知る　　　　　　　〈10分〉

このひとつながりの管を消化管といいます。この管から、出される液を消化液といいます

胃液が苦いような酸っぱいような液体なのは知っています

・消化管全体をイメージした後、消化器官、消化液、消化酵素について、だ液を例に整理する。
・画像や動画があれば活用する。

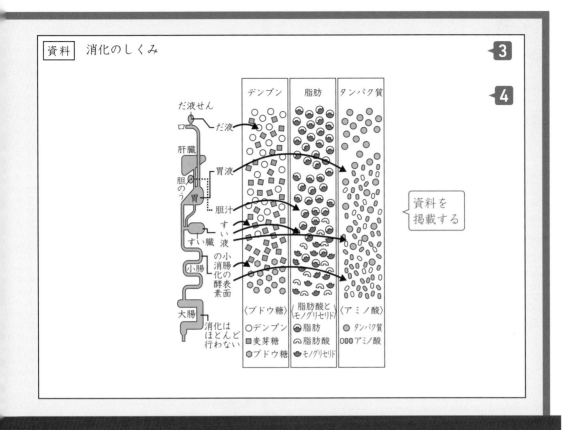

資料	消化のしくみ

資料を掲載する

3　消化酵素の働きを知る　〈15分〉

だ液では、デンプンが糖に分解されたけど、胃液はどうかな？

胃液の中の消化酵素はタンパク質に働きます。さらに…

〔微視的〕

・消化酵素について例（アミラーゼ、ペプシンなど）を挙げ、以下のことを説明する。
　・食物の養分を分解する働き
　・働く相手が決まっている。
　・働く場所が決まっている。

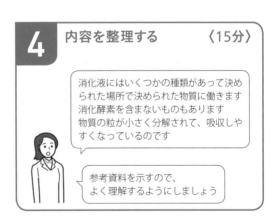

4　内容を整理する　〈15分〉

消化液にはいくつかの種類があって決められた場所で決められた物質に働きます消化酵素を含まないものもあります物質の粒が小さく分解されて、吸収しやすくなっているのです

参考資料を示すので、よく理解するようにしましょう

・最も身近な自分の体を意識した、意欲的な学習にしたい。
・健康な消化管、消化酵素を中心に扱うが、体調不良のときの様子を説明してもよい。

第④時

消化された食物のゆくえ

本時のねらい

・効果的な吸収をするための構造上の特徴について、つくりと働きを関連付けて説明することができる。

本時の評価

・消化された養分を吸収するための基本的なつくりをあげ、その養分は体内でどのように利用されるかを表現している。（知）

準備するもの

・ブタの腸（食肉用のモツ）
　または小腸内部の画像

課題	消化された養分は、体内でどのように利用されるのだろうか。

食物⇒⇒⇒⇒⇒便や尿として出る。
（消化管）

消化された養分が消化管の中から体内に取り入れられること：吸収

・効果的な吸収の条件を考えよう
（例）小さな物質に消化されている。
（例）吸収する面積がたくさんある。

授業の流れ ▷▷▷

1 消化と吸収を連続的にイメージする　〈5分〉

消化されたものはどうなるでしょう

尿や便として出ていきます

出る前に、消化管のどこかで体内に取り込むと思います

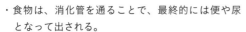

・食物は、消化管を通ることで、最終的には便や尿となって出される。
・消化された養分が消化管の中から体内に取り入れられることを吸収するということを知る。
・効果的な吸収をするための構造上の特徴を考える。

2 効果的な吸収の条件を考える　〈10分〉

効果的な吸収の条件を考えてみましょう

食物の形や大きさが小さく崩されると吸収されると思います

吸収される場所は太いといいかも

・食物の形や大きさが小さくなることで吸収しやすくなった、などの事例を挙げ、イメージをふくらませる。
・吸収する部分（小腸）の表面積が広くなっている構造をイメージする。タオルが水をよく吸収する例を挙げ、細かい繊維などをイメージしてもよい。

③ ④

資料

吸収された養分の行方と小腸のつくり

小腸のひだ

柔毛

養分と貯蔵とその養分の利用

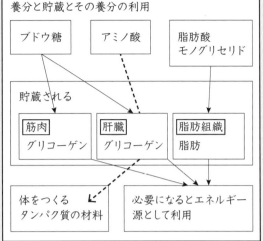

資料を掲示する

3 養分を吸収する仕組みを、観察や画像を通して知る〈20分〉

小腸はそれほど太い消化管ではないのに、十分に吸収できるのですか

狭い管でもひだを多くして表面積を増やし、栄養分の吸収を能率的に行えるようにしています

観察

・小腸のひだの様子の観察。実物を使った学習が難しい場合は、モデル、画像や動画を有効に活用する。小腸のひだの表面の柔毛をクローズアップする。

・毛細血管、リンパ管の役割を捉える。

4 吸収された養分の貯蔵とその利用を整理し、まとめる〈15分〉

吸収された養分の利用について、まとめてみましょう

ブドウ糖は　アミノ酸は　脂肪酸とモノグリセリドは

・三大栄養素の利用や貯蔵の仕方は生徒の身近な知識が当てはまる例が多い。学習のまとめで、知っている例を挙げさせると、生徒は自分の知識と結び付けることができる。

第⑤時

呼吸の仕組み

課題 肺はどのように酸素をとりこみ、二酸化炭素を排出しているのだろうか。

①細胞での呼吸（内呼吸）

（呼吸）
養分＋酸素⇒二酸化炭素＋水
↓
エネルギー

②外呼吸
血液中の二酸化炭素を外に出し、外界から酸素を取り入れる。
⇒ヒトの肺呼吸のしくみを学習しよう。

授業の流れ ▷▷▷

1 細胞の呼吸や、小学校で学んだ呼吸の復習をする 〈5分〉

ヒトの呼吸について覚えていますか？

酸素が多い空気を吸って、二酸化炭素が多い空気を吐き出しています

外から取り込むという意味で「外呼吸」と呼びます

2 大きく呼吸すると、主にどこが動くかを調べ、発表する 〈10分〉

息を吸うときは

息を吐くときは

・食物から得た養分は全身の細胞に送られ、一つ一つの細胞がその養分と酸素を使って生きるためのエネルギーを取り出して二酸化炭素を排出していることを復習する。

・小学校で学習したヒトの肺呼吸について思い出し、上記の内容と結び付けて理解する。

・今回はヒトの肺呼吸の仕組みについて学習することを知る。

・自分の体と考え合わせて理解させると実感を伴なった学習となる。

○肺に空気が出入りするしくみを
　確かめてみよう。

肺のモデル装置　▶3

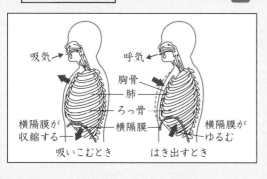

吸気　呼気
胸骨
肺
ろっ骨
横隔膜
横隔膜が
収縮する
横隔膜が
ゆるむ
吸いこむとき　はき出すとき

▼4

肺胞の断面(模式図)

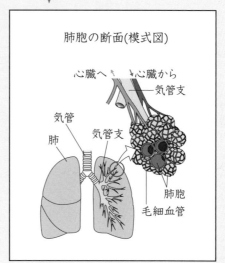

心臓へ　心臓から
気管支
気管
気管支
肺
肺胞
毛細血管

---

3 呼吸運動を、モデル装置の
動きから理解する　〈20分〉

空気
ゴム膜を引
くと、ゴム
風船に空気
が入る。
ストロー
ペットボトル
ゴム風船
ゴム膜

実験

・肺のモデル装置をつくる実験を行う。または、演
示を見て、モデル装置のペットボトルや風船がヒ
トの体のどの部分に当たるかを考える。

4 肺胞での酸素と二酸化炭素の
交換の仕組みを理解する　〈15分〉

肺のモデル装置の動きから、肺
の空気を出し入れする仕組みを
説明してみよう

底についた風船を引っ張る
と、外の空気が…

・図を見ながらヒトの気管と肺の細かいつくりとガ
ス交換の仕組みを理解する。

第⑥時

血液を循環させる仕組み

本時のねらい

・血液や血管についての既習事項を思い出しながら、血液、血管、組織液などについて理解し、メダカの尾びれの毛細血管の観察を行い、動物の体の中に血液が流れていることを実感することができる。

本時の評価

・血管のつくり、血液の流れ方、血液の成分、リンパ管とリンパ液について説明している。

知

準備するもの

・メダカ
・チャック付きビニル袋
・顕微鏡

課題

血液を全身にいきわたらせるために、血管はどのようになっているのだろうか。

┌ 動脈 心臓から血液が送り出される血管

├ 静脈 心臓へ血液が戻ってくる血管

血液↑ ┃┃──弁（逆流を防ぐ）

└─▶ 体全体に張りめぐらされた 毛細血管 という細い血管でつながっている。

授業の流れ ▷▷▷

1 呼吸と心臓のつくり、循環の復習を行う 〈5分〉

小学校では、血液についてどんなことを学びましたか？

心臓の働きで体内を巡ります

血液は、養分、酸素、二酸化炭素を運びます

・小学校の学習や日常の知識から血管や血液について知っていることを発表させる。
・既習事項と関連させて、必要な養分や酸素、また、二酸化炭素などの不要物を運ぶためには血液や血管が必要なことを確認する。

2 血管のつくりと働きの説明を聞く 〈10分〉

血液を全身に行き渡らせるために、動物の体内には血管が張り巡らされています

動脈　静脈　毛細血管

それぞれ特徴があるんだなぁ

・ここでは、血管のつくりと働きを確認する。
・メダカの血液観察につながる内容に焦点を当てる。

③ 血液の流れの観察

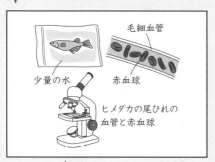

毛細血管

少量の水　　赤血球

ヒメダカの尾ひれの
血管と赤血球

> 動物の血液観察には、生きた動物を
> 使う。顕微鏡で観察するためには、
> 光が透過することが必要なので、メ
> ダカの尾びれやカエルの水かきが適
> している。

④ 血液の成分と働き

赤血球			
白血球			
血小板			
血しょう (液体成分)			

---

3 顕微鏡で血液の流れを観察する 〈20分〉

> 赤血球に注目して血液の流れを見てみよう

> 決まった方向に流れています

赤血球

観察

- メダカは数匹ずつ、100〜200mL のビーカーに
  2cm くらいの深さの水とともに入れて、班ごとに
  配るとよい。
- スケッチをさせる場合は血管に注目させて簡単に
  行わせ、血流の向きは矢印で示させるとよい。

4 血液の成分と働きを整理し、白血球、血小板、血しょうをおさえる 〈15分〉

> 血液は、血球という固形成分と血しょうという液体成分からなります

> ところで、酸素は血液中の何によって運ばれますか？

> ヘモグロビンは聞いたことがあります

- 赤血球、白血球、血小板、血しょうについて、そ
  れぞれの働きをおさえておく。
- 赤血球とヘモグロビンに注目して、酸素を運ぶこ
  とをしっかりおさえる。

第⑦時

心臓のつくりと
血液を循環させる仕組み

本時のねらい

・ヒトの心臓のつくりと心臓が体内の血液を循環させる仕組みや、体循環・肺循環、動脈血・静脈血などを説明することができる。

本時の評価

・血液を循環させるための基本的なつくりをあげ、そのつくりと仕組みを説明している。（知）

準備するもの

・心臓の模型
・構造図
・給油ポンプ必要に応じてニワトリの心臓（ハツ）など

課題

心臓は、どのようにして血液を循環させるのだろうか。

血液の通り道　①

左心室→大動脈→全身→大静脈→右心房
→右心室→肺動脈→肺→肺静脈→左心房
→左心室

授業の流れ ▷▷▷

1　呼吸と循環を関連付ける〈5分〉

肺で呼吸をして、酸素と二酸化炭素を出し入れしていることを学びました
それらの物質を運んでいる血液は全身をどのように流れているのでしょう

心臓がポンプの役割をして、全身に送っていると思います

・小学校6年で学習した拍動などを思い出すために、脈をとったり、聴診器を使ったりするとよい。
・30秒など時間を決めて脈を測り、具体的な数値で関心を高めてもよい。

2　心臓の働きに触れる〈10分〉

ニワトリの心臓は、ハツと呼ばれていて精肉店で買うことができます

・心臓はほとんど筋肉でできていて、収縮するときに力が出ることを確認し、心臓のどの部分がどんな順序で収縮して血液を送っているかを考える。
・ワークシートを用いて、心臓が血液を循環させる様子を色を塗り分けて表現してみる。
・用意できれば、ニワトリの心臓などを実際に観察させるとより深い学習となる。

2

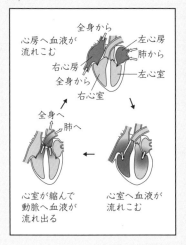

4

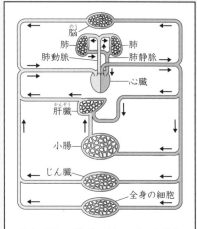

それぞれの場所では、どのような
血液が流れているのか。
例：肺静脈は酸素の多い血液

---

3 給油ポンプを使って心臓が血液
を送る様子を実感する 〈20分〉

押す

弁A

弁Aが開いて
中の水が押し
出される

放す

弁B

弁Aは閉じて弁B
が開き下から水が
吸い込まれる

実験

・このモデルと心臓とはかなり構造が違っているが、
心臓本体の収縮と弁の働きによって血液が送られ
ていることはイメージできる。

・生徒に1分間に60〜70回の速さでポンプを押させ
ると心臓がいかに大変な仕事を休まず続けている
かを実感させられる。

---

4 血液の循環経路と心臓を関連付
けて、知識を定着させる 〈15分〉

酸素を多く含んだ血液を動脈血
といいます
赤色で示してあります

二酸化炭素を多く含んだ血液
は、青色で示してあって、こち
らは静脈血というのですね

・ヒトの血液循環について体循環・肺循環、動脈
血・静脈血などを理解する。

・動脈血は動脈を静脈血は静脈を流れるが、肺動脈
は全身を回ってきた静脈血が心臓から送られてく
る。また、肺静脈は肺を通ってガス交換を終えた
直後の動脈血が流れている。

第 ⑧ 時

不要となった物質を
排出する仕組み

本時のねらい

・肺から排出される二酸化炭素以外にも体内に
　不要物が生じ、それがどのように処理、排出
　されているかを説明することができる。

本時の評価

・不要となった物質を排出させるための仕組み
　を理解し、図を使って説明している。（知）

準備するもの

・じん臓
・輸尿管
・ぼうこうなどのモデルや写真資料など（可能
　であればブタのじん臓）

課題

体内でできた不要な物質は、
どのように排出されるのだろうか。

体内でできた不要となった物質を
取り除き、体外へ出すはたらき

排出

・肝臓

タンパク質の分解されるときにできる
有害なアンモニア

無害な 尿素 に変える。

授業の流れ ▷▷▷

1　排出について考える　〈10分〉

飲んだり食べたりした
後は、何が起こります
か？

尿 や 便 と
なって外に
出ます

汗や涙も出しています

・今まで学習した細胞の呼吸により、二酸化炭素以
　外にも不要物が生じることを知り、それを体に害
　が生じないように排出する仕組みをこれから学習
　することを意識する。
・毎日の自分の生活と重ね合わせて考えるようにす
　る。
・もし排出がうまくいかないと、どのようなことが
　起こるかも考える。

2　肝臓の働きを理解する　〈10分〉

尿の中には何が入っている
のかしら？

尿を排出するには、まず肝臓
が大切な役割を果たします
吸収されたアミノ酸が分解さ
れるとき、有害なアンモニア
が出ますが、無害な尿素に変
えています

・説明が中心になってしまうが、映像資料など分か
　りやすいものがあれば活用する。
・肝臓が、アミノ酸が分解されるときにできる有害
　なアンモニアを尿素に変える大切な役割をしてい
　ることを押さえる。
・アンモニアと尿素の違いを示す。

・ じん臓

多くの血液をろ過して、血液中の不要な物質を取り除いている。

・ 尿素 は、じん臓で不要な物質としてろ過され、尿中に排出される。

じん臓のつくりの図

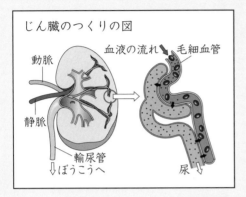

動脈　血液の流れ　毛細血管
静脈
輸尿管
ぼうこうへ
尿

全身の模式図に物質の流れを整理してかき込もう。動脈血（赤）、静脈血（青）、消化管（黄）にぬり分けてみよう。

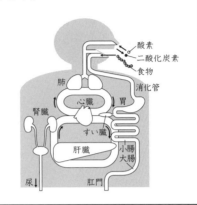

酸素
二酸化炭素
食物
消化管
肺
心臓
胃
腎臓
すい臓
肝臓
小腸
大腸
尿
肛門

| 3 | じん臓の仕組みや働きを理解する | 〈15分〉 |

じん臓の断面図を見てください

血管が見えますね

じん臓で尿をつくり、輸尿管を通ってぼうこうにためてから体外に捨てています
必要な物質は再吸収する仕組みも備えています

・尿素をろ過して、ぼうこうに送るのがじん臓である。肝臓とじん臓の働きの区別をしっかりと生徒に押さえさせる。

・ブタのじん臓が手に入れば、包丁で切って断面を見せると、実感を伴って理解できる。

| 4 | 「生命を維持する仕組み」全体をまとめる | 〈15分〉 |

今まで習ったことを、整理しましょう

図にしてみると、今まで別々に学習したことが、すべてつながることが分かりました

振り返り

・ヒトの体では、肝臓、じん臓、ぼうこうが働いて不要物を排出していることを理解する。

・消化、循環、呼吸、排出の４つについて、物質のやりとりの視点で整理する（ワークシートに色分け作業をしてみるなど）。

第⑨時

骨と筋肉の働き

本時のねらい

・骨格には体を支え、保護する働きがあることを理解することができる。
・筋肉の働きを理解し、骨と筋肉が連携して運動が起こることを理解することができる。

本時の評価

・ヒトの骨格と筋肉の働きを理解し、骨、筋肉、けんが連携して運動が起こる仕組みを理解している。（知）
・ニワトリの手羽先を観察し、その動く仕組みをヒトの腕と関連付けて考えている。思

準備するもの

・ライオンが獲物をを追うシーンなどの写真
・ニワトリの手羽先
・ヒトや他の動物の筋肉と骨格の図

課題

動物の運動のしくみはどうなっているか。

1 行動には何が必要か？

写真を掲示する

ライオンが獲物を追うとき、どんな器官を使っているか？

授業の流れ ▷▷▷

1 行動に必要な器官を考える 〈10分〉

写真を見ながら、ライオンが獲物を追うとき、どんな器官を使うか考えよう

獲物を見つけるために目や鼻が必要だね

運動のために筋肉も必要だ

・ここは「刺激と反応」全体の導入として動物が行動するには外界の様子を知る感覚器官と動くための運動器官が必要なことに気付かせる。
・学習指導要領の記述では運動器官は最後になっているが、反応や反射の指導のしやすさを考え、本書では先にもってきている。

2 骨と筋肉の仕組みを考える 〈15分〉

筋肉はどんなときに力を出すかな
筋肉は骨とどのように結合しているかな

縮むときです
隣どうしの骨にまたがって付いています

骨と筋肉の働きは？

・自分の腕を曲げ伸ばしして、どこの筋肉は固くなっているか調べながら考えさせる。
・筋肉は縮むときに力を出し、受動的に伸びることを理解させる。
・図や写真、模型などでヒトの骨格のつくリも簡単に確認する。

2 人の腕の骨と筋肉のようす

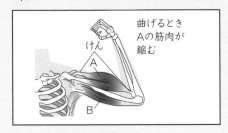

曲げるとき
Aの筋肉が
縮む

けん

A

B

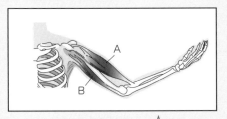

A

B

ポスターか教科書
の図を掲示する

○骨

はたらき…脳や内臓を保護する。
　　　　　体を支えて関節で動かす。
※骨が組み合わさって骨格
　ができている。

○筋肉

はたらき…骨と連携して体を動かす。

※縮むときに力が出る。

---

3 ニワトリの手羽先を観察する〈20分〉

筋肉を引っ張ると
翼の先が動くね

生きた鳥では
筋肉が収縮する

・時間がなければ演示でもよい。
・必要な部分の表皮をはがして、外側の分かりやす
　い筋肉の根元側を外して引っ張ると動かすことが
　できる。
・筋肉が収縮する代わりに引っ張っていることを理
　解させる。

4 他の動物の骨と筋肉の様子を
　　知る〈5分〉

他の動物はどうなって
いるかな？

魚　筋肉

鳥

胸筋

・他の動物が運動するときの骨と筋肉の図を見せて
　筋肉の動きなどを考えさせる。
・参考程度とし、あまり詳細な部分には深入りしな
　い。

第⑩時

ヒトの感覚器官とその働き

本時のねらい

・ヒトの感覚と感覚器官にはどんなものがあるか知り、そのつくりや仕組みを理解することができる。

本時の評価

・ヒトの五感とは何かを理解するとともに、感覚器官の働きと仕組みを理解している。（知）

準備するもの

・ヒトが活動している写真（コンサート、食事、スポーツなど）
・ヒトの感覚器官の図

課題

ヒトにはどんな感覚や感覚器官があるか。

1 2

ヒトの五感

感覚	受け取る刺激	感覚器官
視覚	光	目
聴覚	音（振動）	耳
嗅覚	（におい）空気中の化学物質	鼻
味覚	（味）水に溶けた化学物質	舌
触覚	機械刺激	皮ふ

授業の流れ ▷▷▷

1 ヒトはどんな感覚器を使っているか考える 〈10分〉

ヒトが食物を食べるときどんな感覚器官を使っているかな

目、舌

鼻も使ってる

課題の設定

・ヒトの食事の様子、スポーツ、コンサートなどの写真を見せて、それらの行動がどんな感覚器を使って行われているかを考えさせる。

2 ヒトの五感について知る 〈10分〉

ヒトには5つの感覚があります　一般に五感と言われています　だから「いやな予感」みたいなものは第六感なんて言われます

・5つの感覚器官の存在を確認し、それぞれがどんな刺激を受け取っているか、生徒に挙げさせながら説明する。

3

ヒトの目のつくり

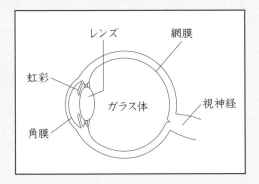

ヒトの耳のつくり

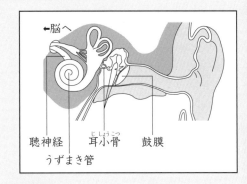

4

盲点：網膜上に光を感じない点

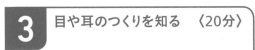

3 目や耳のつくりを知る 〈20分〉

ヒトの目のつくりはこのようになっていて、カメラに似ています

耳はこうなっています…
鼻、舌、皮膚は……

・目と耳は少し詳しく説明する。
・目の構造はカメラと対比させて説明すると分かりやすい。
・耳には平衡感覚を感知する部分もあることを加えてもよい。
・鼻・舌・皮膚感覚の仕組みは教科書の図などを見ながら簡単に触れる。

4 盲点の検出の実験を行う〈10分〉

あっ消えた

イルカは・

ナマズは・

・盲点の検出の実験を行い、盲点は視神経の通り道になっていて光を感じる細胞がない場所であることを確認する。
・イルカの超音波発信、ナマズのひげ（化学受容器）など他の動物の変わった感覚を紹介する。

第⑪時

ブタの目の観察

（本時のねらい）

・ヒトの目に似たブタの目を解剖して観察し、目のつくりの理解を深めることができる。

（本時の評価）

・実物と照らし合わせて目のつくりを理解している。（知）
・生命尊重の気持ちをもち、ブタの目を丁寧に扱おうとしている。態
・積極的に観察を行い、なるべく多くのことを知ろうとしている。態

（準備するもの）

・ブタの目
・解剖用具一式
・カッターナイフか
　カミソリの刃
・目のつくりの図
・ワークシート

付録

課題

ブタの目を観察して、目のつくりを調べよう。

方法 **2**

① 目のまわりの肉を取り除く。
② 目の正面から簡単にスケッチ
③ 目の赤道にあたる部分にカミソリで切れ込みを入れる。
④ はさみで目を前後に切断し、そっと前後に分ける。
⑤ 目の前側、後側をそれぞれ内側からスケッチする。
⑥ 各部を分解して詳しく調べる。

（授業の流れ） ▷▷▷

1 課題を確認する 〈5分〉

> 今回はブタの目を解剖して観察しよう

・目は教材業者か食肉の副産物を専門に扱っている業者で入手できる。
・生命尊重の気持ちを忘れず、丁寧に扱うように指導する。

2 方法を知る 〈10分〉

> 目の表面の膜はとても丈夫だからはじめだけカミソリの刃で切ろう

カミソリの刃

この向きに切る

・目の表面の強膜は大変丈夫なのではじめはカミソリの刃やカッターナイフで切れ込みを入れ、穴が開いた後ははさみで丁寧に切る。
・網膜は半透明の柔らかい膜で大変壊れやすい。

3 目のつくり　　　　　　　　　　部分名称

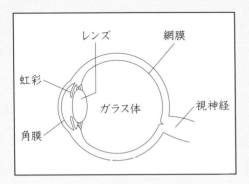

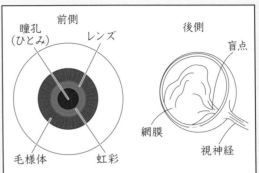

図を掲示する

---

3 ブタの目を観察する　〈25分〉

レンズを字の上に乗せたら
字が大きく見えた

中学校

観察

・角膜、虹彩、レンズ、毛様体、ガラス体、網膜、
　盲点、視神経は確認できる。
・レンズを取り出し、字の書いてある紙の上に置く
　と拡大されて見える。

---

4 片付けをする　〈10分〉

使い終わった目は
ここに入れよう

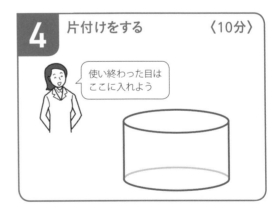

・解剖し終わった目も丁寧に扱わせ、プラスチック
　水槽などに集めさせる。
・集めた目は校内の人が通らない場所に深く埋める
　か、ポリ袋を2重にして入れ、生徒の目につかな
　いようにして燃えるゴミとして捨てる。

ヒトの反応時間の測定

ワークシート　　　　付録

年　組　番　氏名

自分の反応速度を測定しよう

　動物が感覚器官で見たり、聞いたり、感じた情報は適切に処理されて筋肉などに伝えられて、行動が起こります。今回はそのしくみについて学習します。
まずは、自分の反応速度を調べる実験をしましょう。

1. 実験1　目の刺激に対する反応時間を調べる実験

結果

	ものさしをつかんだ所の目盛り（cm）	ものさしをつかむまでの時間（秒）
1回目	14	0.17
2回目	16	0.18
3回目	18	0.19
4回目	16	0.18
5回目	18	0.19
平均	16.4	0.18

2. 実験2　触覚刺激に対する反応時間を調べる実験

　　実験に参加した人数 35 名

結果

	最初の人が隣の人の手を握ってからストップウォッチを止めるまでの時間（秒）	1人あたりの反応時間（秒）
1回目	6.65	0.19
2回目	5.25	0.15
3回目	5.60	0.16
4回目	6.30	0.18
5回目	5.60	0.16
平均	5.88	0.17

3. 2つの実験から気づいたことを書きましょう。

　ヒトの反応時間は 0.15 秒前後でヒトによって大きな違いは無い。
　練習してもそれ以上は短くならない。

本時のねらい

・ヒトの反応時間の測定をできるだけ正確な値が出るように測定し、ヒトの反応には一定の時間がかかることに気付くことができる。

本時の評価

・できるだけ正確な値を出すために実験を複数回行って、その平均をとることの意味を理解している。（知）
・ヒトの反応には一定の時間がかかることに気付いている。（思）

準備するもの

・30cm のものさし
・物体の落下距離と時間の関係が分かる換算表など
・ワークシート

授業の流れ ▷▷▷

1 課題を確認する　〈5分〉

まず、皆さんの反応時間を測定してみましょう　誤差の大きい実験でなるべく正確な値を出すにはどうしたらよいですか

何回か行って平均を出します

・はじめに感覚器官で受け取った刺激がどのように処理されて行動が起こるかを学習するために、反応時間を調べることを説明する。
・実験回数は 5 回くらいが適当である。

2 ものさしをつかむ実験をする　〈20分〉

ものさしをつかむ実験をしよう

実験

・反応時間を短くすることに終始して、ものさしを離すのを見る前に見込みでものさしをつかもうとする生徒が出てきたら注意する。

課題 ヒトの反応時間を調べよう。

誤差の大きな実験でなるべく正確な値を得るにはどうしたらよいか？

何回か行って平均を出す。

2 ペアの相手が離したものさしをつかむ実験

結果

クラスで一番早かった人
　平均0.14秒
クラスの平均
　0.16秒

3 輪になって隣の人の手を握る実験

結果

みんなの平均

1回目	2回目	3回目	4回目	5回目
0.19	0.15	0.16	0.18	0.16

このクラスの平均
　0.168秒

2つの実験からいえることは
ヒトの反応には一定の時間が
かかる。

3 手をにぎる実験をする 〈20分〉

輪になって隣の
人の手を握る
実験をしよう

実験

・男女で手をつなぐのを嫌がるときは男子と女子に
　分けて行ってもよい。
・実験1, 2とも、大きく外れた値が出た場合は除
　外する。
・この実験も5回くらいが適当である。

4 まとめをする 〈5分〉

2つの実験からどんなこと
が分かりますか

反応時間は頑張っても
0.1秒より短くはなり
ませんでした

・反応時間が一定以上短くならないことが出てこな
　い場合は教師が誘導してもよい。
・トップアスリートでも0.1秒より短いことはないと
　言われていることなどを話題にしてもよい。

第⑬時

ヒトの神経系のつくりと働き

本時のねらい

・ヒトの感覚器官、神経、筋肉がどのように働いて反応が起こるかを理解することができる。
・反射の仕組みを理解することができる。

本時の評価

・ヒトの神経系のつくりと働きを理解するとともに、反応時間の測定のときに起こったことの仕組みを理解している。知

準備するもの

・ヒトの神経系の図

課題

ヒトが反応するとき体内で何が起こっているのだろうか。

1 ヒトの神経系

図を配って名称を書き込ませてもよい

視神経
（感覚神経）

脳

せきずい

感覚神経

運動神経

中枢神経 { 脳
　　　　　 せきずい

末しょう神経 { 感覚神経
　　　　　　　 運動神経

授業の流れ ▷▷▷

1 ヒトの神経系のつくりを知る 〈10分〉

前回の実験では体内でどういうことが起こっていたか考えるためにまず、ヒトの神経系のつくりを見てみよう

・前回の2つの実験（ものさしをつかむ実験、輪になって隣の人の手を握る実験）で起こったことを説明することを動機付けとして、ヒトの神経系のつくりの学習を行う。
・教科書や資料集の図を適宜利用する。

2 前回の実験から刺激の信号の通り道を考える 〈15分〉

ものさしをつかむ実験では目で刺激を受け取って……

輪になって隣の人の手を握る実験では……

振り返り

・今まで学習したことと、学んだばかりのヒトの神経系のつくりと用語を使って、刺激の伝わった経路を考えさせる。
・目から脳へつながる感覚神経は視神経である。視神経という用語を教えた方が生徒は混乱しない。

2

普通の反応
・ものさしをつかむ実験での刺激の信号の
　通り道

　目→感覚神経（視神経）
　　　→脳→せきずい
　　　　　→運動神経→手の筋肉

・輪になって隣の人の手を握る実験での刺激の
　信号の通り道

　手の皮ふ→感覚神経→せきずい
　　　→脳→せきずい
　　　　　→運動神経→手の筋肉

3

「反射」
熱いやかんに手が触れたときの反射が
起こったときの刺激の信号の通り道

　　　　　　　　　　　　　　脳
　　　　　　　　　　　　　　↑
　手の皮ふ→感覚神経→せきずい
　　　→運動神経→腕の筋肉

4

○ 反射を体験してみよう。
　　しつがいけん反射
　　瞳孔反射

---

3 反射について知る　　〈15分〉

運動神経

こういうときはどのように信号が伝わったか考えてみよう

感覚神経

・反射でも信号はせきずいから脳に伝わるが、せき
　ずいから運動神経を通って腕の筋肉に達する信号
　の方が速いので、感じるより前に手を引っ込めて
　いる。

4 反射を体験する　　〈10分〉

動いた

部屋を明るくすると…

ひとみが小さくなった

・膝蓋腱反射や瞳孔反射を体験させ、自分の体に反
　射の機能が備わっていることを実感させる。
・瞳孔反射の実験では 強い光源を目に当てるのは危
　険なので行わない。

気象とその変化

　本単元では、身近な気象の観察、実験などを行い、天気の変化や日本の天気の特徴を大気中の水の状態変化や大気の動きと関連付けて理解し、規則性や関係性を見いだして表現することで、思考力、判断力、表現力等を育成することがねらいである。また、自然の恵みや災害を取り扱い、人間の活動の自然環境への影響を認識する場面を設け、自然環境の保全に寄与する態度の育成を目指す。

（ア）　気象観測　全 7 時間
㋐気象要素　4 時間

次	時	主な学習活動、特徴的な学習形態	学習過程、見方・考え方、評価など
1	1	気象について	(時間的) (空間的) **記録** 態
	2	**観察** 気象要素の測定　気象観測	
	3	**実験** 圧力について	**記録** 知
	4	**実験** 気圧について	**記録** 思

㋑気象観測　3 時間

次	時	主な学習活動、特徴的な学習形態	学習過程、見方・考え方、評価など
2	5	**観測** 気象観測	**記録** 知
	6	気象要素と天気の変化の関わりについて	**記録** 思
	7	**継続観察** 気象観測	**記録** 態

（イ）　天気の変化　全14時間
㋐霧や雲の発生　8時間

次	時	主な学習活動、特徴的な学習形態	学習過程、見方・考え方、評価など
1	1	空気中の水蒸気の変化について　露点の定義を知る	◀対話的な学び　記録 態
	2	観察 「露点の測定」	記録 知
	3	飽和水蒸気量と湿度について	記録 思
	4	練習問題	
	5	上空の気圧について	記録 知
	6	実験 「雲をつくる」雲のでき方のまとめ	記録 知
	7	雨と雪について	記録 知
	8	水の循環と太陽のエネルギーと気象現象	記録 知

㋑前線の通過と天気の変化　6時間

次	時	主な学習活動、特徴的な学習形態	学習過程、見方・考え方、評価など
2	9	天気図の作成と読み取り　高気圧・低気圧について	記録 知
	10	等圧線と気圧配置	
	11	前線について	
	12	継続観察　気象観測	記録 知
	13	前線の通過	◀対話的な学び　時間的　空間的　記録 思
	14	前線の通過と天気の変化のまとめ	振り返り　記録 態

（ウ）　日本の気象　全3時間
㋐日本の天気の特徴　2時間

次	時	主な学習活動、特徴的な学習形態	学習過程、見方・考え方、評価など
1	1	日本の気象を特徴付ける季節風・気団について	記録 知
	2	日本の四季の天気	記録 態

㋑大気の動きと海洋の影響　1時間

次	時	主な学習活動、特徴的な学習形態	学習過程、見方・考え方、評価など
2	3	日本付近の大気の動きと海洋の影響 日本の四季の天気のまとめ	時間的　空間的　記録 思

（4）　自然の恵みと気象災害　全2時間
㋐自然の恵みと気象災害　2時間

次	時	主な学習活動、特徴的な学習形態	学習過程、見方・考え方、評価など
1	1	自然の恵みや気象災害	◀対話的な学び　記録 知、態
	2	発表とまとめ	振り返り　◀対話的な学び　記録 思

9 気象観測 〔7 時間扱い〕

単元の目標

　主な気象要素である気温、湿度、気圧、風向、風速について理解させ、観測器具の基本的な扱い方や観測方法と、観測から得られた気象データの記録の仕方を身に付けさせる。

評価規準

知識・技能	思考・判断・表現	主体的に学習に取り組む態度
気象要素と天気の変化との関係に着目しながら、気象要素、気象観測についての基本的な概念や原理・法則などを理解しているとともに、科学的に探究するために必要な観察、実験などに関する基本操作や記録などの基本的な技能を身に付けている。	気象観測について、見通しをもって解決する方法を立案して観察、実験などを行い、その結果を分析して解釈し、天気の変化についての規則性や関係性を見いだして表現しているなど、科学的に探究している。	気象観測に関する事物・現象に進んで関わり、見通しをもったり振り返ったりするなど、科学的に探究しようとしている。

既習事項とのつながり

(1)小学校 4 年：「天気の様子」では、気温と、天気によって 1 日の気温の変化の仕方に違いがあることを学習している。

(2)小学校 4 年：「空気と水の性質」では、閉じこめられた空気を圧すと体積は小さくなり、体積が小さくなると圧し返す力は大きくなることについて学習をしている。

(3)小学校 5 年：「天気の変化」では、雲の量や天気について、天気の変化は雲の量や動きと関係があること学習している。

指導のポイント

(1)本単元で働かせる見方・考え方

　事前に前線の通過や季節に特徴的な天気が観察できるときを利用して気象観測を行うことで、気象観測の方法を身に付けるだけでなく、気象要素の変化と天気の変化の関わりに気付くことができる。これをきっかけにして、継続観測から時間的な視点で気象現象を捉えられるようにする。

(2)本単元における主体的・対話的で深い学び

　台風や周期的な天気の変化など特徴的な気象現象の映像や新聞記事を使って、小学校の学習内容を基に話し合い発表をすることで、既習事項を明らかにする。さらに、冬型の気圧配置の気象衛星画像を提示し、既習事項では説明できないことに気付き、中学校の学習内容に主体的に取り組めるようにする。

⑦ 気象要素 （4 時間）

時	主な学習活動	評価規準
1	時間的 空間的 気象について 小学校の復習と中学校の学習と、気象現象と私たちの生活との関わりについて考える。	態
2	観察 気象要素の測定 天気、雲量、気温、湿度、気圧、風力の気象要素の測定方法、記録の仕方について学ぶ。	(知)
3	実験 圧力について 面積を変えて、力の加わる様子を調べる。	知
4	実験 気圧について 気圧を体験する。 空気の質量を測定する。	思

④ 気象観測 （3 時間）

時	主な学習活動	評価規準
5	観測 気象観測 気象要素の読み取りについて	知
6	気象要素と天気の変化の関わりについて見つける。	思
7	気象観測の継続	態

第①時
気象について

本時のねらい
・既習事項では説明できない気象現象について、これからの学習を通して考えていこうとすることができる。

本時の評価
・小学校の復習とこれからの学習を見通し、気象現象と私たちの生活との関わりについて考えようとしている。態

準備するもの
・小学校の学習（学年、内容）の写真
・数日間連続した気象衛星の画像
・天気図
・気象に関するニュースや新聞資料（前線、気団、冬型の気圧配置、大雨、大雪、高温、寒冷からの気象災害、農業に関するニュース、新聞、観光ポスター）

年　組　番　氏名

課題「気象の学習で学ぶことを考えよう」
① 小学校の学習を復習
・天気は西から東へ変わる。
・晴れの日は雲が少なく、曇りの日は雲が多くなり、雨が降ることがある。
・台風は強い風と雨をたくさん降らせる。
・日なたはあたたかい。

② 日本付近（夏、冬）の気象衛星の画像から
この後の天気の予想
A　西から東へ雲が動いていく。
　　雲の動きで天気が変わる。
B　西から東へ雲が動いていく
　　雲があるところは天気が悪い。雲がないところは天気が良い。

③ 数日間の連続した②の画像から観察してわかること
A　雲ができたり、なくなったりするところがある。
　　晴れたり、曇ったりしている。
B　同じ場所に雲がある。
　　雲がずっとあるところは、天気が悪い。

④ 3の記録から、小学校の学びと関連づけて確かめられること、疑問に思うこと
・小学校の学び
　雲があるところは天気が悪い。
　雲が西から東へ移動している。

・疑問
　冬は同じところに雲があること、西から東へ移動していないのはなぜか。

⑤ 中学校での今までの学習内容とこれからの学習内容について
・状態変化　　液体と気体　　水と水蒸気　　雲がどのようにできるか
・気温以外の気象観測　風の変化　気圧について
・天気の変化を読み取る

授業の流れ ▷▷▷

1 既習事項の復習をする 〈10分〉

気象の学習で、小学校で学んだことを挙げてみましょう

台風、大雨雲の形がある

天気は西から東へ変わる

2 気象衛星画像を見て予想する 〈15分〉

この後の天気はどのようになるでしょうか

Aは夏Bは冬かな

同じ天気かも

西から東へ雲が動いていくから？

雲が動いて晴れるよ

・以下のような写真を用意する。
（3年）日なたと日かげの地面を観察している写真
（4年）校庭で雨水のゆくえを観察している写真
気温を測定する写真
（5年）校庭で水を流して土砂の様子を記録している写真、雲の形や動きを観察している写真、気象衛星の画像や台風のニュースや新聞から台風について話し合っている写真

・気象衛星の画像は、四季、台風、冬型、夏、梅雨のそれぞれについて、数日間連続したものを用意する。

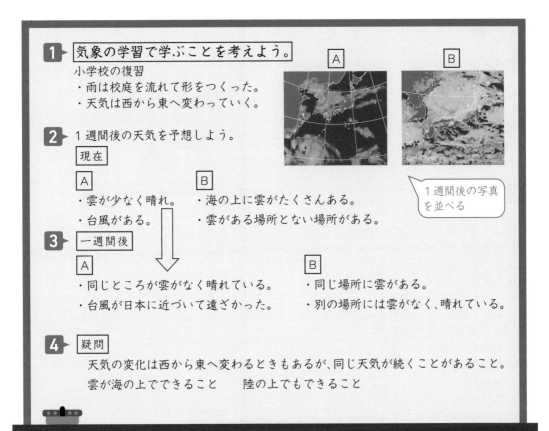

1 気象の学習で学ぶことを考えよう。

小学校の復習
・雨は校庭を流れて形をつくった。
・天気は西から東へ変わっていく。

2 1週間後の天気を予想しよう。

現在

A
・雲が少なく晴れ。
・台風がある。

B
・海の上に雲がたくさんある。
・雲がある場所とない場所がある。

1週間後の写真を並べる

3 一週間後

A
・同じところが雲がなく晴れている。
・台風が日本に近づいて遠ざかった。

B
・同じ場所に雲がある。
・別の場所には雲がなく、晴れている。

4 疑問

天気の変化は西から東へ変わるときもあるが、同じ天気が続くことがあること。
雲が海の上でできること　陸の上でもできること

出典：気象衛星センター

3 A、Bの連続衛星画像を読み取る 〈15分〉

・A：夏型南高北低、B：冬型西高東低の気圧配置の気象衛星の画像を用意する。
・連続した数日間の観察から、雲と地上の様子に注目して観察するように助言をする。
・台風、「西から東へ天気が変化する」ことなど既習事項からの気付きを生かして、話し合い活動が進むように助言をする。

4 疑問をまとめる 〈10分〉

時間的　空間的

・水の状態変化等の既習事項を使って説明できること（雲の発生、天気の変化と雲の移動）と、日本の季節による天気の違いを疑問としてまとめ、解決できない課題を明らかにして、今後の学習の見通しを持つ。

第②時

気象要素の測定

本時のねらい

・気象要素を知り、測定方法、記録の仕方について理解することができる。

本時の評価

・天気、雲量、気温、湿度、気圧、風向を気象要素として、意味と観測方法を説明している。（知）

準備するもの

・乾湿計・気圧計・風向計
・風速計（風力計）・天気記号表
・風力階級表・乾湿計用湿度表 など
・ワークシート

付録

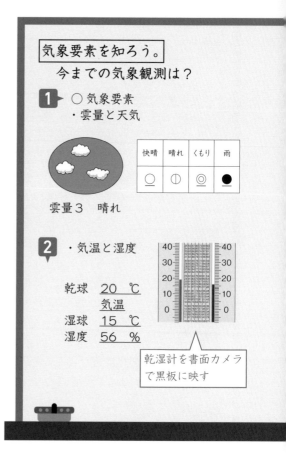

気象要素を知ろう。
今までの気象観測は？

1 ○気象要素
　・雲量と天気

快晴	晴れ	くもり	雨
◯	◐	◎	●

雲量3　晴れ

2 ・気温と湿度

乾球　20　℃
　　　気温
湿球　15　℃
湿度　56　％

乾湿計を書面カメラで黒板に映す

授業の流れ ▷▷▷

1 気象要素を知る 〈20分〉

雲量を見て、天気を記録します

真上の空の雲をスケッチするとわかりやすいですね

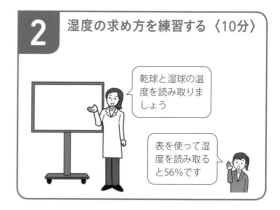

2 湿度の求め方を練習する 〈10分〉

乾球と湿球の温度を読み取りましょう

表を使って湿度を読み取ると56%です

・気象観測と記録の様子を問う。
・気象要素を確認する。ニュースなどから見聞きした経験も触れる。
・雲量の観測から、晴れとくもりの違いを説明する。雲のスケッチを簡単に行い、天気を決める。

・乾湿計（写真）から、湿球、乾球の値を記録する。乾球、湿球の違いを説明し、気温を読む。
・乾湿計用湿度表を使って、湿度を記録する。

・気圧
　　1013hPa（ヘクトパスカル）　1気圧

・風力
　　風速と風力階級表

3 ・風向
　　北西（観測者から吹き流しをみると）

16方位を拡大した図を黒板に貼る

4 　まとめ
　　現在の気象観測

11月1日（　金　）4時間目
天気　晴れ　　雲量　4
気温　20℃　湿度　56%
気圧　1002hPa
風向　北西　風力　1　　雲のスケッチ
気付き　少し雲が出てきた。

3　風向の読み取りを練習する〈10分〉

矢印の向きに風が吹いていると、吹き流しはどうなりますか

真ん中に立って読むと北西から吹いてきます

4　現在の気象観測を行う〈10分〉

現在の気象要素を記録しましょう

雲量が増えた

気温と湿度は読める

・気圧計（気圧計の写真）から、数値を読み取る。
・風向について知っていることを聞く。吹いてくる方向を記録することを確認する。
・台風の情報を示し、風速と風力階級表の様子を確認する。

観察

・教室からできる気象観測を行う。
・気圧、風向、風力は行わず、確認しておくように指示する。
・気付きを記録させる。時間での変化の様子に気が付かせたい。

第③時

圧力について

付録

本時のねらい

・圧力についての実験を行い、圧力は単位面積当たりの力の大きさで表されることを理解することができる。

本時の評価

・圧力の実験を行い、同じ力を加えたときのスポンジのへこみ方の違いから、圧力が接触面積の大きさと関係があることを説明している。知

準備するもの

・レンガ
・スポンジ
・ものさし
・台ばかり
・スタンド
・ワークシート

| 課題 | 圧力を測定しよう。 |

2 ペンを押したときのようす

3 目的 「レンガを使ってスポンジ

圧力を変えるものは？

力がはたらく面積　　変える量

レンガの底面積

	縦 [cm]	×横 [cm]	=面積 [cm²]
①	6	10	60
②	6	21	126
③	10	21	210

授業の流れ ▷▷▷

1 気圧の測定を振り返る 〈5分〉

「気圧はどのように観測しましたか」

前回の観測 気圧1004hPa

「気圧は空気の圧力です」

・気象観測時の気圧の測定方法と値を思い出す。
・気圧は空気の圧力であることを説明する。
・今日の学習は、圧力であることを確認する。

2 圧力に関係がある量を見いだす 〈10分〉

「細い方が太い方より痛い」

「同じ力で押したのに、なぜかな」

「押す力とペンの面積に関係がありそうですね」

・圧力を調べるために、ペンを指で支える実験を行い、圧力に関係のある量（力、面積）を見いだす。

1 復習 気圧……空気の圧力

のへこみ（はたらく 圧力 ）を調べる」

> レンガの質量　2kg　2000g
> レンガがスポンジを押す力　20N

重力と質量 変わらない量

スポンジのへこみ方のようす　　変わってしまう量

4 結果

	①	②	③
レンガの質量 [g]	2000	2000	2000
レンガがスポンジを押す力 [N]	20	20	20
レンガの底面積 [cm^2]	60	126	210
スポンジのへこみのようす	大	中	小

結果 スポンジのへこみのちがいは、ふれる面積の大きさに関係がある。

　　　圧力

---

3 結果を予想し、実験を行う〈20分〉

レンガのどの面を下にしたら、ペン先と同じになるのかな

レンガの重さが重力だ

実験
・ペンの例から、スポンジのへこみ方を予想する。
・同じ大きさのレンガを用意し、レンガの縦、横、高さ、表面積の計算を先に行うと時間が短縮できる。

4 結果の確認と考察を行う〈15分〉

変わらない量、変える量、変わってしまう量に注目して考えましょう

底面積が小さくなると、へこみが大きくなります

同じ重力でも、レンガの底面積の違いで、へこみが違います

・変わらない量、変える量、変わってしまう量を整理する。
・同じ力の大きさのとき、面積の大小とスポンジのへこみの大小を関連付けられるように助言する。

第④時

気圧について

本時のねらい

・大気圧の実験を行い、気圧について空気の重さと関連付けることができる。

本時の評価

・大気圧の実験から空気の圧力の存在を知り、気圧を空気の質量を測定する実験と関連付けている。思

準備するもの

・空き缶
・ガスバーナー
・三脚
・金網
・作業用手袋
・ペットボトル
・簡易加圧ポンプ
・電子天秤
・ワークシート

付録

○圧力のまとめ ▮1

圧力	大 → 小 (スポンジのへこみ)
力	変わらない (レンガがスポンジを押す力)
面積	小 → 大 (レンガの底面積)

$$圧力[Pa] = \frac{面に垂直に加わる力[N]}{力が加わる面積[m^2]}$$

$$1[Pa] = \frac{1[N]}{1[m^2]}$$

例
10N が 1m² で
_10_ Pa

授業の流れ ▷▷▷

1 圧力の定義と求め方をまとめる 〈20分〉

圧力は何で変わりましたか

面積の大きさです

力が大きいと圧力も大きくなります

・圧力は、同じ力のときに、接する面積の違いで変わることを思い出す。
・力、面積を関連付けて、説明できるようにする。
・圧力の計算に取り組む。

2 空き缶に働く大気圧を観察する 〈10分〉

空き缶に働く大気圧を観察してみましょう

横だけつぶれるかな

実験

・気圧は空気の圧力であることを説明する。
・空き缶に働く大気圧を予想し、実験を行う。
・演示実験で行うと、時間短縮になる。
・大気圧は、空き缶全体に働くことを確認する。

課題 気圧を調べよう。

2 ① 目的 空き缶にはたらく大気圧のようすを観察しよう。

3 ② 目的 空気の質量を測定しよう。

結果
① 空き缶がつぶれた。
② 空気には質量がある。

4 まとめ

空気の質量の分だけ，気圧が生じている。

○ 気圧（大気圧）の単位
　ヘクトパスカル（hPa）
　　1気圧は約 1013hPa

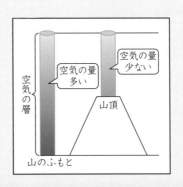

---

3 空気の質量を測定する 〈10分〉

実験
・空き缶に働く力の原因が、空気には質量があることを見いださせる。
・空気の質量を測定する。
・演示実験にしたり、クラスで3グループで行ったりすると時間が短縮できる。

4 気圧についてまとめる 〈10分〉

・気象観測の結果を使い、気圧についてまとめる。
・継続観察や台風の通過時の気圧の変化を用いて、変化することを確認する。
・富士山の頂上と地上との値を比較して、標高によって違うことにも触れておく。

第⑤時

気象観測

本時のねらい

・気象要素の観測に関する基本操作、方法や記録などの基本的な技能で観測をすることができる。

本時の評価

・気象要素（気温、湿度、気圧、風向など）について、適切な方法で観測し記録している。

知

準備するもの

付録

・乾湿計・気圧計
・風向計
・風速計（風力計）
・ワークシート

課題　気象観測をしよう。

目的
気象要素を測定し、
天気との関係を調べよう。

1

2　確認　気象要素　測定の方法

①授業中の測定
・雲量と天気

・気温　　・湿度

・気圧

・風向　　・風力

授業の流れ ▷▷▷

1 課題を把握する　〈5分〉

天気は何を読み取りましたか

朝より雲が少なくなったので晴れです

雲量です

・気象観測は気象要素の観測であることを確認する。
・天気が変化することに気付かせる。

2 気象要素の内容と観測方法を確認する　〈10分〉

気温と湿度の担当、乾湿計を準備します

直射日光が当たらないようにしなきゃ

風向計、風速計を持っていきます

観測結果を記録します

・気象要素の内容と測定方法、機器の扱い方を、教室で確認する。（2時間目の復習）
・気圧計が複数ない場合は教師が測定値を伝える。
・風向計や風力計が複数ない場合は、吹き流しを作成し、風の強さ（強い、弱い、なし）で風向を測定できるようにする。

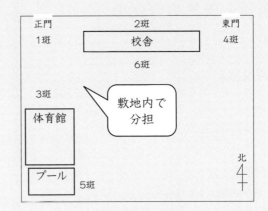

3 | 班で分担した測定場所

- ・体育館・プールの横
    3班 5班
- ・校舎のそば　2班 6班
- ・正門　　　　1班
- ・東門　　　　4班

```
正門            2班        東門
1班                        4班
    ┌─────────────────┐
    │      校舎        │
    └─────────────────┘
            6班

3班
    ┌──────┐
    │体育館 │    敷地内で
    │      │    分担
    └──────┘
    ┌──────┐            北
    │プール │ 5班
    └──────┘
```

4 | 結果

①授業中の測定

②昼休みの測定

※休み時間に複数回
　観測をしてもよい

3　班ごとの場所で観測する〈25分〉

雲量は4、天気は晴れ

風力3 風向北西

気温20℃、湿度55%

観測

- ・風は吹いたりやんだりするので、3回以上測定して、風向や風力の傾向をつかませる。
- ・風向の測定では吹いてくる方向を記録しているかを確認させる。
- ・班ごとに観測場所を分担し、周囲の様子を記録しておき、影響を考えさせる。

4　本時の観測結果をまとめる〈10分〉

観測結果はここに記録したよ

気が付いたこと、どんなこと書く？

校舎のそばは風が強かった

昼休み、同じ分担でいいですか？

- ・班員の全員が記録できていることを確認する。
- ・授業中以外の休み時間ごとや、昼休み、放課後など、時間を変えて観測するよう指示する。
- ・次回、観測結果から「1日の変化」を考察することを話しておく。

第⑥時

気象要素と天気の変化の関わり

本時のねらい

・校庭などで継続した気象観測を行い科学的に探究する中で、気温、湿度、気圧、風向などの観測記録の変化から、天気との関係を見いだして理解することができる。

本時の評価

・気象要素の観測結果と資料から、一日の中で変化があることを見いだし、天気と関係付けている。思

準備するもの

付録

・観測結果
・気象要素の一日の変化が読み取れる資料（晴の日、曇りと雨の日）
・ワークシート

| 課題 | 一日のうちの気象要素はどのようになっているか。 |

考察 | 1時間目と昼休みを比較

❶ ❷

気象要素	1時間目	昼休み
・雲量	9	6
・天気	くもり	晴れ
・気温	15℃	21℃
・湿度	68%	54%
・風向	南	南
・風力	1	2

気がついたこと
　天気が変わった。
　あたたかくなった。
　朝より昼の方が校庭は乾いてきた。
○ 一日の気象要素は変化している。

授業の流れ ▷▷▷

1 観測結果から、一日の変化を話し合う ⟨10分⟩

雲量が変化し、天気も変わった

風は強くなってきた

昼頃は気温が上がった

湿度はだんだん低くなっている

・授業中と昼休み（放課後）の気象要素の記録が残してあることを確認する。

2 考察を発表する ⟨15分⟩

雲が減っています

風の強さが変わりました

1時間目と昼休みはどうでしたか

・気象要素ごとに板書に整理し、気象要素は変化することをまとめる。
・気象要素は1日のうちで変化があることを確認する。

3 別の資料日の資料で確かめてみよう

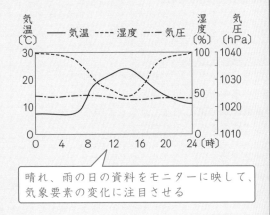

気温〔℃〕 ── 気温 ---- 湿度 -·- 気圧 湿度〔%〕 気圧〔hPa〕

天気 晴れ
・気圧　あまり変わらない。
・風向　南寄りの風
・気温　朝が低い。昼頃に高い。
・湿度　朝が高い。だんだん低くなる。

晴れ、雨の日の資料をモニターに映して、
気象要素の変化に注目させる

4 まとめ

・気象要素は1日の中で変化がある。
・天気（晴れ、雨）によって、
　気象要素（気温と湿度の関係）の違いがある。

3 1日の変化を読み取り、気温と湿度の関係を見いだす〈15分〉

気温と湿度の1日の様子はどうですか

気温は朝に低く、昼過ぎに高くなっている

湿度は朝が高く、だんだん低くなっています

4 1日のうちで変化があること、天気と関係があることをまとめる〈10分〉

雨の日はどうでしょうか

雨の日は湿度が高い

気圧が少しずつ下がっている

・気温、湿度は、最高、最低の値とおよその時間を読み取らせる。
・班で気象要素ごとに分担をして、読み取りの内容を共有させると、時間が短縮できる。

・晴れと雨の日の資料を提示し、天気と気象要素の関わりを説明できるようにする。
・天気と気圧の変化にも触れておくとよい。

第⑦時

気象観測の継続

（本時のねらい）

・校庭などで継続した気象観測を行い科学的に探究する中で、気温、湿度、気圧、風向などの観測記録の変化から、天気との関係を見いだして理解することができる。

（本時の評価）

・気象要素と気象観測について学んだことを学習や生活に生かそうとしている。態

（準備するもの）

・乾湿計
・気圧計
・記録用紙

ワークシート　　付録

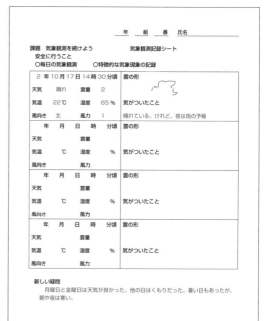

（授業の流れ）▷▷▷

1 気象観測の記録から、特徴的な気象現象に注目する　〈5分〉

・気象観測の結果を振り返る。
・複数の特徴的な気象に注目させる。
・地域で有名な気象現象を教材にすることも考えられる（おろし、からっ風など）。

2 特徴的な気象現象と疑問を話し合う　〈15分〉

・新たな疑問に気付かせる。
・便覧や図書室の資料を使い、話し合わせるとよい。

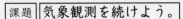

課題 気象観測を続けよう。

1 気象観測の方法と内容の確認

2 特徴的な気象現象 と 観測する気象要素

- 台風　　　　　　強風
- ゲリラ豪雨　　　雲のようす　雨量
- 猛暑　　　　　　気温　湿度
- 大雪　　　　　　気温

3 ○ニュースや天気予報を確認し、新しい情報を集める。

警報、注意報など危険が予想される場合は中止するように指導する

4 まとめ　　　安全に行うこと
- ○毎日の気象観測
- ○特徴的な気象現象の記録

台風接近時の新聞記事

出典：気象衛星センター

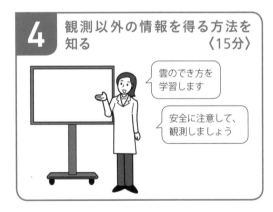

3 話し合った内容を発表する　〈15分〉

なぜ、熱中症は湿度が関係あるか調べたい

台風の時、雨が強くなったり弱くなったりするのはなぜか調べたい

4 観測以外の情報を得る方法を知る　〈15分〉

雲のでき方を学習します

安全に注意して、観測しましょう

・説明できないことを明らかにして、観察する意義を見いだす。

・安全に観測する方法を指導する。
・観察する時間の長さ（短時間、一日、一週間）は多様であり、目的に合わせて選択することができることに気付かせる。

10 天気の変化 （14時間扱い）

単元の目標

霧や雲の発生、前線の通過に伴う天気の変化などについて、それが起こる仕組みと規則性を理解させ、霧や雲の発生についての観察、実験を行うための技能を身に付けさせる。

評価規準

知識・技能	思考・判断・表現	主体的に学習に取り組む態度
気象要素と天気の変化との関係に着目しながら、霧や雲の発生、前線の通過と天気の変化についての基本的な概念や原理・法則などを理解しているとともに、科学的に探究するために必要な観察、実験などに関する基本操作や記録などの基本的な技能を身に付けている。	天気の変化について、見通しをもって解決する方法を立案して観察、実験などを行い、その結果を分析して解釈し、天気の変化についての規則性や関係性を見いだして表現しているなど、科学的に探究している。	天気の変化に関する事物・現象に進んで関わり、見通しをもったり振り返ったりするなど、科学的に探究しようとしている。

既習事項とのつながり

⑴ 小学校 3 年：「太陽と地面の様子」では、地面は太陽によって暖められ、日なたと日陰では地面の暖かさや湿り気に違いがあることを学習している。

⑵ 小学校 4 年：「天気の様子」、「空気と水の性質」では、水は蒸発し水蒸気となって空気中に含まれること、空気が冷やされると水蒸気は水になって現れることことを学習している。

⑶ 小学校 5 年：「天気の変化」では、雲の量や動きが天気の変化と関係することや映像などの気象情報を用いて天気の変化が予測できることを、「流れる水の働きと土地の変化」では、雨の降り方によって、流れる水の速さや量は変わり、増水により土地の様子が大きく変化する場合があることを学習している。

⑷ 中学校 1 年：「状態変化」では、状態変化によって物質の体積は変化するが質量は変化しないことを学習している。

指導のポイント

⑴本単元で働かせる見方・考え方

生徒にとって身近な「霧や雲の発生」という課題について、観察・実験を通してでき方を解き明かす過程で、気圧を変えることで気温が変化することを比較したり、関係付けたりさせて量的な・関係的な視点て捉えさせる。その際、「粒子」の領域での質的・実体的な視点での「水の状態変化」の知識を活用させる。さらに、飽和水蒸気量と湿度の変化の知識と関連付けて、雲の発生や消滅について根拠を示して説明することで課題の解決につなげさせる。

前線の通過に伴う天気の変化の観測では、原因を「暖気と寒気」とし、結果を「気温と湿度の変化」の関係とした観点で課題に取り組むことで、探究の過程の振り返りを行うことができる。また、継続観測から育成した時間的な視点だけでなく、前線の通過時の気象衛星画像と天気図を資料として読みとることで、空間的な視点で気象現象を捉えられるようにする。

⑵本単元における主体的・対話的で深い学び

　前線の通過時の観察・実験では、前線の通過時の天気図と、ニュースや新聞記事などを関連付けて比較し、結果をまとめるようにする。次に、考察を基にした話し合いや発表を行う際には、既習事項だけでなく、継続観察や日常生活での経験を思い出し考えの根拠として発表を行い主体的に取り組めるようにする。ここでは、各自の経験だけでなく、自然現象が様々であることに対話を通して気付き、学んだ知識をつなげて考える探究の過程を振り返る深い学びが実現できるようにする。

指導計画 （全14時間）

⑦ 霧や雲の発生 （8時間）

時	主な学習活動	評価規準
1	対話的な学び　空気中の水蒸気の変化 露点の定義を知る	（知）態
2	観察 「露点の測定」	知（思）
3	飽和水蒸気量と湿度	（知）思
4	温度計算の練習	（知）
5	上空の気圧	知
6	実験 「雲をつくる」 雲のでき方のまとめ	知（思）
7	雨と雪のでき方	知
8	水の循環と太陽のエネルギーと気象現象	知

⑦ 前線の通過と天気の変化 （6時間）

時	主な学習活動	評価規準
9	天気図の作成と読み取り 天気図記号を使った気象要素の表し方と等圧線の引き方 高気圧・低気圧について	知（思）
10	等圧線と気圧配置	（知）
11	前線について	（知）
12	前線付近の天気について	知
13	対話的な学び　〔時間的〕〔空間的〕前線の通過 前線の通過時の天気の変化を、資料からの読み取る。	（知）思
14	振り返り　前線の通過と天気の変化のまとめ	（思）態

第①時

空気中の水蒸気の変化

（本時のねらい）

・空気中の水蒸気がどのような気象要素によって変化するのかを捉えようとするとともに、霧のでき方を気温及び湿度の変化と関連付けて理解することができる。

（本時の評価）

・霧のでき方を気温及び湿度の変化と関連付けて理解している。（知）
・天気の変化についての事物・現象に、他者と関わりながら科学的に探究しようとしている。態

（準備するもの）

付録

・摩周湖の写真（霧と晴れ）
・ミニ・ホワイトボード
・ホワイトボード用ペン
・イレイサー

課題

空気中の水蒸気の変化について考えよう。

1 ○北海道摩周湖

＜朝＞　　　　＜昼＞

写真からわかること、疑問に思うこと
・朝は霧が出ているのに昼は晴れている。
・なぜ昼には霧が晴れるのか？　など

2

疑問 なぜ、朝出ていた霧が昼に晴れたのか？

① 霧の正体は何か？→水滴
② 霧が晴れるのに関係しているのにどのような気象要素が関係しているか→気温、湿度

（授業の流れ）▷▷▷

1 摩周湖の朝の写真と昼の写真から分かることや疑問を挙げる〈5分〉

2枚の写真を見てわかることや疑問に思ったことをあげてみましょう

朝は霧が出ているけれど、昼は晴れているね

なぜ昼になると霧がなくなるの

2 霧の正体は何か予想する〈7分〉

霧の正体は何だろう？

霧に入ると濡れるね

じゃあ水だね

・北海道の摩周湖の朝と昼の写真を用いて、昼に霧が消えることに気付かせ、疑問を見いだしていく。

・見いだした疑問について自分の考えをまとめるために、霧の正体について共通理解を図るとともに関係している気象要素を整理する。
・霧と気象要素の関係付けでは、前時で学習している1日の気温や湿度の変化の特徴を思い出させる。

3 なぜ、朝出ていた霧が昼に晴れたのか①、②を基に考えよう

気温が上がって蒸発した	

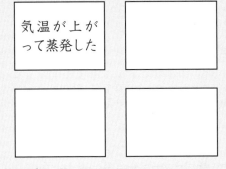

ホワイトボードの内容を基に自分の最終的な考えをまとめさせる

4 まとめ

・湿度（％）：空気中にふくまれる水蒸気の割合を百分率で表したもの
※水蒸気は気体。水滴は液体。

→水滴である霧が現れることと湿度はどう関係するのか？

◇湿度と霧の関係を考える手がかり

・露点：水蒸気をふくんでいる空気が冷え、凝結（ぎょうけつ）が始まり、水滴ができ始めたときの温度

---

3 なぜ朝出ていた霧が昼に晴れたのかをグループで話し合う 〈30分〉

霧が晴れた理由を①②を基に考えてみましょう

霧と似ている現象はないかな？

朝は気温が低いからな？

冷たいと水蒸気は水滴になるのかな？

冷えたコップのまわりにも水滴がつくよ

対話的な学び

・**1**で見いだした課題を考えさせる。
・まず、自分の考えをまとめ、グループで対話的学びを行わせる。その際、まとめた意見はミニホワイトボード等を活用し、全体で共有させる。さらに、他の人の意見を参考にしながら自分の考えを再構築させる。

4 湿度と露点の定義を整理する 〈8分〉

気温や湿度の変化と霧の発生が関係しそうですね

湿度について整理しましょう

・ここでは、霧のでき方について正解をまとめるのではなく、本時の学習で取り上げた気象要素「湿度」について整理するとともに、湿度と霧を関係付ける手がかりとなる「露点」の定義付けを行い、次回の「露点の測定」につなげていく。

第②時

露点の測定

本時のねらい
・前時の学習を基に、露点を測定する方法を立案し、それに基づいて露点を測定することができる。

本時の評価
・観察から気温の変化とくもりの関係を関連付けて理解している。知
・露点を測定する方法を立案し、観察を行っている。(思)

準備するもの
・くみ置きの水
・ビーカー
・金属製のコップ
・セロハンテープ
・温度計
・大型試験管
・氷

付録

【板書】

課題 | 露点の測定をしよう。

目的 | 空気中の水蒸気は、どのようなときに水になるか調べる

疑問 | 露点を測定するには、どんなところに注目すればよいだろうか。

1

考え
・空気の温度
・くもるまでのようす
・くもり始めたときの温度

2

観察方法を考える

〈準備〉ビーカー、金属製のコップ、温度計、大型試験管、くみ置きの水、氷（セロハンテープ）

授業の流れ ▷▷▷

1 露点を測定する上での着目点を考え、共有する 〈10分〉

露点はくもり始めの温度でしたね

露点を測定するにはどのようなことに注目すればよいでしょうか

気温が低いときに霧ができたね

空気を冷やして霧ができるときの気温を測ればいいのではないかな？

・露点と湿度について確認する。
・水蒸気の量が変わらなくても、温度が低いときの方が霧ができることを思い出させる。

2 共有した着目点を基に露点を観察する方法を考える 〈15分〉

どのような方法で測定できるかな？黒板に書かれた実験道具を使って考えよう

コップの外側に水滴ができるのと同じような状態を作ったらいいと思います

気温がコップの水温と同じ温度なら、冷やした水の温度は空気が冷えた温度と同じと考えていいと思います

・冷たいコップの外側に水滴がつくことを基に考えさせるとよい。
・使える実験道具は示しておき、それを基にグループで考えさせる。
・時間になったら、何グループか選んで発表させる。
・他のグループの意見を聞いて、修正をしてもよい。

〈各班の考えた方法〉

3

例）くみおきの水の温度を室温として金属コップに入れる。大型試験管に入れた
氷をコップに入れて少しずつ冷やし、コップがくもったときの水温を測定する。

| 結果 | 天気 |

> 曇っているところとそうでないところの
> 違いが分かる工夫を補足するとよい

4

班	はじめの水温（℃）	気温（℃）	くもり始めの水温（露点）
1			
2			
3			
4			

> 班の分だけ枠を作る

3 考えた方法を基に観察を行う 〈15分〉

4 結果を確認する 〈10分〉

> 各班の結
> 果を黒板
> に書きに
> きてくだ
> さい

観察

・あらかじめ必要な実験道具は、グループごとに
　セットしておく。
・コップをよく観察し、くもり始めを見逃さないよ
　うに促す。

・各グループの結果を黒板に書かせるか、グループ
　ごとに発表させて、全体で共有させる。

第③時

飽和水蒸気量と湿度

本時のねらい

・飽和水蒸気量の表・グラフを分析し、気温との関連とその規則性を理解することができる。
・露点の実験結果から、湿度を求める過程を通して、飽和水蒸気量、露点、湿度との関係について考えることができる。

本時の評価

・飽和水蒸気量の表・グラフを分析し、気温の関連とその規則性について説明している。（知）
・露点、湿度との関連について考えを表現している。思

付録

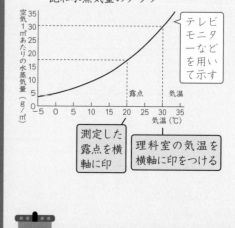

課題 **露点の測定の結果から考察しよう。**

1 ・飽和水蒸気量：飽和している空気がふくんでいる水蒸気の量（空気 1 ㎥あたり）
　→それ以上水蒸気をふくむことができない状態。

飽和水蒸気量のグラフ

テレビモニターなどを用いて示す

測定した露点を横軸に印

理科室の気温を横軸に印をつける

授業の流れ ▷▷▷

1 飽和水蒸気量について確認し、グラフを示す　〈5分〉

飽和している空気が含んでいる空気 1 ㎥あたりの水蒸気の量を飽和水蒸気量といいます

その空気にはそれ以上水蒸気が入らないということかな

飽和は、1年生のときに、限度いっぱいの量と習ったね

・露点測定の結果を簡単に確認してから、飽和水蒸気量の意味について確認する。
・飽和は 1 年時に溶解度の学習を思い出させる。
・グラフには、測定時の理科室の気温と、露点に印を付けておくとよい。

2 飽和水蒸気量のグラフを見て気が付いたことを共有する〈10分〉

飽和水蒸気量のグラフを見て気が付いたことはありますか

気温が低い方が飽和水蒸気の量が小さいです

気温が高いほど、水蒸気がたくさん入るということですね

・個人で考える時間をとる。
・共有の時間には、他の人の発言を自分の発言と区別して記録させるとよい。

2 <グラフを見て気がついたこと>
　・気温が低いと水蒸気の量が少ない。など

3　考察

　　① グラフに露点をあてはめてみよう。どんなことがいえるだろう。
　　　・水滴が出てきたということは、水蒸気をふくむことができない状態
　　　・露点＝その気温における飽和水蒸気量
　　　・露点に達する＝湿度 100%

　　② そのままの気温でくもらないのはなぜか。グラフをもとに考えよう
　　　・水蒸気が飽和していないため、まだ入るスペースがあるから。

　　③ 観察時の教室（理科室）の湿度を求めよう。

$$湿度（\%）=\frac{空気1\,㎥中にふくまれている水蒸気の量（g）}{その気温での空気1\,㎥の飽和水蒸気量（g）}\times100$$

---

3 考察①〜③を考え、共有する 〈25分〉

露点の時の水蒸気量は、その空気の飽和水蒸気量かな

露点はくもり始めの温度だから、これ以上水蒸気が入らないね

4 考察とその日の天気の関係を考える 〈10分〉

露点の測定を行った日は、晴れていましたね

だから、この日は湿度は低かったんだね

・①、②を取り組んだあと、考えを共有させる。
・③の計算式は、1年時に学習した水溶液の質量パーセント濃度を思い出させ、一緒に式を確認してから各自に解かせる。

・観察「露点の測定」を行った日の天気と湿度の関係について気付かせる。
・測定日当日の天気が晴れなら、雨が降った場合、露点がどうなるか考えさせる。雨なら晴れている場合について考えさせてもよい。

第④時

湿度計算の練習

本時のねらい

・気温、露点、飽和水蒸気量と湿度の関係を理解し、計算式を活用してそれぞれの要素を求めることができる。

本時の評価

・気温、露点、飽和水蒸気量と湿度の関係を理解し、計算式を活用してそれぞれの要素を求めている。（知）

準備するもの

・計算練習課題（市販の問題集等を活用）
・ミニホワイトボード
・ホワイトボードマーカー

課題

湿度の計算式を活用して、湿度に関係がある量を確認しよう。

1【確認】キーワード：気温、露点、飽和水蒸気量、水蒸気量、湿度

2【例題】露点から湿度を求める問題

室温 25℃の空気を 20℃まで温度を下げたところ、コップのまわりがくもり始めました。この空気の湿度は何 % でしょう。

> 問題集などを活用する

25℃の空気の飽和水蒸気量
→23.1（g/㎥）
20℃（露点）の空気の飽和水蒸気量
→17.3（g/㎥）

$$\frac{17.3（g/㎥）}{23.1（g/㎥）} \times 100 ≒ 74.89\cdots$$

答　約74.9%

> 割り切れない数値の処理について、指示をする

授業の流れ ▷▷▷

1 湿度に関する計算を行うために必要な要素を確認する 〈5分〉

湿度を決めるのに必要な要素にはどんなものがありますか

飽和水蒸気量もあるね

気温、露点

・飽和水蒸気量の表・グラフや計算式は、プレゼンテーションソフトなどを用いてテレビモニターに映しておくと、黒板を有効に活用できる。

2 湿度を求める基本的な例題を確認し、計算問題に取り組む 〈20分〉

まずは、例題を基に基本的な問題から取り組んでみましょう

部屋全体の水蒸気量がどれくらいか求めることもできるんだね

・計算問題は、基本的な例題を確認し、類題から始める。
・問題は、露点以下に温度を下げたときに現れた水滴の量や、室内全体の水蒸気量など、多岐にわたるとよい。
・終了した生徒には解答を示し、応用問題に取り組むよう促す。

4 【間違いやすいところ・アドバイス】

その室温の飽和水蒸気量は、そのとき実際にふくまれる水蒸気量ではない。	気温を下げたら露点→実際にふくまれる水蒸気量がわかる。	飽和水蒸気量も水蒸気量も1m³あたり
単位を忘れないこと	室温からそのときの飽和水蒸気量がわかる。	小数点の位置

> ミニホワイトボードを黒板に掲示し、間違いやすいところなどを共有する

3 グループ内で解説を行う 〈15分〉

問1について説明します

なるほど、そうやって考えればよかったんだね

・4人程度のグループで相談の上、1人1題ずつ違う問題を選んで解説をさせる。
・解説を考える時間を取る。
・相手に伝わるようにミニホワイトボードを活用させる。

4 まとめをする 〈10分〉

全体を見て気になった問題を確認していきますね

・解説が終わったらグループ内で間違いやすいところやアドバイスをミニホワイトボードにまとめる。
・各グループのホワイトボードを黒板に掲示する。それを基に補足的に解説を行う。

第⑤時

上空の気圧

本時のねらい
（本時のねらい）
・大気には重さがあり、地表と比べ、上空の気圧が低く、気温が低いことを理解することができる。

（本時の評価）
・大気には重さがあり、地表と比べ、上空の気圧が低く、気温が低いことを説明している。

知

（準備するもの）
・標高の高い場所をイメージした菓子袋、標高の低い場所をイメージした菓子袋の写真
・簡易気圧計

付録

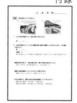

課題 | 上空の気圧について考えよう

1 　2枚の写真を見て考えよう。

① 　2枚の写真のうち、気圧が低いのはどれか。
→菓子袋が膨らんでいる写真の方が気圧が低い。

2

② 　2枚の写真のうち、どちらが標高が高い場所で撮影したか。
→菓子袋が膨らんでいる写真の方が標高が高い。空気がうすいから菓子袋が押されない。

（授業の流れ）▷▷▷

1　2枚の写真のうち気圧が低いのはどちらか考える　〈10分〉

2枚の写真のうち、標高が高いのはどちらですか

1枚目の写真は菓子袋が膨らんでいるけれど、2枚目は膨らんでいないね

お菓子の袋が膨らんでいない方は、空気に押されているのでは

・富士山5号目と標高0mの菓子袋の様子を映した写真を示す。
・個人で考えた後に、グループで共有し、発表させる。

2　標高が高いのはどちらかを考え、標高と気圧の関係を確かめる　〈25分〉

標高が高いのはどちらですか

地表に近いほど、空気がたくさんあるのでは？

空気も重力に引かれるのかな

空気には質量がありましたね

・標高が高いと気圧が低いと感じた経験についても聞く。
・校舎内の最上階と1階で図のような簡易気圧計を作って気圧の変化を確認する。
・NHK for school「菓子の袋の気圧による変化」を視聴してもよい。
・第4時で行った実験「気圧を調べよう」を思い出させる。

・簡易気圧計で、標高と気圧の関係を確かめる　水面の高さの記録を
　→標高が高い方が気圧が低い。　　　　　　　絵で表すとよい

3・標高と気温の関係
　地理の学習から……
　　　100m 上昇すると気温は 0.6℃下がる。

4　まとめ
　　・標高が高い場所：気圧が低く、気温が低い。
　　・標高が低い場所：気圧が高く、気温が高い。
　　　→気圧が低いと気温が下がる。気圧が高いと気温は上がる。
　　　→上空は、気温、気圧ともに低い。

3 これまでの経験から標高と気温
　　の関係を確認する　　　〈5分〉

標高と気温はど
んな関係にある
と思いますか

社会の地理で、
100m 上昇で0.6℃
気温が下がると習
いました

上空にいくほ
ど気温は下が
るんですね

4 本時の学習内容をまとめる　〈10分〉

標高が高いところで
は、気圧が低く、気
温が低いです

気圧が低い
と、気温が低
くなるのかな

・社会科（地理）との関連を確認する。
・標高が100m 上昇するごとに、気圧が0.6℃ずつ下
　がることを学習しているので、それを思い出させ
　る。

・気圧と気温の変化を関連付けてまとめていく。

第⑥時

雲のでき方のまとめ

本時のねらい
・雲ができる条件を見いだし、実験計画を立案し条件に注目して結果の記録と考察をすることができる。

本時の評価
・条件に注目し、露点に達する過程を実験結果を根拠に説明している。知
・雲が発生する条件を見いだし、それに基づいて、実験計画を立案している。(思)

準備するもの
・丸底フラスコ
・注射器
・ガラス管ゴム管つきゴム栓
・ゴム風船
・ひも
・サーミスタ温度計
・スタンド・マッチ・線香

付録

課題

雲はどのようにしてできるのだろうか。

・雲は何からできているか……水滴
・雲ができる場………………上空

1 〈雲ができる条件〉
　・空気が露点に達する。
　・気圧が下がる。
　　　　　　　　　など

実験 雲をつくる。

2 準備 方法
ワークシートの見本のような装置をつくり、注射器で空気を抜いたり入れたりする。

実験装置は、見本として組み立てて提示する

授業の流れ ▷▷▷

1 雲の性質、雲ができる場所を確認し、雲ができる条件を考える 〈15分〉

雲ができる条件を習ったことを使って考えましょう

水滴が上空にあるということは、空気がそこに移動する

上空の気圧はどうなっているだろう

水滴ができるには、露点に達しないといけないですね

・雲ができる条件は、これまで学習したことを基に考えさせる。
・条件を考える場面は、対話を取り入れるとよい。

2 出てきた条件を意識して雲を作る 〈10分〉

空気を抜いたら雲ができたね

水滴が上空にあるということは、空気がそこに移動する

・自分が考えた雲ができる条件を満たしているか考える。
・上記のような装置の実験のほか、炭酸が抜けないようにする器具を使って雲を作ってもよい。

結果	・注射器を引いたときのフラスコ内のようす
	・注射器を押して空気を入れたときのフラスコ内のようす

3 考察　雲ができる条件を実験から考えよう

注射器	圧力	温度	雲
引く	低く	下がる	できる
押す	高く	上がる	消える

・さらに雲が発達するにはどのようなものが必要だろうか
　→水滴の中心になる核のようなもの：凝結核→◉

4 まとめ

・雲のでき方………気圧低下⇨気温低下⇨露点⇨雲発生
　　　　　　　　　※水滴は凝結核を中心に発達する。
・雲と霧の違い……雲は上空に浮かんでいる。
　　　　　　　　　霧は地表付近にできる。

> 雲と霧の写真を
> モニターなどを用
> いて示す

---

3 実験結果から、雲ができた条件について考察する　〈10分〉

> 線香の煙は何のために入れたのかな
> 空気を抜くと気温は下がったね

・実験の結果から仮説の妥当性について考えさせる。
・さらに雲を発達させるにはどのような条件が必要か考えさせる。

4 雲のでき方について理解する　〈15分〉

> 雲も霧も同じ水滴ですが、雲は上空にできますね

・雲のでき方のまとめをする。
・水滴が発達するためには、凝結核が必要なことを理解させる。
・雲と霧の写真を映しながら霧と雲の共通点と相違点について確認する。
・時間があれば、いろいろな上昇気流のでき方に触れるとよい。

第⑦時

雨と雪のでき方

（本時のねらい）
・降水が起こる条件を理解すると共に、温度条件の違いにより、降水の状態が変化することを理解することができる。

（本時の評価）
・降水が起こる条件と、雨や雪が降る条件を状態変化と関連付けて説明している。知

（準備するもの）
・シャーレ
・小麦粉

付録

（図：授業プリント）

（板書）

課題｜雨や雪のでき方を理解しよう。

1 ｜疑問｜
・雲はなぜ落ちてこないのか
……上昇気流に支えられているため

2 ・雲（水滴）が落ちてくる条件
……上昇気流で支え切れないほどの大きさになったとき
→降水

3 ・雨粒の大きさ（半径）
雨粒：2mm　雲粒：0.001mm
霧：0.1mm
※雨粒は雲粒がくっついて発達

（授業の流れ）▷▷▷

1 雲が落ちてこないのはなぜか考える 〈15分〉

上空に浮かんでいる雲が落ちてこないのはなぜでしょうか

何かに支えられているから？

軽いから？

・雲をつくる実験から気圧の変化、上昇気流を思い出させる。
・雲粒がどんな状態かを前時を思い出して考えさせる。
・個人で予想させ、グループや隣同士の対話を取り入れるとよい。
・雲のでき方のまとめを思い出させ、3つの雲のでき方に共通することを見いだせるとよい。

2 雲が落ちてくる条件を予想する 〈10分〉

雲の水滴はどうしたら、地上に落ちてくるのでしょう

重かったら落ちてくる

・**1**をしっかり考えることができたら、それをヒントに個人で考えさせることができる。
・クラス全体で対話をし、最終的に1つの予想を導けるとよい。

4 ＜雨や雪のでき方＞

キーワード：上昇気流、気圧、気温、飽和水蒸気量（湿度）
状態変化

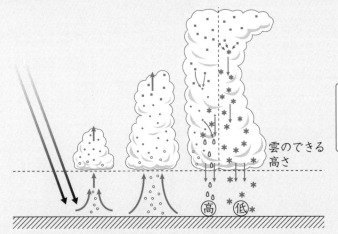

雲のできる
高さ

> 雲のできる高さ（雲底）
> が同じことや、雲底が
> 平らなことに気付かせ
> るとよい

・上空では、雲粒どうしがくっついた雨粒は凍結
・気温が高い：雨　低い：雪（氷の粒から雪の結晶）

---

3 雲粒が集まって大きくなると雨になることを知る　〈15分〉

> 雲粒は0.01mm 程度で
> すが、上昇気流の中で
> 他の雲粒を吸収し、大
> きく発達します

・雲粒と雨粒を比較できるような VTR があると分か
りやすい。
・雨粒は、小麦粉を茶こしでふるい、雨の中で数秒
ほど雨粒を受けてゆすることで雨粒の大きさのか
たまりを取り出すことができる。時間に余裕があ
れば、実際に生徒にやらせてみるとよい。

4 雨や雪のでき方や降り方の関係について知る　〈10分〉

> 上昇気流に乗って、ど
> んどん上空にいくと気
> 温はどうなりますか？

> 水 は 0 ℃ 以
> 下で氷になり
> ます

> 寒くな
> ります

> 上空の気温
> が 0 ℃ 以下
> なら、水滴
> はどうなる
> でしょう

・既習の知識をキーワードとし、上昇による気圧・気
温の低下による湿度変化、状態変化によって、水滴
は 0 ℃以下で氷に変化することを段階的に確認する。
・降水の際に、地表付近の気温次第で雪になること
を確認する。
・雲の中の水滴の発達の仕方によっては、ひょうや
あられになることにも触れる。
・雪の結晶はスライド等で紹介するとよい。

第⑧時

水の循環と太陽のエネルギー と気象現象

本時のねらい

・地球の水は、太陽のエネルギーにより水の状態が変化しながら循環していることを理解することができる。

本時の評価

・地球の水は、太陽のエネルギーにより、水の状態が変化し場所を移動して循環していることを説明している。知

準備するもの

・水の循環の図
・森林の写真（スライド）

付録

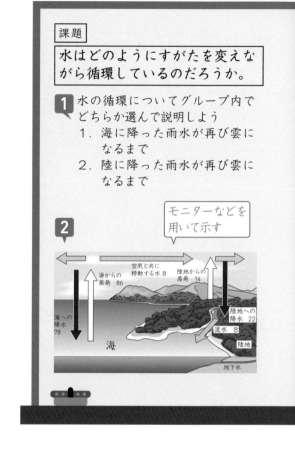

課題

水はどのようにすがたを変えながら循環しているのだろうか。

1 水の循環についてグループ内でどちらか選んで説明しよう
 1. 海に降った雨水が再び雲になるまで
 2. 陸に降った雨水が再び雲になるまで

モニターなどを用いて示す

2

空気と共に移動する水 8
海からの蒸発 86
陸地からの蒸発 14
海への降水 78
陸地への降水 22
流水 8
海
陸地
地下水

授業の流れ ▷▷▷

1 雨水が再び雲になる過程を話し合う 〈20分〉

海に降った雨水は、蒸発し、上空で冷やされ雲になります

陸に降った雨水は、蒸発して、上昇し水滴となって雲をつくります

・グループ内で、海における水の循環と陸における水の循環を説明する人の2グループに分け、それぞれについて考え、互いに発表し合わせる。
・個人で考えた後、他のグループで、同じ内容について発表する人と新たなグループを作り、話し合って説明内容を考える方法をとってもよい。

2 水の性質について確認し、地球上の水の割合について知る 〈5分〉

地球上の水のうち、97%が海水です

川や湖、地下水などで3%です

川などの水は少ないんだね

・グラフ等の資料を用い、水の割合について説明する。

3 ○水の循環の図を見て、気がついたこと
・海も陸も蒸発と降水の数値が違っている。
・陸の降水の一部は、川に入り、海へ流れている。
・海で蒸発した水の一部は雲となり、陸へ移動している。

　地球の水を循環させている力のもとは何か……太陽エネルギー

4 まとめ
・水は地球上で気体、液体、固体と状態を変え、絶えず循環している。
・森林の役割……保水
・急激な雨水の流出を防ぐ（豪雨災害の抑制）
・保水により、土壌の養分をとどめておくことで植物が育ちやすくなる。
　など

・図を見て気が付いたことを発言させるが、ここで
　は板書に留めておき、その中から課題を見いだす。
・図はスライドで出すとよい。

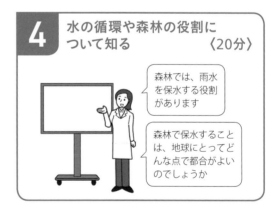

・まとめでは、これまでの学習を振り返り、水が状
　態を変えて循環していることについて説明する。
・森林の役割について触れ、環境に目を向けさせる
　とよい。
・森林については、写真が動画を用いるとよい。
・これまでの学習の振り返りを書かせるとより学習
　が深まる。

第⑨時

高気圧と低気圧について

本時のねらい

・天気図記号を用いて気象要素の表し方や等圧線の引き方を理解するとともに、低気圧、高気圧について気圧の変化から理解することができる。

本時の評価

・天気図上に天気図記号を用いて気象要素を表し、等圧線を引いている。知
・低気圧と高気圧はどのようなところかを説明している。（思）

準備するもの

・天気図

付録

```
┌──────────────────────────────┐
│ 課題                          │
│ 天気図の読み方を理解し、       │
│ どんなことがわかるか考えよう。 │
│                               │
│ ○天気図……各地で観測された     │
│   気象の記録を地図上に記入し   │
│   たもの                      │
│ 1 ・天気図からどんなことがわかるか │
│   →天気のようすや気圧配置などが │
│     わかる。                  │
│                               │
│ ○天気図のかきかた             │
│                               │
│ 2 ・等圧線 … 等しい気圧を結ぶ曲線 │
│    ※4hPaおきになめらかな実線を引く。 │
│                               │
│   ・高気圧 … まわりより気圧が高い │
│             ところ            │
│   ・低気圧 … まわりより気圧が低い │
│             ところ            │
└──────────────────────────────┘
```

授業の流れ ▷▷▷

1 雨の日の予報と天気図に書かれていることの関係を考える 〈5分〉

天気予報では、雨が降るなど天気が悪い日は、天気図上にどんなことが書いてあるでしょうか

雨の予報がついているところには、低気圧のマークがあります

・tenki.jp（日本気象協会）の天気予報をモニターで映したり、NHKの天気予報を録画し、視聴させてもよい。

2 天気図記号や等圧線、高気圧、低気圧について知る 〈10分〉

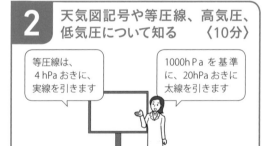
等圧線は、4hPaおきに、実線を引きます

1000hPaを基準に、20hPaおきに太線を引きます

・生徒に配付した実習用の天気図をスライドか実物投影機でモニターに映し、例をかき入れると説明しやすい。
・天気図も地図と同様、北が上になっていることを確認する。

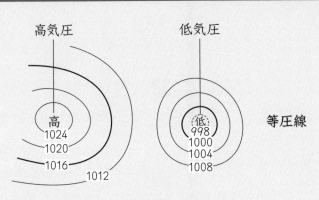

高気圧　　　　低気圧

高　　　　　低　　　等圧線
1024　　　　998
1020　　　1000
1016　　　1004
1012　　　1008

・天気図記号を使って天気の様子を表す。
　例）南東の風、風力２、天気：くもり

北

西　　　東

南

3	データを基に天気図記号や等圧線を天気図にかき入れる〈25分〉

等圧線は、近くの等圧線の形を見ながら滑らかに引きましょう

風向は、風が吹いてくる方向に矢羽をかくんだね

4	完成した天気図を見て気が付いたことをまとめる　〈10分〉

等圧線は幅が広いところと、狭いところがあるね

等圧線は、地図の等高線に似ているね

それぞれの天気図１記号の風向から、全体の風の方向がわかりそうだね

・グループで互いに教え合いながら取り組ませてもよい。
・早く終わった生徒は、他の生徒に教えるようにしてもよい。

・時間があれば、何人かの生徒に発言させる。

第⑩時

等圧線と気圧配置

（本時のねらい）
・天気図から等圧線の間隔と風の強さ、高気圧、低気圧の配置と風の関係について理解することができる。

（本時の評価）
・等圧線の間隔と風の強さ、高気圧、低気圧の配置と風の関係について説明している。（知）

（準備するもの）
・前時に使用した天気図

付録

課題
天気図からどんなことがわかるか。

1 ・天気図作成の実習で気がついたこと
→・等圧線は地図の等高線と似ている。
・低気圧付近は雨やくもりの天気など

2

問い 天気図から考えよう

①天気図では、風の流れはどのようになっているか。
→・天気図記号の風向から、高気圧から低気圧に向かって吹いている。

（授業の流れ）▷▷▷

1 前時の実習により、気が付いたことを発表する 〈5分〉

天気図を作成してみてどんなことに気が付きましたか

低気圧付近は雨やくもりになっています

等圧線の幅は、地図の等高線の幅と似ていると思いました

・何人かの生徒に発言させる。

2 問いを考えさせ、発表する 〈15分〉

天気図内では、風の流れはどうなっているでしょうか。天気図記号を手がかりに考えましょう

天気図記号の風向から、高気圧から低気圧に向かって吹いています

・個人で考えさせる。
・発表の際、他の人のよいと思う考えは記録するよう促す。

②等圧線の間隔と風の強さの関係を考えよう。
　　→・等圧線の幅が狭いところは、気圧の差が大きいので、風が強い。

3 ・高気圧と低気圧の地表付近の風について **4**

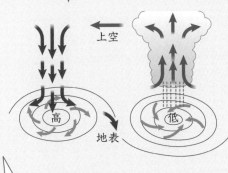

天気図は黒板に貼るかテレビモニター、プロジェクタに映す

---

3 地表付近の風の様子と天気の関連について考える　〈20分〉

低気圧付近では、反時計回りに回転しています

高気圧付近では、風が時計回りに吹き出しています

4 低気圧、高気圧付近の気流について考える　〈10分〉

雲ができるときは上昇気流が発生しましたね
高気圧付近では、下降気流になっています

低気圧の中心では、反時計回りのまま上昇しているんだね

低気圧の上空の風が高気圧の上空に移動し、循環しているんだね

・天気図を基に生徒に疑問を投げかけ、気付きを促すようにするとよい。
・風の動きと気圧の関係は、空気を水に置き換えて考えさせると、多い方から少ない方へ流れることに気付かせることができる。
・気圧と天気の関連の仕組みについては、これまでの学習内容と関連付けて考えさせるとよい。

・雲のでき方で、上昇気流が発生したことと低気圧の風を関連付けて説明する。
・高気圧付近では、下降気流となり、気圧が下がった上空に低気圧上空から風が吹き込み循環していくことに気付かせる。

第⑪時

前線について

本時のねらい
・モデル実験から、前線のでき方を暖気、寒気の配置と関連付けて理解することができる。

本時の評価
・前線のでき方を暖気、寒気の配置と関連付けて説明している。(知)

準備するもの
・薄い水槽
・仕切り板
・線香
・マッチ
・保冷剤や氷など
・ミニホワイトボード

付録

【課題】
前線のでき方について理解しよう。

1
・気団…気温や湿度が一様な空気のかたまり
・寒気団…冷たい空気(寒気)による気団
　日本列島より北で発生
・暖気団…温かい空気(暖気)による気団
　日本列島より南で発生

2　教師が問いかけながら実験する

【実験】寒気と暖気の境ではどのようなことが起こるか。

線香のけむり　しきり
保冷剤　保冷剤と同じ高さの黒い台
→
前線面

授業の流れ ▷▷▷

1 気団とその性質について説明を聞く　〈10分〉

気団の性質は、発生した場所の気候に由来しています

北の方で発生した気団の空気は冷たいんだね

南で発生した気団は温かい

・気団の性質は、発生場所の気候に由来し、日本より北、南でそれぞれ発生した気団の性質から、大きく寒気団、暖気団の2種類に分けられることに気付かせる。

2 寒気と暖気の境でどのようなことが起こるか観察する　〈15分〉

仕切りをはずしても、温かい空気と冷たい空気はすぐに混じりません

温かい空気の下に冷たい空気が入り込んでくるね

線香のけむり　しきり
保冷剤　保冷剤と同じ高さの黒い台

・上記の図のような装置で、仕切りを外すと暖気と寒気はすぐに混ざらず、寒気が暖気の下に入り込むことを観察させる。
・空気の動きを図にかかせるとよい。

3【問い】なぜ、温かい空気の下に冷たい空気が入りこむのか。

冷たい空気 のほうが 密度が大きい	温かい 空気は軽い から	....

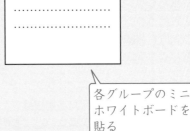

各グループのミニホワイトボードを貼る

4
・前線面…寒気と暖気の境の面
・前線…前線が地表面と交わるところ

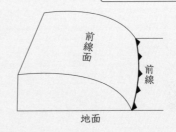

前線面

前線

地面

3 温かい空気の下に冷たい空気が
入り込む理由を考える 〈15分〉

エアコンをつけると温かい空気は上に行くね

冷たい空気の方が密度が大きいのかな

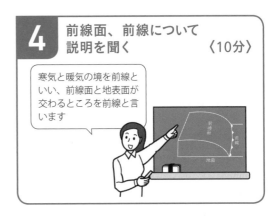

4 前線面、前線について
説明を聞く 〈10分〉

寒気と暖気の境を前線といい、前線面と地表面が交わるところを前線と言います

・個人で考え、グループで考えを共有する。
・1年時の状態変化の学習を思い出させたり、生活経験から考えるように促す。
・グループで出た考えをミニホワイトボードにまとめると全体で共有しやすい。

・名称と場所の混乱を防ぐために、図を用いて説明するとよい。

第⑫時

前線付近の天気について

（本時のねらい）
・暖気と寒気の勢力や進む方向と関連付けて前線のでき方や前線付近の天気について理解することができる。

（本時の評価）
・暖気と寒気の勢力や進む方向と関連付けて前線のでき方や前線付近の天気について説明している。知

（準備するもの）
付録
・温帯低気圧を伴う天気図（教科書や資料集の図など）

課題
前線付近の天気について理解しよう。

1
・前線の種類
　・停滞前線　①
　・温暖前線　②
　・寒冷前線　③
　・へいそく前線　④

・停滞前線…寒気と暖気の勢力が
　　　　　　ほぼ同じ
　　　→前線はほとんど動かず停滞
・温暖前線…暖気が寒気の上にはい
　　　　　　上る暖気は徐々に冷や
2　　　　　　されながら上昇

板書とは別に天気図をモニターなどで示すとよい

（授業の流れ）▷▷▷

1　前線の種類と性質について説明を聞く　〈5分〉

前線には、停滞前線、寒冷前線、温暖前線、閉塞前線に分けられます

暖気の勢力が強いと温暖前線、寒気の勢力が強いと寒冷前線なんだね

・4種類の前線の名前と記号について説明する。
・天気図上で前線の記号を書く場合は、前線の進行方向にかくことを説明する。

2　前線のでき方について、寒気と暖気の位置関係に着目する　〈10分〉

前線の上部は北からの寒気、下部は南からやってきた暖気になっています

停滞前線は、前線ができていて、寒気と暖気の勢力差がみられないのです

・温帯低気圧を伴う連続した3、4日の天気図を使用する。
・使用する天気図は、3月〜4月頃にかけ天気の移り変わりが4〜6日周期になるところが望ましい。
・前線がかかれている天気図の画像や動画を映し、暖気と寒気の位置関係と移動について着目し、気付きを促しながら説明する。

3 ・寒冷前線…寒気が暖気の下にもぐり込む
　　　　　　暖気は急に冷やされ上昇

　　寒冷前線　　　　　　　　温暖前線　　　　　　※寒冷前線が温暖前線
　　　　　　　　　　　　　　　　　　　　　　　　を追いかける。

・へいそく前線…寒冷前線が温暖前線に追いつき、地表付近は寒気におおわれ、
　　　　　　　　低気圧は消滅

4 ・温暖前線付近の雲と天気のようす

	温暖前線	寒冷前線
雲の様子	広い範囲に広がる（乱層雲）暖気 寒気	狭い範囲で縦長の雲（積乱雲）寒気 暖気
天気	長い時間雨が降る	短い時間激しい雨が降る
通過後の気温	暖気がくるため上昇	寒気がくるため、低下

3 寒冷前線と温暖前線の配置と性質、閉塞前線について知る　〈15分〉

前線の中心にある低気圧には、やがて反時計回りの風が吹きこみ、温暖前線と寒冷前線が発生し、西から東に進んでいきます

空気が全体的に東に向かって動くことで、先に暖気が寒気を押すようになるんだね

暖気は軽いから、寒気の上を滑るように進むのです

4 温暖前線、寒冷前線付近の雲や天気を予想する　〈20分〉

前線通過後は、気温が上がりそうです

寒気に沿って広い範囲に雲ができそうです

雲の範囲が広いから、長い時間雨が降り続きそうだね

・前時のモデル実験の暖気と寒気の位置関係について思い出させる。
・温暖前線や寒冷前線の構造は、天気図の寒気と暖気の位置関係を根拠に説明する。
・最終的に寒冷前線が温暖前線に追いつき、閉塞前線となり消滅することを説明する。

・それぞれの前線の構造から、雲の性質とその後の気温の変化を考えさせる。
・それぞれの前線の図に、雲のでき方の予想を絵でかかせてもよい。

第⑬時

前線の通過時の天気の変化を資料から読み取る

本時のねらい

・前線の通過に伴う天気の変化を暖気、寒気と関連付けて理解することができる。
前線の通過に伴う天気の変化を分析し、解釈することができる。

本時の評価

・前線の通過に伴う天気の変化を暖気、寒気と関連付けて理解している。（知）
前線の通過に伴う変化のグラフを気象衛星画像や天気図と関連付けて説明している。思

準備するもの

・ワークシート
・3日分程度の気象衛星画像
・天気図（教科書、資料集など）

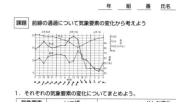

課題 前線の通過について気象要素の変化から考えよう

1. それぞれの気象要素の変化についてまとめよう。

気象要素	いつ頃	どんな変化
気圧	3/31 の 15 時頃	気圧が最も低くなっていた。
気温	3/31 の 15-18 時	気温が急激に下がった。
湿度	3/31 の 15 時頃	最も湿度が高かった。
天気	3/31 の 15 時頃	この時間だけ雨が降っていた。
風向	3/31 の 15-18 時	南寄りから北寄りの風に変化した。
風力	3/31 の 15 時頃	この時間が一番強く、その後、弱くなっていった。

○表をまとめて気がついたこと
気象要素の変化が3月31日の15時～18時の間に集中している。

2. いつ頃、どんな前線が通過したと考えられるか。1の表を元に考えよう。

いつ頃	前線の種類	根拠
3月31日 15～18時	寒冷前線	この時間に気温が急激に下がったから。

・他の人の考え、資料からわかったことをメモしよう。 例
・この時間に風向が南寄りから北寄りに変化した。
・前線の東側にいる時は暖気なので、気温が高い寒冷前線が通った後は、気温が下がる。
・雲を作っている前線に向かって風が集まるから、前線通過前と通過後は風向が真逆になる。　など

・最終的な自分の考えをまとめよう。

いつ頃	前線の種類	根拠
3月31日 15～18時	寒冷前線	この時間に気温が急激に下がり、風向が南寄りから北寄りと急激に変化したから。

○学習を通して考えたことをまとめよう。 例
気象要素それぞれに注目し、変化を総合的に見ることで、天気が大きく変化していることに気付けることがわかった。　など

授業の流れ ▷▷▷

1 グラフから気象要素について考える　〈5分〉

このグラフは、3日間の気象要素の観測の結果を記録したものです

気圧、気温、湿度、天気、風向、風力の観測結果だね

・グラフは画像にして、モニターで提示する。

2 それぞれの気象要素の変化についてまとめる　〈20分〉

それぞれの気象要素はいつ頃、どんな変化をしたのかまとめましょう

雨が降る前から湿度が上がっているんだね

風向きが大きく変わっているところがあるよ

・個人でまとめ、全体で共有させる。
・共有では、他の人の意見を表中にペンで記入させるとよい。
・共有で気が付いたこともまとめさせる。

課題 | 前線の経過について、気象要素の変化から考えよう。

2 1.気象要素の変化

気象要素	いつ頃	どんな変化
気圧		
気温		
湿度		
天気		
風向		
風力		

> 全体で共有した
> 内容を記録する

3 2.いつ頃、どんな前線が通過したと考えられるか。

---

3 いつ頃、どんな前線が通過した
かを考える 〈15分〉

> ○月○日の○時頃
> ～○時頃は、南風
> から北風に変わっ
> ているね

時間的　空間的　◀対話的な学び

・気象要素の変化を根拠に考えさせる。
・個人で考え、グループ内で共有させる。

4 天気図と気象衛星画像から、
自分の考えをまとめる 〈10分〉

> ○日の○時の天気図に
> は、観測地の西側に寒
> 冷前線が見られるね

・天気図と気象衛星画像を配り、自分の答えと比較
　するよう促す。
・グループの活動としてもよいが、最終的に個人で
　考えをまとめさせる。

第⑭時

前線の通過と
天気の変化のまとめ

本時のねらい
・前線の通過に伴う天気の変化の規則性や関係性を見いだして表現することができる。
・前線の通過に伴う天気の変化などについて学んだことを学習や生活に生かそうとすることができる。

本時の評価
・既習の知識や生活経験などを活用して、資料から前線の通過に伴う天気の変化の規則性や関係性を見いだしている。（思）
学習したことを生活に役立てようとしている。態

準備するもの
付録
・前時のワークシート
・前時使用した3日分の気象衛星画像
・天気図
・録画した天気予報または天気図

課題｜前線の通過と天気の変化についてまとめよう。

1
・いつ頃通過したか
　　○日○時から○時の間

・前線の種類　寒冷前線

［根拠］
　・風向が南寄りから北寄りに変化した。
　・前線通過後、気温が急激に下がった。　など

授業の流れ ▷▷▷

1　前時のまとめを共有する〈10分〉

いつどんな前線が通過しましたか

○日○時から○時の間に、寒冷前線が通過しました

この時、風向が南寄りから北寄りに変わりました
暖気から寒気のエリアに変わったからだと思います

・全体で、前時の答えを共有する。

2　気象衛星画像、天気図とグラフを見比べる〈20分〉

気象衛星画像では前線が帯状の雲になっていることがわかるね

気象要素をそれぞれ測定したはずなのに、全てつながっているみたい

・ミニホワイトボード等を使用してグループで気が付いたことを発表し合い、全体で共有するとよい。
・話し合いや共有の後、個人の考えをまとめる。

2

同じ日の天気図と気象衛星画像を横並びにする。大型テレビに映してもよい

・気象衛星画像、天気図とグラフを見比べて気がついたこと
　→気象衛星画像では前線が帯状の雲になっている　　など

・気象観測から天気予報ができるまで

3

　気象観測
アメダス、
気象レーダー観測、
気象衛星観測など
　➡　データ処理・解析

　➡　予報・警報等の作成　➡　配信

例は大雨、大雪など災害等につながるような激しい変化のある日の天気予報の録画があるとよい

例）太平洋側の大雪予報
　・日本全体が強いシベリア気団からの
　　強い寒気におおわれる。
　・太平洋側に温帯低気圧

天気予報の動画や天気図を大型テレビなどを用いて示す

---

3 様々な気象観測や分析から天気を予報していることを知る　〈10分〉

気象予報士は、分析されたデータを基に、目的に合わせて天気予報を行っています

・これまで学習した気象要素の分析と判断が、実際の気象予報でも行われていることを例に挙げ、理解が深まるようにする。

---

4 気象要素の分析が何に役立つか考える　〈10分〉

雨の予報なら傘を持って行く

天気がよくて、気温が上がることが分かったら、アイスやジュースがたくさん売れるかも

振り返り

・振り返りは個人で行うが、時間があるなら全体で発表させてもよい。

11 日本の気象 自然の恵みと気象災害 〔5時間扱い〕

単元の目標

　天気図や気象衛星画像などを資料として、日本の天気の特徴を気団と関連付けて理解させるとともに、日本の気象を日本付近の大気の動きや海洋の影響に関連付けて理解させる。

　また、気象現象がもたらす降水などの恵み及び台風や前線などによる大雨・大雪や強風による気象災害を調べさせ、それらを「⑴ 天気の変化」と「⑺ 日本の気象」の学習を踏まえて理解させる。

評価規準

知識・技能	思考・判断・表現	主体的に学習に取り組む態度
気象要素と天気の変化との関係に着目しながら、日本の天気の特徴、大気の動きと海洋の影響、及び自然の恵みと気象災害についての基本的な概念や原理・法則などを理解しているとともに、科学的に探究するために必要な観察、実験などに関する基本操作や記録などの基本的な技能を身に付けている。	日本の気象、及び自然の恵みと気象災害について、見通しをもって解決する方法を立案して観察、実験などを行い、その結果を分析して解釈し、天気の変化や日本の気象との関係性を見いだして表現しているなど、科学的に探究している。	日本の気象、及び自然の恵みと気象災害に関する事物・現象に進んで関わり、見通しをもったり振り返ったりするなど、科学的に探究しようとしている。

既習事項とのつながり

⑴小学校 5 年：「天気の変化」では、台風による天気の変化があること、「天気の変化」「流れる水の働きと土地の変化」では、天気の変化について学習している。

指導のポイント

　主な気象要素である気温、湿度、気圧、風向、風速について理解させ、観測器具の基本的な扱い方や観測方法と、観測から得られた気象データの記録の仕方を身に付けさせる。

⑴本単元で働かせる見方・考え方

　「日本の気象」は、（ア）気象観測、（イ）天気の変化」の学習内容を活用して、気象とその変化について総合的に見ることができるようにすることが重要である。例えば、温帯低気圧や移動性高気圧が西から東へ移動していくことや、日本付近の気象衛星の動画などの雲の移動の様子から偏西風の存在に気付かせる。その際、地球を取り巻く大気の動きや地球の大きさに対して気象現象の起こる大気の層の厚さがごく薄いことにも触れ、空間的な視点で現象を捉えられるようにする。また、日本の気象への海洋の影響については、日本の天気に影響を与える気団の性質や季節風の発生の学習では、季節ごとの天気の変化に注目させて時間的な視点で現象を捉えられるようにする。さらに、大陸の影響を受けながらも海洋の影響を大きく受けていることを取り上げることで、空間的な視点で現象を捉えられるようにする。

⑵本単元における主体的・対話的で深い学び

　継続的な気象観測を行うだけでなく、探究的な活動の課題として「地域の気象現象と他地域の特徴的な気象現象を比較する」、「気象現象と自然の恵みを調べる」、「気象現象と災害の様子を調べる」等を示し、主体的に学習に取り組めるようにする。その際、資料の根拠、比較する気象現象など、科学的な根拠に基づくように考察や発表の視点を示して対話的な学習を活用する。ここでの気付きを記録させ、単元のまとめとして課題の解決と次の学習への動機付けとなる主体的や深い学びに導くことが大切である。

指導計画 （全 5 時間）

(ウ)㋐ 日本の天気の特徴 （2 時間）

時	主な学習活動	評価規準
1	日本の気象を特徴付ける季節風・気団	知
2	日本の四季の天気 春、梅雨、夏、秋、冬、台風の天気の天気の特徴を知る	(知)（思）態

(ウ)㋑ 大気の動きと海洋の影響 （1 時間）

時	主な学習活動	評価規準
3	⸢時間的⸣ ⸢空間的⸣ 日本付近の大気の動きと海洋の影響 日本の四季の天気のまとめ	(知) 思

(エ)㋐ 自然の恵みと気象災害 （2 時間）

時	主な学習活動	評価規準
1	対話的な学び　自然の恵みや気象災害 「気象現象と自然の恵み」、「気象現象と災害の様子」を調べる	知、態
2	振り返り　対話的な学び 発表とまとめ	思 (態)

第①時

日本の気象を特徴付ける季節風・気団

本時のねらい
・気団の発達と衰退から、季節に特徴的な気圧配置が形成され、日本の天気に特徴が生じることを理解することができる。

本時の評価
・気団、気圧配置、季節風を理解し、日本の天気の特徴を説明している。（知）

準備するもの
・ワークシート

付録

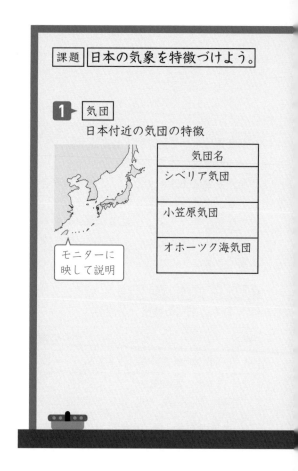

課題　日本の気象を特徴づけよう。

1 気団

日本付近の気団の特徴

モニターに映して説明

気団名
シベリア気団
小笠原気団
オホーツク海気団

授業の流れ ▷▷▷

1 気団を理解する　〈20分〉

日本付近には次の気団が発達します

日本は海に囲まれている。大陸も近い

冬は大陸の高気圧の気団、夏は太平洋の高気圧の気団で性質が違うんだ

・日本付近の地図を使って、海洋と大陸の位置を確認し、温度、湿度の違いを意識させる。
・高気圧の位置から、気団の性質と発達する季節を理解する。

2 気団と気圧配置を確認する　〈10分〉

気団の特徴を天気図の高気圧の位置から確認しましょう

夏は小笠原高気圧が発達するから、蒸し暑い

冬は大陸のシベリア高気圧が発達するから寒い

・夏、冬の高気圧が明確に分かる天気図を用意して、高気圧の位置と季節や気温、湿度を確認する。
・夏（南高北低）と冬（西高東低）の気圧配置にも触れ、高気圧の位置を確認する。

季節風・気団について

2

高気圧	発生地	性質	発達する季節
シベリア高気圧（大陸高気圧）	シベリア	寒冷・乾燥	冬
太平洋高気圧（小笠原高気圧）	北太平洋西部	高温・湿潤	夏
オホーツク海高気圧	オホーツク海	低温・湿潤	初夏・秋

夏の天気図

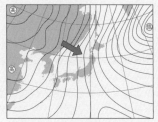
冬の天気図

3 季節風

高気圧 ⇨ 低気圧

4 日本の天気の特徴

・気団と季節風
　海洋の影響

四季の天気

・夏　冬　春と
　秋　梅雨　台風

> ポスターで比較
> できるようにする

3 気圧配置から、季節風を理解する　〈10分〉

> 季節風、夏は小笠原気団から、冬はシベリア気団から吹いている、逆だ！

・天気図の高気圧の位置に注目させ、気圧配置から風の吹き方を意識させる。
・夏と冬の季節の気団の位置と季節風を理解させる。

4 気団と季節風を確認し、四季の天気について関心を高める　〈10分〉

> 気が付いたことはありますか

> 梅雨はどうしてできるのかな

> 地域によって違うのかな

・気団の特徴と季節風を確認する。
・天気図から情報が得られることに触れておく。
・梅雨や台風など特徴的な現象や冬の天気等の地形の影響を考えられるように助言をする。

第②時

日本の四季の天気
台風の天気の特徴を知る

（本時のねらい）
・気団の知識を基に、日本の天気の特徴を理解することができる。

（本時の評価）
・台風の進路が気団の発達や衰退と密接に関わっていることを理解している。（知）
日本の気象について、規則性や関係性を見いだして表現している。（思）
日本の気象に関する事物・現象に進んで関わり、粘り強く他者と関わりながら科学的に探究しようとしている。（態）

（準備するもの）
付録
・ワークシート

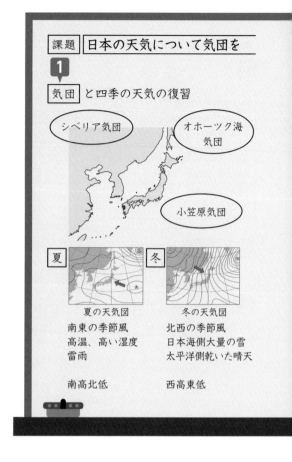

課題　日本の天気について気団を

① 気団 と四季の天気の復習

シベリア気団　　　　オホーツク海気団

小笠原気団

夏　夏の天気図
南東の季節風
高温、高い湿度
雷雨

南高北低

冬　冬の天気図
北西の季節風
日本海側大量の雪
太平洋側乾いた晴天

西高東低

（授業の流れ）▷▷▷

1 復習として、気団の知識を基に夏と冬の天気の特徴を説明する〈10分〉

気団の特徴を使って夏と冬の天気を説明しましょう

夏は小笠原気団
高温で蒸し暑い

冬はシベリア気団、寒冷して乾燥する

・夏と冬の天気について、気団の位置と気温・湿度を使って説明できるか、確認する。

2 春と秋の天気の特徴について天気図を使って理解する〈15分〉

大陸から高気圧と低気圧が交互に日本にやってくる

春（秋）の連続した数日間の天気図

・春と秋の連続した天気図を基に、大陸からの移動性高気圧の移動に伴う天気の変化を理解する。

もとに説明しよう。

2 春 秋

高気圧と低気圧が次々と西から東へ移動する
4～6日の周期で天気が変わる
温暖で乾いた晴天　昼と夜の気温差が多い

連続した数日間の
天気図を掲示

3 梅雨

幅の広い帯状の雲による長雨
停滞前線（梅雨前線）

梅雨の連続した数日間の天気図

まとめ

気団から季節の天気の特徴
を説明できる。

4 次回の学習

台風について　海洋の影響

資料を用意して
おく

---

3 梅雨の天気の特徴について、
天気を使って理解する　〈15分〉

同じ場所に梅雨
前線があるか
ら、雨が降り続
くんだ

梅雨の連続
した数日間
の天気図

4 季節の天気をまとめる　〈10分〉

天気図はどうやった
ら見つかるかな？

台風の雲の写真
を探そう

・梅雨の天気図から梅雨前線を説明し、オホーツク
　海気団、小笠原気団の特徴を理解する。
・秋雨についても触れ、停滞前線の特徴を確認する。

・春と秋、梅雨の天気の特徴を確認する。
・雨、雲から、日本付近の天気と海洋の影響につい
　て、関心をもたせる。
・台風についての既習事項をまとめ、次回の授業の
　課題とする。

第 ③ 時

日本付近の大気の動きと海洋の影響

本時のねらい
・日本付近の大気の動きと海洋の影響を、例を挙げて説明することができる。
　日本の四季の天気について、気団の知識を基に説明することができる。

本時の評価
・特徴的な気象に海洋が関わっていることを理解している。知
・日本の気象について、規則性や関係性を見いだして表現している。思

準備するもの
・ワークシート

付録

課題 海洋の影響について考えよう。

1 ・台風の特徴
　海洋の影響
　強い 上昇気流

台風の衛星写真

2

上昇気流が共通することに着目させる

3 ・冬の天気の特徴
　場　所：大陸　日本海側　太平洋側

| 大陸 | 日本海 | 日本列島 | 太平洋 |

天　気：晴　雪　晴
湿り具合：乾燥　湿潤　乾燥

画像をモニターに映して説明をする

授業の流れ ▷▷▷

1 前回の宿題の「台風について」調べたことを発表する　〈10分〉

「風と雨が強く熱帯低気圧です」
「大きな被害がでました」

・小学校での学習内容を確認し、積乱雲の存在に気付かせる。
・恵みや災害について調べた生徒の発言を板書しておく。今後の授業で取り上げることを予告しておく。

2 気象衛星の写真から積乱雲に注目し、上昇気流を想起する　〈10分〉

「積乱雲がたくさんあるから、大雨が降るんだ」
「南の海で発生するから強い上昇気流があるんだ」

時間的　空間的

・気象衛星の動画、ハリケーン、サイクロンを取り上げ、強い上昇気流を確認する。
・時間的・空間的な見方を働かせるようにする。

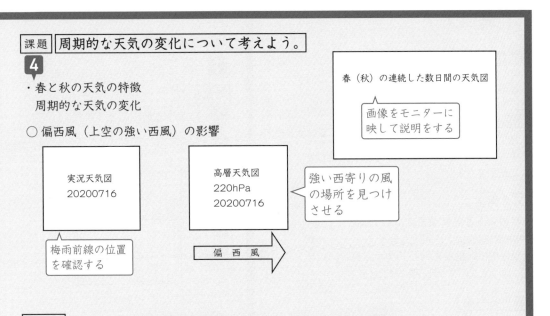

3 冬の日本海側と太平洋側の天気の違いをモデル図から理解する 〈15分〉

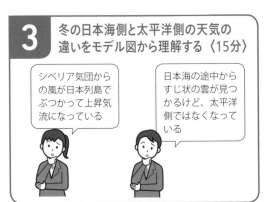

シベリア気団からの風が日本列島でぶつかって上昇気流になっている

日本海の途中からすじ状の雲が見つかるけど、太平洋側ではなくなっている

・シベリア気団の特徴と季節風を確認する。
・日本海のすじ状の雲の写真に注目させ、日本海側の降雪と太平洋側の天気の違いを理解する。

4 春の周期的な天気の変化から偏西風を理解する 〈15分〉

偏西風を使って説明してみましょう

上空に強い西風が吹いている

春の周期的な天気の変化も説明できる

・春と秋の周期的な天気の変化を確認し、偏西風を理解する。
・大気の動きと海洋の影響から、日本の天気の特徴を関連付ける。
・200hPa の高層天気図から偏西風に気が付かせ、梅雨前線の位置や台風の進路に影響があることも触れる。

第①時

自然の恵みや気象災害

(本時のねらい)

・資料などを基に自然の恵みと気象災害について調べ、天気の変化や日本の気象と関連付けることができる。

(本時の評価)

・自然の恵みと気象災害について調べている。
知

・活動の中で、他者と関わりながら科学的に探究しようとしている。態

(準備するもの)

・ワークシート

付録

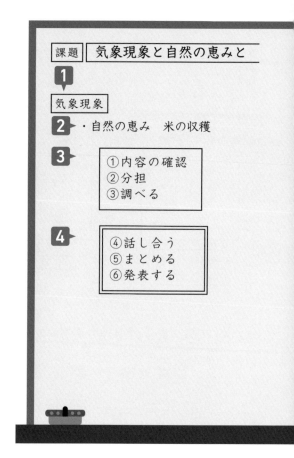

課題 | 気象現象と自然の恵みと

1

気象現象

2 ・自然の恵み　米の収穫

3
①内容の確認
②分担
③調べる

4
④話し合う
⑤まとめる
⑥発表する

(授業の流れ) ▷▷▷

1 課題を説明する　　〈2分〉

気象現象に関わる自然の恵みと気象災害を調べ、次の時間に発表をします

・台風などの気象現象をモニターに映して説明し、課題を説明する。

2 自然の恵みと災害の例をあげて、調べる内容を確認する　〈10分〉

梅雨の雨が自然の恵みに関係あるのかな

気象災害は、台風以外にあるかな

・気象現象と過去の発言の中から恵みと気象災害を関連付ける。

・気象災害の新聞記事やニュース、観光ポスター、田植え、収穫など農業に関わる記事の見出しを、黒板に掲示する。

・自然の恵みは、観光ポスターや農作業のニュースを使って、農業や漁業に関係付けておく。

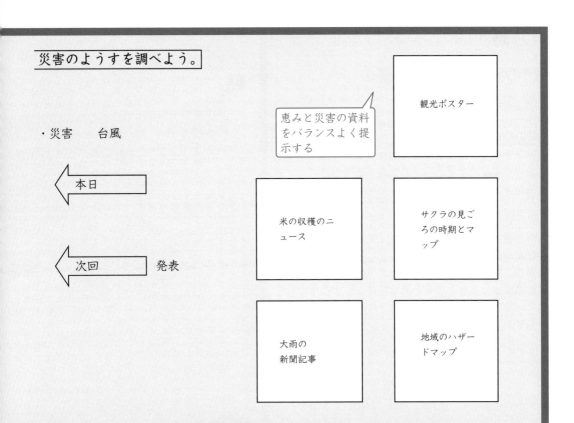

災害のようすを調べよう。

・災害　台風

← 本日

← 次回　発表

恵みと災害の資料をバランスよく提示する

観光ポスター

米の収穫のニュース

サクラの見ごろの時期とマップ

大雨の新聞記事

地域のハザードマップ

3 グループで分担と内容、調べる方法を話し合う 〈30分〉

司会、記録、発表を決めよう

災害は、大雨の新聞記事やニュースを探してくる

自然の恵みは、田んぼの観光ポスターを使って説明できる

インターネットで北海道の観光を調べるよ

　対話的な学び

・グループの話し合いで、自然の恵みと気象災害の分担決めを行い、話し合いで両方を学べることを説明しておく。

・司会、記録、発表の分担を決めるように指示する。

4 次回の流れを確認する 〈8分〉

調べる内容や方法について分からない人はいませんか

図書館で資料を探します

インターネットで台風の被害を調べよう

・インターネット、図書館の資料では、参照の記事やホームページのアドレスを記録するなど、まとめ方を説明する。

・教科書、便覧も資料とできることを伝える。

第②時

自然の恵みや気象災害の
発表とまとめ

本時のねらい

・資料などを基に自然の恵みと気象災害について調べ、天気の変化や日本の気象と関連付けて説明することができる。

本時の評価

・自然の恵みと気象災害について、天気の変化や日本の気象との関係性を見いだして表現している。思

・日本の気象、自然の恵みと気象災害に関するについて学んだことを学習や生活に生かそうとしている。(態)

準備するもの

・前時のワークシート

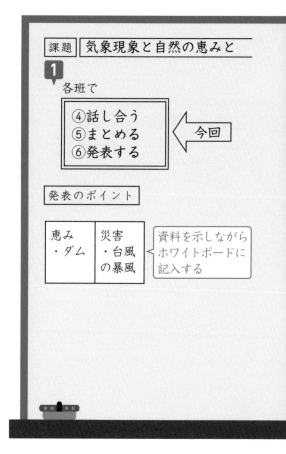

授業の流れ ▷▷▷

1 発表の流れとポイントを確認する 〈2分〉

ホワイトボードに、恵みと災害の両方を記録しましょう

・発表のポイントを確認する。

・司会、記録などグループの役割を確認する。

・ホワイトボードを使って、発表された気象現象を自然の恵みと気象災害に分けて記録させる。

2 グループ内で発表を行う 〈30分〉

晴天が続くと稲がよく育つということか

霧の湖のポスターの場所に行きたい

台風でリンゴの木が折れ、稲が水につかった記事があった

大雪、暴風、猛暑の被害が出ている災害がある

対話的な学び

・恵みや災害との関連付け、資料の提示とともに、ホワイトボードへの記録が行われているかを確認する。

災害のようすについて、発表しよう。

| 気象現象と自然の恵み | | 気象現象と災害 |

3

恵み ・ダム	災害 ・大雨	恵み ・植物の生長	災害 ・台風	恵み ・観光	災害 ・暴風
恵み ・飲み水	災害 ・落雷	恵み ・田んぼ	災害 ・霜	恵み ・ダム	災害 ・大雪

| まとめ |

自然の恵みと気象災害は、天気の変化や
日本の気象と関係がある。

> 解決できないことや新たな疑問を問う

4 | 疑問 |

・衛星の写真から台風とハリケーンの比較
・ことわざを調べる。　・台風の進路
・雲の形を調べる。

---

3 ホワイトボードを前の黒板に
掲示し共有する 〈10分〉

ホワイトボード
を見て、気が付
いたことは？

雨は恵みであ
るけど、災害
にもなる

台風の新聞記
事は進路や雨
量の予報が書
いてあるんだ

・農業や魚業を例に、降雨などは恵みと災害の両面
　に気付かせる。
・台風や異常気象などは、水の循環や大気の循環の
　学習と関連付けておく。
・ニュースや記事の中に、気象現象の予報があるこ
　とに触れる。
・減災や防災の視点からハザードマップの存在に触
　れておく。

4 単元のまとめをする 〈8分〉

気象現象に関心を
もち、観測をした
り、情報を集めた
りしましょう

衛星の写真
から、台風
とハリケー
ンを比較し
たい

気象観測を続
けて、気象に
関係すること
わざを確かめ
たい

| 振り返り |

・ホワイトボードの内容から、学習のまとめと確認
　を行う。
・学習の中で解決できない疑問や「調べてみたいこ
　と」を問う。観察を継続することと最新の情報を
　集めることを指示する。
・安全に配慮した気象観察を確認し、これからの授
　業でも随時取り上げることを伝える。

編著者・執筆者紹介

［編著者］

山口　晃弘（やまぐち・あきひろ）　　東京都品川区立八潮学園校長

平成16年　文部科学省・中央教育審議会専門委員
平成23年　国立教育政策研究所・評価規準、評価方法等の工夫改善に関する調査研究協力者（中学校理科）
平成29年　文部科学省・学習指導要領等改善検討協力者（中学校理科）
令和２年　全国中学校理科教育研究会・会長

主な著書に、『中学校理科授業を変える課題提示と発問の工夫50』（明治図書、2015）『新学習指導要領対応！中学校「理科の見方・考え方」を働かせる授業』（編著、東洋館出版社、2017）『中学校理科室ハンドブック』（編著、大日本図書、2021）などがある。

中島　誠一（なかじま・せいいち）　　東京都杉並区立阿佐ヶ谷中学校指導教諭
大西　琢也（おおにし・たくや）　　東京学芸大学附属小金井中学校教諭
岡田　　仁（おかだ・じん）　　東京学芸大学附属世田谷中学校主幹教諭
青木久美子（あおき・くみこ）　　東京都世田谷区立千歳中学校主幹教諭

［執筆者］ ＊執筆順。所属は令和３年２月現在。

山口　晃弘　　　（前出）　　　　　　　●まえがき
　　　　　　　　　　　　　　　　　　　●資質・能力の育成を目指した理科の授業づくり
　　　　　　　　　　　　　　　　　　　●第２学年における授業づくりのポイント

中島　誠一　　　（前出）　　　　　　　●１　電流
北田　　健　　　東京都文京区立音羽中学校主任教諭　　●１　電流
髙橋　政宏　　　静岡大学教育学部附属静岡中学校教諭　　●２　電流と磁界
村越　　悟　　　東京都千代田区立神田一橋中学校主任教諭　　●３　物質の成り立ち
小原　洋平　　　東京都立小石川中等教育学校主任教諭　　●４　化学変化
大西　琢也　　　（前出）　　　　　　　●５　化学変化と物質の質量
岡田　　仁　　　（前出）　　　　　　　●６　生物と細胞
　　　　　　　　　　　　　　　　　　　●８　動物の体のつくりと働き
島田　直也　　　埼玉大学教育学部附属中学校教諭　　●７　植物の体のつくりと働き
大島　綾子　　　埼玉県蕨市立東中学校教諭　　●８　動物の体のつくりと働き
青木久美子　　　（前出）　　　　　　　●９　気象観測
　　　　　　　　　　　　　　　　　　　●11　日本の気象／自然の恵みと気象災害
内藤　理恵　　　東京都世田谷区立駒沢中学校主任教諭　　●10　天気の変化

板書で見る全単元・全時間の授業のすべて
理科 中学校 2 年
～令和 3 年度全面実施学習指導要領対応～

2021（令和 3 ）年 3 月 12 日　初版第 1 刷発行
2022（令和 4 ）年 2 月 14 日　初版第 2 刷発行

編 著 者：山口晃弘・中島誠一・大西琢也・
　　　　　岡田　仁・青木久美子
発 行 者：錦織圭之介
発 行 所：株式会社東洋館出版社
　　　　　〒113-0021　東京都文京区本駒込 5 丁目16番 7 号
　　　　　営 業 部　電話 03-3823-9206　FAX 03-3823-9208
　　　　　編 集 部　電話 03-3823-9207　FAX 03-3823-9209
　　　　　振　　替　00180-7-96823
　　　　　Ｕ　Ｒ　Ｌ　http://www.toyokan.co.jp

印刷・製本：藤原印刷株式会社
編集協力：株式会社ダブルウイング

装丁デザイン：小口翔平＋加瀬　梓（tobufune）
本文デザイン：藤原印刷株式会社
イラスト：いまいかよ（株式会社オセロ）

ISBN978-4-491-04371-5　　　　　　　　Printed in Japan